Mein Schlüssel zum Frieden

Marianne Oswald

Mein Schlüssel zum Frieden

Bibliografische Information der Deutschen Nationalbibliothek
Die Deutsche Nationalbibliothek verzeichnet diese Publikation
in der Deutschen Nationalbibliografie; detaillierte bibliografische
Daten sind im Internet über http://dnb.d-nb.de abrufbar.

© 2016 Marianne Oswald
Umschlagdesign, Satz, Herstellung und Verlag:
BoD - Books on Demand
ISBN 978-3-7412-3295-4

*Das Geheimnis eines erfüllten Lebens
liegt darin, alte Weisheiten mit
neuen Erkenntnissen zu verbinden.*
(Die Autorin)

Gewidmet meiner Tochter

»*Es gibt eine gute Beunruhigung, einen heilsamen inneren Aufruhr.*«
(François Mauriac)

Die
»Goldene Regel«

(in verschiedenen Versionen)

*»Was du nicht willst, das man dir tu',
das füg auch keinem andern zu.«*

Oder:
*»Worüber ihr zürnt, wenn ihr es von andern
erleidet, das tut den andern nicht.«*

Oder:
*»Alles, was ihr von andern erwartet,
das tut auch ihnen.«*

Oder:
*»Was dir selbst verhasst ist,
das mute auch einem anderen nicht zu.«*

Inhalt

I Die alte Welt der Un-Menschlichkeit
Der Schock der Geburt 13
Der Sprachfehler 20
Die neue Bibel 20
Die Weltuntergangsstimmung 26
Das Schicksal 33

II Die Umbruch-Stimmung
Die Zeichen der Zeit 41
Der Papst-Rücktritt 66
Die Politikerrede 74

III Die »Goldene Regel«
Der geheime Code 83
Die Wunderkräfte 84
Wo war Gott? 89

IV Der Wandel
Der neue Zeitgeist 94
Der Homo-Mensura-Satz 97
Das neue Leben 105
Der böse Wolf 111
Die Erkenntnistheorie 115

V Der neuartige »Heilige Krieg«
Der »Krieg der Frösche« 133
Die Heiligsprechung 135
Die Theaterbühne 138

VI Die neue Welt der Menschlichkeit
Die Paradoxa 144
Der kategorische Imperativ 167
Der Pleitegeier 171
Die Heilung der Gier 177
Der Phönix aus der Asche 182
»Wer betrügt, fliegt« 184
Die Wahrsagerin 188
Der Rettungsschirm 192

VII Die neue Wunder-Welt
Die versteckten Gesetze 203
Der Zauberschlüssel 208
Das neue Vitamin 210
Der neue Papst 212
Die Reformen 223

VIII Die verzauberte Welt
Der globalisierte Frieden 229
Der Baum der Erkenntnis 231
Die Friedenskonferenzen 235

IX Der Einlass ins Paradies
Das neue Leben 243
Das Schicksal der Frösche 252
Der Weisheit letzter Schluss 254
Das Stoßgebet 257
Die Friedenshelden 262

Mein Schlüssel zum Frieden

Die Apokalypse der Un-Menschen
Krieg der Frösche

Ein wahres Märchen
– geschrieben vom Leben
– erdacht von einem Mädchen
aufgewacht aus dem Dornröschenschlaf

I
Die alte Welt der Un-Menschlichkeit

Der Schock der Geburt

Es war einmal ein kleines Mädchen. Es lebte vor langer, langer Zeit, in einer Zeit, als es noch Prinzessinnen gab. Das war damals, an der Wende vom 2. zum 3. Jahrtausend nach Christus, als gar wundersame Dinge geschahen.

Als das kleine Mädchen »das Licht der Welt« erblickte, das war Anfang des Jahres 1940, herrschte Krieg, ein Krieg, der sich zum Zweiten Weltkrieg entfachen und die Welt und ihre Völker in eine bisher nie da gewesene Apokalypse der Zerstörung und des Blutvergießens stürzen sollte. Atombomben, Konzentrationslager und Vertreibung töteten Millionen von Menschen oder vernichteten ihre Existenzen.

»Warum nur? Warum gab es **keinen Frieden** auf der Welt?«, fragte das Mädchen, als es der Welt ansichtig wurde. Diese Frage ließ es fortan nicht mehr los und bewegte sein Denken. »Könnte es sein, dass nur eine Regel, eine ganz einfache, jahrhundertealte Regel, eine Regel mit dem wunderschönen Namen ›**Goldene Regel**‹, in Vergessenheit geraten war?«, resümierte es schließlich am Ende seines Lebens, als sein Lebens-Licht langsam, aber sicher zu erlöschen drohte.

War es möglich, überlegte es, dass es der Spezies Mensch an einer der wichtigsten, ausschließlich ihr eigenen Befähigung, dem Verstand, mangelte? Jeder Mensch klagte in jener Zeit über sein mangelhaftes Gedächtnis, aber niemand über seinen mangelhaften Verstand. Dieses Phänomen war auch schon einem Diplomaten am Hofe Ludwigs XIV., dem Herzog François La

Rochefoucauld (1613–1680), aufgefallen. Der »Verstand« wird allgemein definiert als die Fähigkeit, sinnliche oder gedankliche Inhalte im Denken aufzunehmen, zu entwickeln oder zu beurteilen. Und der Philosoph Immanuel Kant (1724–1804) betrachtet ihn als das Vermögen zu urteilen und auch als das Vermögen zu begrifflicher Erkenntnis im Unterschied zur Anschauung.

Oder konnte es sein, dass es am »Gewissen«, beziehungsweise dem »schlechten« Gewissen, lag, das den Menschen abhandengekommen war? Das Wissen über Wert und Unwert von bestimmten Handlungen war mehr als ausreichend vorhanden, während die Gewissheit der Verwerflichkeit einer Handlung kein »schlechtes« Gewissen mehr zu verursachen schien.

Oder war es gar denkbar, dass die Ursache eine ausschließlich der Spezies Mensch vorbehaltene ureigene Sucht, die Selbstsucht, war, das heißt der **Egoismus** des Menschen (»ich«: latein. »ego«)? Oder lag es überhaupt und vor allem nur an dem fehlenden Vermögen, den richtigen Maßstab, das richtige Maß für seine Selbstsucht, nämlich das ausschließlich am eigenen Nutzen und dem eigenen Wohl orientierte Handeln zu finden?

Oder aber – ganz einfach gefragt: Fehlte dem Menschen an sich das Vermögen, ein Maß für moralisch ausgerichtetes Handeln, den Antrieb allen Tuns, zu finden? Welches ist der richtige, der einzig wahre Maßstab? Verbirgt er sich womöglich in einer Regel, einer einfachen, eindeutigen, unmissverständlichen Regel, in einer uralten Lebens-Regel? »Demnach«, überlegte das Mädchen, »handelt es sich wohl nicht um den Glauben, den Glauben im Sinne des Für-wahr-Haltens religiöser Lehren, sondern um das Erkennen der Bedeutung einer elementaren Maxime, nämlich der wichtigsten Richtschnur für das menschliche Leben und vor allem das friedliche Zusammen-Leben.«

Oder war alles ganz simpel? War es nur eine Frage der Beschaffenheit des »Gehirns«? Bestand ein Mangel von sogenannten »E«-Gehirnen, von

Empathie-Gehirnen, bei Menschen in Machtpositionen? »E« steht für Empathie und bedeutet Einfühlung und schließlich das Vermögen, sich in andere Menschen hineinzudenken und mit ihnen mitzufühlen. Wissenschaftliche Erkenntnisse in der Gehirnforschung hatten gezeigt, dass nur das weibliche Geschlecht mit einem E-Gehirn ausgestattet ist, während das männliche Geschlecht der »Spezies Mensch« über ein sogenanntes »S«-Gehirn, ein System-Gehirn, verfügt.

Oder vielleicht träumte das Mädchen ja nur wieder einen dieser Albträume vom Zweiten Weltkrieg, die es noch 70 Jahre nach Kriegsende regelmäßig heimsuchten, wenn es Bilder von Flüchtlingsdramen auf dem Bildschirm verfolgen musste? Bestimmt, so hoffte das Mädchen, waren es Berichterstattungen von schrecklichen Ereignissen auf einem anderen, weit entfernten Planeten der Galaxis und nicht auf unserem Erdplaneten! Denn: Es konnte und durfte nicht sein, dass es den Menschen des 21. Jahrhunderts nach zwei Weltkriegen im 20. Jahrhundert noch immer an einer ihrer wichtigsten spezifischen Befähigungen, der Befähigung zur V e r n u n f t , gebrach! Hatten die Menschen denn nichts, rein gar nichts aus ihrer Vergangenheit gelernt? Hatten sie immer noch nicht gelernt, *miteinander* zu leben, statt *gegeneinander* zu agieren? Hatten die Menschen Anfang des 21. Jahrhunderts denn immer noch nicht begriffen, dass Kriege immer nur neue Kriege gebären und Gewalt immer nur neue Gewalt hervorbringt? Hatten diese Menschen (oder waren es etwa gar Un-Menschen?) denn immer noch nicht verstanden, wie Frieden »geht«? Wer oder was war schuld am Un-Frieden? Und: Wer trug die Verantwortung dafür?

Für alle diese Fragen fand das Mädchen schließlich auf seiner lebenslangen Suche nach Wahrheiten doch noch eine Antwort. Die Lösung all dieser Probleme war eine ganz erstaunlich einfache, wenn auch eine an Wunder grenzende Erkenntnis. Doch im Grunde war es gar keine neue Erkenntnis und auch kein Wunder. Tatsächlich war es nur eine seit Jahrhunderten bekannte, ganz ursprüngliche und in allen Weltreligionen mehr oder weniger geläufige, doch verdrängte, vor allem aber übergeordnete Verhaltens-Regel des friedlichen Zusammenlebens, die in Vergessenheit geraten war!

»Eine Renaissance dieser Regel (oder war es etwa sogar eine G o l d e n e R e g e l ?)«, so überlegte das Mädchen, »müsste doch eigentlich eine Umbewertung der bislang geltenden Werte wie auch die Überwindbarkeit trennender Gesinnungen in der (sittlichen) Lebensführung, ja sogar eine Mutation der ›Un-Menschen‹ zu (Gut-)›Menschen‹ zur Folge haben!« Des großen Rätsels Lösung muss also demnach in der Solidaritätsphilosophie, in einem Solidaritätsprinzip liegen, das sich in sittlich verpflichtender gegenseitiger Verantwortung begründet und zugleich das Baugesetz der menschlichen Gesellschaft schlechthin wie auch der politischen Ethik bildet. Nur ein Verstoß gegen dieses Baugesetz kann die Völker der Welt und ihre gemeinsame Heimstatt, den Planeten Erde, ins Wanken bringen und das Fundament (des Friedens) zum Einsturz. Allerdings gibt es deswegen nicht eine moralische Verpflichtung – wie fälschlicherweise von Staatsoberhäuptern begründet –, sich an kriegerischen Auseinandersetzungen einzelner Nationen militärisch zu beteiligen, und schon gar nicht einen Zusammenschluss von Staaten wie die Europäische Union als Friedensnobelpreisträgerin auszuzeichnen.

Damals allerdings, Anfang des Jahres 1940 n. Chr., als das Mädchen seine winzigen Äuglein öffnete, ahnte es nichts von all den weltbewegenden Phänomenen. Es sah nur in der Ferne eine Ekel erregende Kreatur, ähnlich einer Krötenechse in Gestalt eines Ameisenfressers und völlig bedeckt mit Stacheln. Oder war es eine riesige Blombergkröte mit großen Drüsenpaketen, aus denen sie bei Reizung ein giftiges Sekret abgibt? War das Mädchen etwa selbst als Frosch auf die Welt gekommen? »Wenn dem so sollte«, dachte das kleine Geschöpf, »werden die Menschen dennoch meiner Faszination nicht widerstehen können, und schützenswert wäre ich überdies, weil ich unter Artenschutz stehe.« Am schönsten von all den Lebewesen, die es weit und breit gab, fand es den Korallenfingerfrosch und den Laubfrosch. Nur: Darüber war sich das Mädchen schon im Klaren, als es das sogenannte »Licht der Welt« erblickte: Als Unke, die alles »schwarzsieht« und Unken-Weisheiten verkündet, wollte es einmal nicht enden! Weisheiten allerdings, die wollte es schon einmal verkünden, wenn es einmal groß und betagt und vielleicht sogar weise sein würde. Und – so viel stand fest: Es sollten Lebens-Weisheiten sein, die eine ver-rückte Welt ins richtige Licht und wieder geraderücken sollten.

Jedenfalls: So schrecklich wie das stachlige Ungeheuer, das das Neugeborene eben erblickt hatte, wollte es keinesfalls aussehen. »Das ist auch ganz bestimmt kein verzauberter Märchenprinz! Und ganz gewiss kein potentieller Ehekandidat für mich!«, war sich das kleine Geschöpf sicher: »Im Grunde genommen ist es mir ziemlich egal, in welcher Hülle ich leben werde; nur nicht als ein sogenanntes Nutz-Tier, das von der Spezies Mensch gequält und misshandelt wird.« Und vor allem – und das war diesem Lebewesen am allerwichtigsten – nicht ohne ein voll entwickeltes Gehirn mit der Fähigkeit zum Denken.

Während das kleine Geschöpf so vor sich hin grübelte, fiel ihm sofort auf, es konnte ja **denken**. War es also doch als ein neues Menschlein, vielleicht sogar als eine kleine Prinzessin, auf die Welt gekommen? Vielleicht hatte ihm in diesem Fall die Vorsehung ja auch einen als Frosch verzauberten Prinzgemahl zugedacht! Einen Brunnen in seiner unmittelbaren Umgebung hatte es jedenfalls schon erspäht, den hatte sein Großvater – Brunnenbauer von Beruf – für sein Enkeltöchterchen gebaut. Und eine goldene Kugel zum Spielen – wie im Märchen »Der Froschkönig« – würde ihm bestimmt sein Großonkel schenken; schließlich nannte er ein wunderschönes barockes Märchenschloss im Geburtsort des Mädchens sein eigen.

Immer auf Sicherheit in seinem Leben bedacht und wahrheitsliebend obendrein, musste sich das kleine Geschöpf – wenn auch alles so weit geklärt war – doch noch von seiner wahren Existenz überzeugen: Zum Glück hing ganz zufällig ein Spiegel über seinem Bettchen und so konnte es erkennen: »Ich bin ein Lebewesen der Spezies ›Mensch‹ und gehöre dem weiblichen

Geschlecht an.« Erleichtert sank es in sein Wickelkissen zurück und atmete auf. Doch sogleich stockte ihm der Atem. Aus der Ferne hörte das Mädchen ein lautes Quaken, das eigentlich mehr dem Gebrüll eines Ungeheuers glich; es waren unverständliche, Furcht erregende Laute, die die kleinen empfindlichen Ohren des Mädchens zutiefst verletzten. Es hielt sich die Öhrchen zu und blickte in die Richtung, aus der das sonderbare Gequake kam. Und tatsächlich: In der Ferne, oben auf der Wolfsschanze, gestikulierte ein schreckliches Ungeheuer mit Ekel erregender Fratze. Und um dieses Ungeheuer herum scharten sich ebenso abscheulich aussehende Un-Menschen, die immer wieder »Heil Hitler!« riefen. »Sollte ausgerechnet diese Kreatur ›Heil‹ über die Menschen bringen?«, fragte sich das Mädchen verwundert.

Als das kleine Mädchen dann wieder seine Händchen von den Ohren nahm, hörte es Schüsse. Waren das etwa Böllerschüsse, die seine Geburt verkündeten? Nein! Es waren todbringende Schüsse aus Gewehren, gegen die Nachbarn Polen gerichtet, mit einem Anführer namens Hitler. Später, als das Mädchen Lesen und Schreiben gelernt hatte und es nach der Herkunft von Namen forschte, kam es auf eine interessante Spur. Es zerlegte diesen Familiennamen in zwei Silben: »Hit« und »ler«, und es konnte feststellen, dass der Name des Ungeheuers Programm war: »hit« bedeutet umgangssprachlich im Englischen »Mord« und »ler« als Endsilbe eines Namens bzw. eines Berufes verwendet, wie beispielsweise in den Verbindungen Kett-ler oder Wissenschaft-ler oder Tisch-ler, kennzeichnet jemanden, der sein Geschäft und vor allem sein Handwerk gut versteht.

Jetzt endlich, als es den ersten Schock seines Lebens überwunden hatte, blickte das kleine Mädchen in die entgegengesetzte Richtung aus seinem Kinderbettchen. Ein Lächeln, sein erstes, bezauberndes und alle Herzen gewinnendes Lächeln, glitt über sein Gesichtchen. Voller Freude konnte es in glückliche, friedliche Gesichter und die strahlenden Augen seiner Eltern, seiner Großeltern und Tanten blicken. Und das Wichtigste: Sie sahen alle genauso aus, wie sich das Mädchen schon im Mutterleib seine Spezies, die Spezies »Mensch«, vorgestellt hatte.

Doch: Welche Geheimnisse sich um seine Spezies woben und welche Wahrheiten über seine Art es zu ertragen galt, konnte das unschuldige, arglose kleine Geschöpf zu jenem Zeitpunkt nicht ahnen. Zwar erkannte es sofort, dass der richtige **Blickwinkel** die Sicht der Dinge entscheidend zu beeinflussen schien. Doch welch große Veränderung der Wahrnehmung gerade durch das menschliche Sehorgan, das Auge, bewirkt werden konnte, lehrte es erst das Leben. Und auch, dass es sogar Menschen gab, die »Augen haben und nicht sehen« (ohne medizinisch erkennbare Ursachen), also blind sind, oder gar dass »Liebe blind macht« (so heißt es schon bei Platon, dem griechischen Philosophen, 427–347 v. Chr.: »Denn der Liebende wird blind in Bezug auf den Gegenstand seiner Liebe«). Und viel später erst begriff es, dass erst das Licht selbst sehend macht und der Lichtschein jedem Lebewesen eine andere »Schein«-Welt, mit oder ohne Farben und voll von Trugbildern, wie beispielsweise den Polarlichtern, vorgaukelt. Das ist es, was es nicht gerade einfach macht, Lüge von Wahrheit zu unterscheiden und »Menschen« (nicht Un-Menschen!) zu erkennen. Diogenes (um 350 v. Chr.), der berühmteste kynische Philosoph, zündete sich am Tage eine Laterne an, ging umher und sagte: »Ich suche einen Menschen.« Von ihm ist auch überliefert, er habe auf die Aufforderung Alexanders des Großen, sich etwas zu wünschen, geantwortet: »Geh mir aus der Sonne!« Alexander soll geantwortet haben: »Wenn ich nicht Alexander wäre, möchte ich Diogenes sein.« Das menschliche Auge ist das mythenhafteste Organ. Davon zeugt auch der Mythos der Medusa: Ursprünglich in der griechischen Sage eine betörende Schönheit, wurde Medusa, von Pallas Athene als Nebenbuhlerin entlarvt, in ein geflügeltes Ungeheuer mit Schlangenhaaren und glühenden Augen verwandelt; ihr Blick konnte Menschen zu Stein erstarren lassen. »Augen sind das Fenster zur Seele« heißt es auch. »Ein Trugschluss«, dachte das Mädchen, »weil Seelen nichts Sichtbares sind.« »Augen lügen nicht«, so sagt man. Mag sein, doch in die Augen sehen und Lüge oder Wahrheit darin zu **erkennen**, ist das Problem, wo doch schon »sich selbst zu erkennen« problematisch zu sein scheint. Hilfreich ist auf jeden Fall der Rat des Dichters Johann Wolfgang von Goethe (1749 – 1832), den sich das Mädchen – zwar spät, aber noch rechtzeitig – zu eigen machen konnte: »Durch Betrachten niemals, wohl aber durch Handeln. Versuche, deine Pflicht zu tun, und du weißt gleich, was an dir ist.« Und nicht weniger Bedeutung kommt dem Spruch des Lyrikers Friedrich Rückert (1788 – 1866) zu: »Dein Auge kann die Welt trüb oder hell dir machen; wie du sie ansiehst, wird sie weinen oder lachen.«

Der Sprachfehler

Alsbald lernte das kleine Mädchen zu sprechen. Doch zur großen Verwunderung seiner Eltern war das erste Wort, das es sprach, nicht »Mama« oder »Papa«, es war das Wort »Frieden«. Als es dann endlich die ersehnten beiden Worte sagte, sprach es dazwischen das Wort »Frieden« aus und jedes zweite seiner Worte lautete von nun an »Frieden«.

»Das Kind wird doch nicht einen Sprachfehler haben?«, mutmaßten seine Eltern entsetzt. Doch ihre Vermutung bestätigte sich, und es sollte noch schlimmer kommen: Als das kleine Mädchen das Schreiben lernte, schlich sich ein Schreibfehler ein, immer wieder rutschte seine Schreibhand zwischen die geschriebenen Zeilen und notierte das Wort F r i e d e n . Und das sollte dann auch sein Leben lang so bleiben.

Die neue Bibel

Im Alter von 70 Jahren endlich verspürte das Mädchen den unwiderstehlichen Drang, über den Frieden, diesen heilsamen Zustand der Harmonie und Sicherheit, ein Buch zu schreiben. Es sollte **sein** »Buch der Bücher«, seine kleine Bibel, und vor allem eine kleine Friedens-Fibel für alle friedfertigen und für alle un-friedfertigen Menschen und Un-Menschen und auch für alle gläubigen und un-gläubigen Menschen und Un-Menschen des inzwischen angebrochenen 3. Jahrtausends n. Chr. und aller folgenden Jahrtausende sein. Die Rufe der Menschen nach einer »zeitgemäßen« Bibel waren immer lauter und drängender geworden. Und es sollte eine »Bibel« von Frauenhand geschrieben, geprägt von der Denk- und Anschauungsweise eines weiblichen Wesens der Spezies Mensch, sein, und das darin verkündete »Wort« natürlich nur die irdische Offenbarung einer heiligen volkstümlichen uralten Lebens-Weisheit und die Beschreibung einer wahren Lebensgeschichte. Keinesfalls sollte die neue Bibel einen so langen Überlieferungsprozess durchlaufen wie die alte Bibel mit mündlichen und schriftlichen Übersetzungsfehlern von Patriarchen, Propheten und anderen Gottes-Männern. Und es sollte eine Bibel sein in einer einfachen, für jeden Erdenmenschen jeden Sprachraumes verständlichen Sprache ohne Übersetzungs- oder gar Auslegungsfehler und vor allem ohne Feindbilder (ursprünglich fanden Lesungen der Bibel in lateinischer Sprache statt, erst Martin Luther, 1459 – 1530, legte eine Übersetzung der Bibel in deutscher Sprache vor). Und es sollten andere als die in früheren Epen geschilderten Heroen im Mittelpunkt stehen – die sogenannten Friedenshelden im Ringen um das Leben.

Und: Es müsste ein humanistisches Pendant sein zu der im Januar des Jahres 2016 neu aufgelegten barbarischen »Schwarte« eines moralisch Schwachsinnigen mit dem Titel »Hitler, Mein Kampf«.

Lesen würde das an Jahren gereifte Mädchen dieses Druckerzeugnis jedenfalls nie! Das Mädchen würde es nicht ertragen, diese menschenverachtende Ideologie, die die Welt in Schutt und Asche gelegt hat, schwarz auf weiß gedruckt und in Buchdeckeln materialisiert, in Händen zu halten. Musste doch schon seine Mutter nach dem Zweiten Weltkrieg den hinterlassenen Schutt dieser Doktrin als sogenannte Trümmerfrau beseitigen. Und eine Frage quälte das Mädchen bis heute: Wo war eigentlich die Asche des Uronkels geblieben, der seinerzeit als politischer Gegner im Konzentrationslager Sachsenhausen inhaftiert wurde, dort zu Tode kam und verbrannt wurde? Die Spuren des Elends, in das dieser Un-Mensch die ganze Familie des Mädchens gestürzt hatte, waren tief eingebrannt in seine Seele und sein Gedächtnis und bestimmten fortan entscheidend sein Leben und Handeln.

So kam es, wie es kommen musste: Noch in späten Lebensjahren musste sich das Mädchen anlässlich der – wenn auch kommentierten – Neuausgabe des Machwerks mit dem Phänomen »Hitler und moralischer Schwachsinn« befassen. Durch die Erkenntnisse der Tiefenpsychologie war es auf eine geradezu unheimliche Entdeckung gestoßen: eine Entdeckung, die sein ganzes fast zu Ende geschriebenes Buch und überdies »seine Goldene Regel« in Frage stellen sollte! Als moralischer Schwachsinn wird das Fehlen des Gefühls für die Moralität einer Handlung bei sonst ungestörten Geistesgaben bezeichnet, wobei der Intellekt keine Rolle spielt. Diese Geisteskranken vergehen sich gegen Sitte oder Gesetz, ohne sich dessen überhaupt bewusst zu sein! Sie sind also »moralische Krüppel«, die ausschließlich von ihrem Trieb gesteuert werden. Ihre Identifizierung ist allerdings meist schwierig, weil sie Spezialisten der Tarnung sind.

»Mit dieser Sorte Mensch geht Frieden jedenfalls nicht«, überlegte das Mädchen.

Schon eher pflichtete es der Auffassung von Marcel Prévost (1862–1941), einem viel gelesenen Pariser Sittenschilderer, bei, der meinte, dass »die Bekanntschaft mit einem einzigen guten Buch ein Leben ändern« kann. Schließlich und endlich sollte die neue kleine Bibel ein kleiner Codex, ein Codex Aureus, sein, ein Reformwerk zur Vereinfachung des menschlichen Zusammenlebens (auch von Mann und Frau), so die Überlegung des Mädchens, und es sollte eine Entdeckungsreise sein in die Geheimnisse des Bewusstseins, des Selbstbewusstseins und des neu entdeckten Selbstbewusstseins des weiblichen Geschlechts der Spezies Mensch. Womöglich braucht die Welt ja ganz einfach nur »mehr Weiblichkeit«?, fragte sich das Mädchen und meinte damit natürlich nicht die Ausstattung mit weiblichen Hormonen, sondern die Verbreitung spezifisch weiblicher Charakter-Eigenschaften beziehungsweise deren höhere Wertschätzung an sich, wie Fürsorglichkeit, Großherzigkeit, Dienst- und Pflegebereitschaft, die sich illustrativ in den sogenannten typischen, doch wenig geschätzten Frauenberufen niederschlagen.

Oder ist etwas ganz anderes vonnöten, erwog das Mädchen weiter: Vielleicht brauchten »Gott und die Welt« ja nur in dem »eingehauchten« Odem von L i e b e einen sanften Hauch von Verantwortungs-Bewusstsein!

Zugriff zu den Geheimnissen von Maria Magdalena, einer aus Galiläa stammenden Frau und frühesten Anhängerin des Apokalyptikers Jesus, hatte das Mädchen leider Gottes nicht (die meisten gnostischen Schriften, die von ihrer Rolle und von ihrer Beziehung zu Jesus kündeten, waren ja schon im 4. Jahrhundert in Oberägypten verloren gegangen oder aber beiseite geschafft worden; auch sind ganze 20 Lebensjahre von Jesus ein Geheimnis geblieben). Auch sollte die neue Friedensfibel keine biblischen Strafen beschreiben, wie die 10 biblischen Plagen – ausgelöst im Übrigen durch das verheerende Seebeben 1500 Jahre v. Chr. in Santorin, dem eine ganz natürliche ökologische Kettenreaktion folgte (der unterseeische Vulkan unter der südlichsten griechischen Kykladeninsel brach zuletzt im Jahre 1956 aus). Die neue Bibel sollte nur über eine einzige kleine Plage, eine Frosch-Plage, berichten, heraufbeschworen durch in Frösche verwandelte Un-Menschen, die zwar auch auf eine »Bewegung« – gleichsam eine Meeres-Welle –, jedoch auf eine Friedens-Bewegung zurückgehen sollte, verursacht durch eine weltweite Welle des Überdrusses an den kriegerischen, blutigen und gewalttätigen Auseinandersetzungen in einer männlich orientierten und skrupellosen Welt, und auch beflügelt durch ein neues Selbstbewusstsein der unterdrückten Frauen, selbst in der arabischen Märchen-Männer-Welt. Eine mutige muslimische Frau hatte es in jener bewegten Zeit gar gewagt, den Islam öffentlich als eine ganz und gar nicht gewaltfreie Religion zu kritisieren.

Denn: »Frauen und Männer sind als Menschen einander gleichgestellt«, dachte sich das Mädchen, »und das weibliche Geschlecht ist weder für die Sünde auf der Welt noch für die ›Vertreibung aus dem Paradies‹ verantwortlich zu machen – wie es die von Männern und für Männer geschriebene Geschichte des Alten Testaments glauben machen will. Frauen stammen auch nicht aus einer Rippe Adams ab«, bekräftigte das Mädchen, »und sie verfügen über ein eigenes Gehirn, einen eigenen Willen und ein eigenes Gefühlsleben.« Frauen als Menschen zweiter Klasse zu werten und zu unterdrücken, so rekapitulierte es, ging auf die Pastoralbriefe (und nicht auf Jesus) zurück, worin Paulus erklärt: »Ich erlaube einer Frau nicht, dass sie lehrt oder über ihren Mann herrscht, sie soll sich still verhalten. Eine Frau soll sich in aller Unterordnung belehren lassen. Denn Adam wurde zuerst gebildet, danach Eva« (1. Timotheus 2: 11, 12, 13). Somit sollte sich also aus der Reihenfolge der Schöpfung ableiten, wie Gott Lehr- und Aufsichtsaufgaben verteilt haben wollte? Daran waren zumindest Zweifel angebracht.

Seine Zweifel am »Sündenfall« äußerte schon Karl Valentin, ein Münchner Komiker (1882–1948), humoristisch: »*Dass das eine Sünde ist, wenn man in einen Apfel hineinbeißt, das kann ich nicht verstehen, und auf der anderen Seite heißt es immer, esst frisches Obst.*«

Als das Mädchen also zu Beginn seines siebten Lebensjahrzehnts, es war im Jahre 2010 n. Chr., gewahrte, dass immer noch kein Frieden auf der Welt herrschte, obwohl schon seit zweitausend Jahren die Hüter der verschiedenen Glaubensbekenntnisse »Friede auf Erden« beschworen, wurde es sehr traurig. Dabei hatte doch Gott seinen eingeborenen Sohn dafür geopfert. Das Mädchen konnte sowieso nicht verstehen und es rief bei ihm Bestürzung hervor, dass ein Vater seinen Sohn ausliefern und ans Kreuz nageln lassen konnte wie einen gewöhnlichen Verbrecher zur damaligen Zeit. »Da hilft nur eines«, dachte das Mädchen, »sich nicht die Gedanken des Kirchenschriftstellers Tertullian (160–220 n. Chr.), maßgebend in der Trinitätslehre und Christologie (der Lehre über Jesus Christus und seine Person), zu eigen zu machen, sondern lieber der Vorstellung im christlichen Gnostizismus Glauben zu schenken, nämlich dass Christus da, wo er als Erlöser auftaucht, keinen Anteil an der Materie hat, sondern nur einen Scheinleib besitzt und deshalb nur scheinbar leidet (und stirbt).« Als Scheinleib oder auch Ätherleib bzw. Astralleib sehen viele Neu-Platoniker, Gnostiker und Anthroposophen einen dem körperlichen Leibe zugrunde liegenden, durch die Seele bzw. das Lebensprinzip erzeugten unsichtbaren Leib, der von dem sichtbaren Leibe trennbar ist und ihn überdauert. Deren anthropozentrische Weltanschauung, nach der der Mensch Mittelpunkt der Welt und die Welt selbst nur auf den Menschen zu beziehen ist, konnte das Mädchen allerdings **nicht** teilen.

Zwei Jahre zuvor war etwas Unerwartetes im Leben des Mädchens geschehen, etwas, das sein Leben in den Grundfesten erschüttern und verändern sollte. Es war kurz vor Weihnachten des Jahres 2008 n. Chr., als es die Diagnose Brustkrebs erhielt. Und die Nachricht fiel ja tatsächlich in eine Zeit, da für die nahe Zukunft wieder einmal der Weltuntergang prophezeit worden war. Schon für 1914, 1925 und 1975 n. Chr. hatten die Zeugen Jehovas das Jüngste Gericht angekündigt, dieses Mal beriefen sich die Weltuntergangstheoretiker auf den Kalender einer der frühen Hochkulturen der Menschheit, der Mayas. Der legendäre Kalender endete, so hieß es, nach dreizehn aufeinander folgenden Zyklen seit Beginn der Jahreszählung dieses Volkes nach 3114 Jahren, also im Jahre 2012 unserer Zeitrechnung. Präzise gesagt: am 21. Dezember 2012. Sollte dies wirklich das Ende allen Menschendaseins auf Erden sein? Viele Menschen schienen es zu glauben. Sie verloren sich in wilden Spekulationen und versetzten einander in Weltuntergangsstimmung. Dem Mädchen aber war klar, dass das Ende allen Menschendaseins nicht so schnell kommen würde. Es war sich allerdings auch sicher, dass das Ende allen **Un-Menschendaseins** sehr bald kommen und ein ganz **neues, ein menschlicheres Zeitalter** im Jahre 2013 anbrechen würde. Die Szenarien existenzieller Bedrohung sind zwar unberechenbar, aber dennoch ist eine solche Gefahr in naher Zukunft, das heißt in den kommenden 100 Jahren, eher unwahrscheinlich. Die größte Bedrohung der Menschen sind die Menschen selbst beziehungsweise die **Un**-Menschen unter ihnen. Die Erde wird wahrscheinlich erst in 5 Milliarden Jahren von der Sonne verschluckt. Nicht etwa Gammastrahlenblitze, wandernde schwarze Löcher, Asteroiden oder Kometen, Ausbrüche von Supervulkanen, wie die Zeitbombe, der Yellowstone, nicht die Verschiebung der Kontinentalplatten und nicht unbekannte Intelligenz stellen die größte Bedrohung dar, sondern es sind die Risiken ihres eigenen Handelns, mit denen sich die Menschen selbst vernichten: Bakterien und Viren, die sich durch den globalen Massentourismus blitzschnell über den Luftverkehr zu Pandemien ausbreiten, ohne dass Mediziner ausreichend schnell einen Impfstoff entwickeln können; es sind Mutationen der Vogelgrippe, die von Tieren auf Menschen übertragen werden, die Wildtiere als Haustiere halten, oder es ist ein Kollaps der Klimakatastrophe durch Kohlendioxyd- und Methangasanstieg in der Atmosphäre oder eine Kettenreaktion durch Nuklearbombentests, die die Menschheit in einen nuklearen Winter versetzt; oder es sind physikalische Experimente in diesem Jahrhundert, deren Ergebnis die Forscher nicht einzuschätzen vermögen, so wie bei der Erforschung der Entstehung des Universums im 27 Kilometer langen Genfer Ringtunnel, oder es sind Supercomputer und Roboter, ausgestattet mit »menschlicher« Intelligenz (bereits im Jahre 1997 erzwang ein Schachcomputer die Niederlage des Schachweltmeisters mit einem strategischen Superzug), also Maschinen, die sich gegen die Menschen wenden. Doch die größte und wahrscheinlichste Bedrohung der Menschheit ist die Nanotechnologie: Neben anderen Einsatzgebieten ermöglicht sie zum Beispiel die Entwicklung neuester Waffen in Form winziger Flugapparate, mit denen über weite Entfernungen Bakterien injiziert werden (sie existierten schon zu Beginn des 21. Jahrhunderts!). Aber unbestritten rangieren auf der Gefahrenscala zur Vernichtung der Menschen Unfälle durch menschliches Versagen oder gar vorsätzlichen Missbrauch in den mit großen Investitionen bedachten (!) Laboren für synthetische Biologie zur Züchtung von Superbakterien und Killerviren, die alles Leben vernichten, wenn sie in die Umwelt entweichen, an erster Stelle.

Allerdings: Die gefährlichste tickende Zeitbombe in jener Zeit nach dem Zweiten Weltkrieg, das war der **Un-Mensch**.

Die Weltuntergangsstimmung

In eine persönliche Weltuntergangsstimmung jedenfalls war zu jener Zeit das Mädchen mit seiner Krebsdiagnose geraten. Seine kleine private Welt drohte an dieser Diagnose zusammenzubrechen. Hatte es nicht schon genug Leid in seinem Leben erfahren müssen? Hatte es nicht schon hinreichend um seine Gesundheit kämpfen müssen, gepeinigt von Migräne in ihrer schwersten Form von Jugend an? Hatte es nicht schon – hineingeboren in den Krieg – sattsam kämpfen müssen, auch um seinen Seelenfrieden? Seine frühkindlichen Erlebnisse waren tief in seine Seele gegraben und hatten fortan sein Leben geprägt. Oder wollte das Mädchen gar eigenhändig Schicksal spielen und hatte sich seine Krebserkrankung sozusagen »selbst zugelegt«, um irgendwie und in absehbarer Zeit allen herrschenden Missständen auf diese Weise entrinnen zu können? Verhielt es sich wie damals, als das Mädchen gerade drei Jahre alt geworden war und sein geliebter Vater in den Krieg ziehen musste? Damals kletterte es auf den wunderschönen Kirschbaum im Garten seiner Großeltern, so hoch hinauf, wie es nur konnte. Die Kirschen hatten gerade die richtige Reife und einen köstlichen Geschmack, den das Mädchen zeitlebens nicht vergessen konnte, und es verschlang die Kirschen mitsamt den Kernen. Sein Großvater stand die Hände ringend unter dem Baum und verging fast vor Angst, sein »kleiner Räuber« – so nannte er liebevoll seine lebhafte Enkeltochter – könnte herunterstürzen. Doch die größte Gefahr lag woanders: Die verschluckten Kirschkerne waren in den Blinddarm gelangt und verursachten eine Blinddarmentzündung und -vereiterung bis zum lebensbedrohlichen Darmdurchbruch. Die Ärzte im Krankenhaus machten seiner Mutter keine Hoffnung und meinten: »Das Kind wird nicht überleben.« »Das würde seinem Vater das Herz brechen, wo er sich doch so sehr ein Kind gewünscht hatte«, weinte seine Mutter.

Doch – wie durch ein Wunder – überlebte das kleine Mädchen, es wollte wohl seinem Vater nicht »das Herz brechen«. Und so geschah das Wunderbare dann 67 Jahre später noch einmal: Das Mädchen überlebte seine Krebserkrankung. Doch: Wofür hatte dieses Mal die Lebenskraft über die Todesnot gesiegt? Wofür war ein geschenktes zweites Leben gut? Die Zeiten hatten sich nicht gebessert, auch die Menschen nicht. Im Gegenteil: Es herrschten in Politik, in Kirche und Gesellschaft Unfrieden, Unmoral,

Intoleranz, Korruption, Egoismus, Streit, Würdelosigkeit, Respektlosigkeit, Geld- und Machtgier und Verantwortungslosigkeit gegenüber Mensch und Natur. Immer noch tobten Kriege und eine Gewissenlosigkeit nie gekannten Ausmaßes hatte um sich gegriffen. Die Menschheit hatte den **höchsten Wissens-Stand** ihrer Geschichte erreicht, bis beinahe hin zur Entschlüsselung der Entstehung der Welt, und gleichzeitig hielt sie die Instrumente zu deren Vernichtung in Händen. Doch was dabei verkümmert war, war das **Ge-Wissen.** Das Gewissen ist es, das den Menschen erst zu seiner überragenden Stellung unter den anderen Lebewesen berechtigt und zur Spezies Mensch, der sogenannten »Krone der Schöpfung«, macht. Alle guten Eigenschaften, die einen Menschen auszeichnen, waren den Gesellschaften verloren gegangen, so stellte das Mädchen voller Kummer fest. Und damit nicht genug: Es mangelte den Erdbewohnern an **Herzens**-Bildung, während sie sich immer mehr der **Fort**-Bildung widmeten. Damit wollte sich das Mädchen nicht abfinden.

Es begann, nach den Ursachen dieser Entwicklung zu forschen. Eine der Ursachen, dachte das Mädchen, liegt doch ganz klar auf der Hand: Es gab keine guten Vorbilder mehr! Das war ganz besonders schlimm für die Jugendlichen jener Zeit. Woran sollten sich die Kinder und Jugendlichen dieser aus den Fugen geratenen Welt denn orientieren? Ihre Perspektiven waren verloren gegangen, und damit ihre Motivation. Die Perspektivlosigkeit provozierte Aggressionen und die Frustration führte zu zunehmender Gewalt. Die täglichen Nachrichten der damaligen Zeit waren voll von Berichten über erschreckende Ereignisse in aller Welt und erschütterten die Welt der Menschen bis hinein ins Private. Die Politiker taten, was sie wollten, ohne Rücksicht auf den Willen ihrer Völker, und schon gar nicht war die Richtschnur ihres Handelns das Wohl der Menschen, auch wenn eine damals regierende Kanzlerin eines der mächtigen und reichen Staaten der Erde gebetsmühlenartig in ihren streitbaren Reden immer wieder zu betonen pflegte, ihre Regierung tue etwas »für die Menschen«. Doch die Frage war: Für **welche** Menschen? Ausschlaggebend waren allein die wirtschaftlichen Interessen und die Profitgier der Wirtschaftsmächtigen, denen sich die Politiker unterordneten und denen sie dienten. Wozu also war es unter diesen Umständen noch nötig, Vertreter des Volkes zu wählen und sie ihres hohen und verantwortungsvollen Amtes walten zu lassen, wenn sie – und das wohlgemerkt in einer Demokratie – den Willen des Volkes nicht vertraten und nur als »Hampelmänner« einer übermächtigen Wirtschafts- und Finanzindustrie fungierten und lediglich die Rolle der Beschwichtiger einnahmen? Für das Mädchen unterlag es keinem Zweifel: Daran würden mutmaßlich auch nicht das Hinzukommen neuer Parteien und die Durchsetzung einer (allerdings dringend nötigen!) höheren Frauenquote etwas ändern. »Von Bedeutung allein« – so spann das Mädchen seine Überlegungen fort – »ist das ethisch-moralische Verantwortungsbewusstsein und vorausschauende Handeln eines Menschen, gleich welchen Geschlechts.« Doch: Gerade das gab es in jener amoralischen Zeit nicht. Auch müssen in einer echten und ihrem **ursprünglichen** Gedanken verpflichteten Demokratie die Bürger bei der Entscheidung über Sinn oder Unsinn der Durchführung von (Groß-)Projekten von Anfang an und **vor** deren Beschließung durch Gesetz an der Debatte beteiligt werden. Dann wären auch Demonstrationen und ebenfalls kostspielige Volksbegehren, die noch dazu selten zum gewünschten Erfolg führen, überflüssig, wie beispielsweise die Demonstration gegen eine Verlängerung der Laufzeit von Atomkraftwerken unter Einsatz von Tausenden Polizisten. Die Politikverdrossenheit, so befürchtete das Mädchen, würde wahrscheinlich darin enden, dass über kurz oder lang niemand mehr den Weg zur Wahlurne gehen wollte.

Zu jener Zeit hatte auch ein Politiker Aufsehen erregt, der sich als Protagonist einer »**Spaß**-Gesellschaft« verstand und mit seinem »Spaß-Mobil« auf Stimmenfang unter die Menschen ging und durch die Gegend reiste. Er trat auch in Trash-Sendungen des Fernsehens auf und biederte sich als Berufsjugendlicher bei jungen Leuten an, um seine Popularität zu erhöhen. Und: Genau! Exakt dieser Politiker trat in der darauf folgenden Wahlperiode – es war im Jahre 2009 n. Chr. – das Amt als Vizekanzler und Außenminister des reichen und mächtigen Landes an und übernahm Regierungsverantwortung.

Er war an der Spitze seiner »Spaß-Gesellschaft« angekommen. »Brot und Spiele« – das Prinzip der Massenunterhaltung – hatte diese Strategie des Wählerfangs nicht schon in der Antike Früchte getragen? Das Mädchen sah durchaus Parallelen zu jener Zeit. Damals allerdings mussten in der Arena Gladiatoren, meist Kriegsgefangene, Verbrecher oder Sklaven, um ihr Leben kämpfen – zum Spaß der Gesellschaft. Mit »Brot und Spiel« wurde die damalige Gesellschaft zur Stimmabgabe geködert. Konnte das denn auch den Geschmack der Gesellschaft des 21. Jahrhunderts treffen?

Doch nicht zu vergessen: Einen Politiker gab es in jener Zeit, der den Menschen Hoffnung machte, Hoffnung auf F r i e d e n . Er brachte ein Gesetz auf den Weg, das die Wehrpflicht aussetzen sollte. Das war im Jahr 2010 n. Chr. »Welch ein wunderbarer Ansatz zum Frieden auf der Welt!«, dachte das Mädchen. »Wenn es keine Soldaten mehr gäbe, gäbe es auch keine Kriege mehr!«, jubelte es. War es doch selbst in einen Krieg, den Zweiten Weltkrieg, hineingeboren worden und hatte alle Schrecken eines Krieges von Kindheit an erfahren und erleiden müssen. Dieser Krieg hatte ihm tiefe Wunden zugefügt, und kaum war deren Heilungsprozess ein wenig vorangeschritten, rissen sie jedes Mal erneut wieder auf bei einem neuen Kriegsgeschehen und jeder gewalttätigen Handlung in jener Welt. »Warum nur kann nie Frieden sein auf dieser Welt?«, stellte sich das Mädchen wie schon so oft seine Lebensfrage. Wo lag die Ursache für die heillose Zerrüttung? Und da es schon einmal eine ebenso herzerfrischende wie wahre Antwort auf eine seiner Fragen in den Sentenzen des Münchner Komikers Karl Valentin gefunden hatte, nahm das Mädchen erneut eine Sammlung von dessen Zitaten zur Hand (»Mein komisches Wörterbuch«, erschienen 2006):

> *»Kriegsursachen:*
> — *Aber Vata, wenn das so ist, wie du mir das alles erklärst, gibt es niemals einen ewigen Frieden auf der Welt.*
> — *Niemals – deshalb heißt es ja doch: Solange es Menschen gibt, gibt es Kriege.*
> — *Menschen? Nein, Vata – in dem Fall müsste es heißen: Solange es Arbeiter gibt, gibt es Kriege.*

— *Nein, es muss heißen, solange es solche Schwindler gibt, die die Arbeiter immer wieder anschwindeln, solange gibt es Kriege.*
— *Dann ist ja der Schwindel schuld an den Kriegen.*
— *Ja, so ist es – und diesen Schwindel heißt man internationalen Kapitalismus.*
— *Kann man den denn ausrotten?*
— *Nein, höchstens mit Atombomben, die die ganze Welt vernichten!*
— *Gell, Vata – aber der wunde Punkt is halt der: Wer macht zum Schluss die Atombomben?*
— *Natürlich auch wieder die Arbeiter.*
— *Wenn sich aber die ganzen Arbeiter auf der Welt einig wären, gäb's dann auch noch an Krieg?*
— *Nein – dann nicht mehr – das wäre der ewige Friede.*
— *Aber gell, Vata – die werden nie einig.*
— *Nie!*«

Das Mädchen kam ins Grübeln. »Ja, natürlich! Das ist es! Das ist doch ganz einfach und ist auch gar nicht komisch, sondern völlig stichhaltig – auch wenn ein Komiker zu dieser Erkenntnis gekommen ist. Die Einigkeit ist es, die Menschen erzielen müssen, die Einigkeit darüber, keine tödlichen Waffen herzustellen, keine Massen-Vernichtungs-Werkzeuge, sondern nur Werkzeuge, die der Erleichterung menschlicher Tätigkeit und Arbeit dienen!« Es konnte und durfte doch nicht sein, dass der »Mensch«, der sich als sogenannte »Krone der Schöpfung« **über** die Tiere erhob, im Gegensatz zu diesen vorsätzlich tötete, einzig für Reichtum, Erfolg und Machtausweitung und -erhalt, und hierfür immer neue todbringende Waffen erschuf. Hoffnungsvoll malte sich das Mädchen aus: »Keine Wehr-**Pflicht** bedeutet doch, nur Freiwillige würden einen Wehrdienst ableisten. Bestimmt, ganz bestimmt«, dachte es, »würde kein junger Mensch freiwillig Soldat spielen wollen, denn Krieg ist kein Spiel und Waffen sind kein Spielzeug.« Es geht immer um Leben und Tod, um das eigene Leben oder das des »suggerierten« (!) Feindes, es geht um die eigene Unversehrtheit von Leib und Seele und um die des vermeintlich feindlichen Gegenübers, der wiederum ebenfalls gegen seinen vorgeblichen Widersacher aufgehetzt worden ist. Dabei schrecken die Mächtigen auch nicht vor Lüge, Propaganda und Verführung zurück, um ihre eigenen wirtschaftlichen Interessen durchzusetzen. Und es geht auch und vor allem um das **Gewissen** eines Menschen. »Hierzu muss man weiter und tiefer ausholen, als es Karl Valentin tat, der freilich als Humorist auch zu Vereinfachungen griff«, sagte sich das Mädchen. »Um den ›Kriegsursachen‹ auf die Spur zu kommen, muss man Ursachenforschung betreiben: die Kausalzusammenhänge von ›Krieg‹ und ›Frieden‹ auf eine philosophische Erkenntnisweise beleuchten. Es gilt, die Gewissensfrage zu stellen!« Gewissen ist eigentlich nichts anderes als Vernunft beziehungsweise das Vermögen, aus eigenen Grundsätzen zu urteilen, und zwar immer und ausschließlich unter der Anerkenntnis der sittlichen Werte und Gebote sowie von deren Auswirkungen, den Ansichten des Philosophen Immanuel Kant folgend. Selbst Gott hat bei seiner Prüfung des Gehorsams der Menschen (des Abraham im Buch Genesis) **der Vernunft** einen Platz **vor dem Gehorsam** eingeräumt. Auch im Grundgesetz der Verfassung (Art. 4) jenes reichen Landes war das Recht, ohne Behinderung dem persönlichen Gewissen entsprechend zu handeln, eingeräumt (Gewissensfreiheit). Und außerdem: »Krieg ist kein ›Töten für den Frieden oder für das Vaterland‹«, bekräftigte das Mädchen, »es ist ein ›Töten für die Mächtigen dieser Welt‹, für den Erhalt oder die Ausweitung ihrer Macht.« Krieg bedeutet Schuld auf sich zu laden und gegen das 5. Gebot zu verstoßen, dem Christenmenschen verpflichtet sind. Waffen in der Hand von Kriegern können keinen Frieden schaffen. Und ein für alle Mal steht fest: Es gibt **keine ethische Rechtfertigung für irgendeinen Krieg!** Nur mit diplomatischem Geschick können blutige Auseinandersetzungen vermieden werden, vor allem auch durch vorausschauende und vorbeugende intelligente Maßnahmen im Vorfeld eines Konfliktes. Was aber, wenn ein Mensch – vor allem in Vorbild- und Machtfunktion – gar nicht über ein Gewissen verfügt? Was gilt dann noch sein möglicherweise geleisteter Schwur, »nach bestem Wissen und Gewissen« zu handeln? Und was, wenn dieser auch noch die Einstellung vertritt: »Wenn ich es nicht tue, dann tun es andere« (beispielsweise die Anordnung des unkontrollierbaren Laserwaffeneinsatzes)?

Das Schicksal

Das Mädchen grübelte weiter, dachte über sein eigenes Schicksal nach und das seiner Familie. Es hatte seinen Vater für so viele Jahre seiner Kindheit entbehren müssen, einen grundanständigen Menschen, der mit dem Naziregime und seiner Tötungsmaschinerie nichts zu schaffen haben wollte und doch Krieg und Gefangenschaft ertragen musste. Doch was er nicht ertragen bzw. tragen konnte, war ein Gewehr, denn der Gedanke, aus einer Waffe vielleicht tödliche Schüsse auf einen Menschen abgeben zu müssen, erfüllte ihn mit Grauen. Als ihm bei seiner Musterung ein Gewehr in die Hand gedrückt wurde, zitterten seine Hände so stark, dass sogar seinen »Musterern« sofort klar wurde: Dieser Mensch würde nie auf einen anderen Menschen schießen können. Und so setzte man ihn ausschließlich als Funker ein. Denn in den mörderischen Krieg ziehen, das musste er dennoch, sonst wäre er als sogenannter Kriegsverweigerer hingerichtet worden. Vielleicht hätte er aufgrund seiner aufrichtigen Gesinnung sogar den Tod durch Erschießen durch die NS-Militärjustiz dem Kriegseinsatz vorgezogen, hätte er dann nicht für alle Ewigkeit seine Ehefrau und sein kleines Töchterchen alleine auf dieser Welt zurücklassen müssen. Sein Vater, der Großvater des Mädchens, der noch als alter Mann mit fast 60 Lebensjahren als sogenannter Volkssturmmann in den sinnlosen mörderischen, längst verlorenen Krieg ziehen musste, hatte seinem Leben allerdings in seiner größten Verzweiflung selbst ein Ende bereitet. Nur so viel wusste das Mädchen von seinem Großvater väterlicherseits: Dass er ein Jahr nach Kriegsende den Hungertod einer Vertreibung aus seiner geliebten niederschlesischen Heimat vorzog. Seines schönen Hauses am Oderufer in Breslau beraubt, entrechtet und um seine deutsche Staatsangehörigkeit und seine Muttersprache gebracht, fand man den Verhungerten unweit seines Hauses auf einem Friedhof auf, wo man ihn begrub. Die Erinnerung an seine unerschütterliche Heimatliebe verlieh dem Mädchen Stolz und Stärke und begründete seine Lebensphilosophie, dass die Würde eines Menschen und dessen Heimat über alles zu erheben und als »heilig« zu bewerten sind.

Das Mädchen forschte weiter in der Chronik seiner Familie und war sehr gespannt, was es über seine Vorfahren mütterlicherseits in Erfahrung bringen konnte. Was waren sie wohl für Menschen? Und: Waren sie überhaupt »Menschen« und nicht nur ihr wesensfremde, beziehungslose »Leute« oder gar »Un-Menschen«? Um all dies zu erfahren, wagte es einen tiefen Blick in seine Vergangenheit. Es entschloss sich – das war Anfang der 1990er Jahre n. Chr., das Mädchen war inzwischen etwas über 50 Jahre alt – zu einer Reise in seine Vaterstadt Breslau (Wrocław) in Schlesien. Um diese Heimat war es durch die Vertreibung seiner Familie nach dem Zweiten Weltkrieg gebracht worden. Man hatte es »seiner Wurzeln beraubt«! »Seiner Wurzeln beraubt« – immer wieder ging dem Mädchen diese bildhafte Redewendung durch den Kopf. Worin lag wohl ihr Sinn, vor allem wenn man sie in Zusammenhang mit dem Verlust der »Heimat« gebrauchte? Wie eine Erleuchtung kam es dem Mädchen vor, als es im späten Alter von 70 Jahren auf eine philosophische Betrachtungsweise hierzu stieß: »All das Meinige trage ich bei mir« soll der Philosoph Bias von Priene (um 500–530 v. Chr.), der wie Solon und Chilon zu den »Sieben Weisen« (einer Gruppe vorbildlicher griechischer Staatsmänner und Philosophen) gehörte, gesagt haben. »Wenn dem so ist, dann kann ich ja gar nicht meiner Wurzeln beraubt worden sein, also auch meiner Heimat nicht!«, beruhigte sich das Mädchen.

Fast ehrfurchtsvoll betrat es seinen Heimatboden und spürte sofort den Unterschied zu jedem anderen Boden der Welt, auf den es in den vergangenen 40 Jahren seines Lebens seine Füße gesetzt hatte. Diese Heimaterde war dem Mädchen gleich wieder vertraut, wohl bekannt auch die tiefen Schlaglöcher der Wege der kleinen Siedlung im Westen Breslaus, die sich Lissa (polnisch Leśnica) genannte hatte, die noch immer nicht zugeschüttet worden waren.

Das Mädchen versank in Erinnerungen. Es spürte wieder das warme Wasser der Pfützen nach einem Gewitterregen im Sommer, die es barfuß durchwatet hatte. Als wäre es gestern gewesen, sah es vor seinem geistigen Auge noch einmal die herrlichen Obstbäume im Garten seiner Großeltern blühen, ließ den unvergleichlichen Geschmack der reifen Früchte genüsslich auf seiner Zunge zergehen und jeden Baum, jeden Strauch, jede Blume wiedererstehen; es sah seinen Großvater, wie er nach getaner Arbeit friedlich seine Pfeife, gestopft mit Tabak aus dem Garten, schmauchte. In den Sommermonaten pflegte er schon um 4 Uhr morgens in seinem großen Garten zu arbeiten, noch bevor er seinem Beruf als Brunnenbauer nachging. Auch stieg plötzlich wieder die Erinnerung an seine Großmutter in ihm auf, wie diese todmüde von der vielen Arbeit am Küchentisch eingenickt war. Bild auf Bild stellte sich ein – einmal fühlte sich das Mädchen wieder auf den schummrigen Heuboden zurückversetzt, ein andermal vermeinte es den Traktor tuckern zu hören und das Gackern der Hühner und das Schnattern der Gänse, die gerne hinter dem Mädchen herrannten und es in seine Waden zwickten.

Doch plötzlich wurde es aus seinen Kindheitsträumen gerissen: Eine weibliche Stimme rief seinen Namen! Für den Bruchteil einer Sekunde glaubte das Mädchen, seine Großmutter hätte es gerufen. Es blickte in die Richtung, aus der die Stimme kam, und sah am Gartenzaun des Nachbargrundstücks eine ältere Frau stehen, die ihm zuwinkte. »Diese Frau kenne ich doch auch«, dachte das Mädchen. Und tatsächlich: Es war die Mutter seiner kleinen polnischen Freundin, mit der es nach Ende des Krieges gespielt hatte und deren Familie ihrerseits aus ihrer Heimat Lemberg (vormals polnisch Lwów, dann ukrainisch Lwiw) vertrieben worden war. Tränen der Rührung flossen dem Mädchen über die Wangen, und die einstige polnische Nachbarin nahm es herzlich in seine Arme. Sie pflegten dann noch viele Jahre nach dieser Begegnung ihre Freundschaft.

Dann blickte das Mädchen weiter um sich. »Eigentlich«, dachte es – und das wusste es ganz genau –, »muss doch hier das Haus meiner Großeltern stehen.« Genau an der bewussten Stelle stand tatsächlich ein Haus, nur war es nicht das Haus seiner Großeltern. Auch seine Großmutter saß nicht – wie damals so oft – vor dem Haus und rupfte Gänsefedern, sie drosch auch nicht Getreide mit dem Dreschflegel und auch das »Putt, Putt«, das sie beim Füttern ihrer Hühner zu rufen pflegte, war nicht zu vernehmen. Auch hörte das Mädchen seine schlesische Mundart nicht mehr. Doch wo waren seine schlesischen Landsleute geblieben? Und wo das Haus? Übrig geblieben von dessen Mauern waren nur noch ein paar Ziegelsteine, einen großen Teil hatten – wie es dem Mädchen erzählt wurde – die neuen polnischen Bürger zum Bau ihres eigenen Hauses verwenden dürfen. Schnell schnappte sich das Mädchen einen »seiner« Ziegelsteine, sein einziges materielles Erbe, was noch auffindbar war, und nahm ihn mit in seine zweite Heimat Bayern, wo seine Familie nach dem Zweiten Weltkrieg Zuflucht gefunden hatte. »Zweite Heimat?«, überlegte das Mädchen. Konnte man an eine zweite Heimstatt überhaupt eine so ausgeprägte Bindung knüpfen wie an die Stätte seiner Kindheit und Geburt? So schön seine neue Heimat auch war, so wohl es sich auch hier fühlte, sein Heim-Weh, ein dem Menschen ureigenes Gefühl, konnte es sein Leben lang nicht ablegen. Fern-Weh, von dem es immer hörte, kannte das Mädchen nicht, das musste wohl eine Wortschöpfung von Reiseunternehmen sein! Jedenfalls »**weh**-tun« konnte diese Sehnsucht nach der Ferne wohl nur wenig und war keinesfalls vergleichbar mit der erzwungenen Verpflanzung in neue, fremde Gefilde, die so viele Menschen nach dem Zweiten Weltkrieg erdulden mussten.

Krieg – das war das Stichwort für die düsteren und schmerzhaften Erinnerungen, die sich ebenfalls mit dieser Kindheitsstätte des Mädchens verbanden. Noch zu gut sah es die Szene vor sich, wie die neuen polnischen Eigentümer das Haus ihrer Familie in Beschlag nahmen. Gegen ein kostbares Geschenk wie ein Butterbrot durfte das kleine Mädchen damals diesen neu Zugezogenen die lästigen Läuse aus den Haaren kämmen. Den Wert von »guter Butter« wusste es seit damals sein Leben lang zu schätzen (mit »Margarine« konnte es sich nie anfreunden).

Grausamer aber waren die Erinnerungen an die Schmerzensschreie seiner Großmutter, als Soldaten der Roten Armee mit dem Gewehrkolben auf sie einschlugen und sie halb totschlugen, weil sie das Versteck ihrer jungen Töchter nicht preisgab und sie nicht der Vergewaltigung ausliefern wollte. Von diesem Zeitpunkt an musste sich auch das kleine Mädchen vor den Russen verstecken, um jeden Verdacht auf die Anwesenheit junger Frauen im Haus auszuräumen. »Verstecken«, bis dahin eines seiner liebsten Kinderspiele, mochte das Mädchen seitdem nicht mehr spielen. Auch mit Puppen wollte es nie mehr spielen. Und auch das hatte einen schmerzlichen Hintergrund: Seine Mutter wollte dem Mädchen einmal eine große Freude bereiten – es war an Weihnachten 1949 – und schenkte ihm eine Puppe, sie hatte ihr auch noch ein hübsches Kleidchen genäht. Die Puppe gefiel dem Mädchen sehr, doch als seine Mutter ihm erklärte, sie hätte wegen dieses Spielzeugs auf ein Pfund guten echten Bohnenkaffees, damals eine Kostbarkeit, verzichten müssen, weinte das Mädchen, denn es hatte doch nicht gewollt, dass seine Mutter wegen ihres Geschenkes auf etwas verzichten musste. Hatte die geliebte Mama nicht schon genug Entbehrungen erleiden müssen während der Kriegs- und Nachkriegszeit?

Das Mädchen sah noch einmal den Leiterwagen vor sich, beladen mit dem Allernötigsten zum Überleben, wie einem Kochtopf, einem Bett mit selbst geschlissenen Gänsefedern und ein paar warmen Kleidungsstücken für jeden, auch ein paar Bilder zur Erinnerung waren im Gepäck. Seine Familie musste dem Aufruf zum allerletzten Transport der verbliebenen Deutschen aus Niederschlesien im Jahre 1946 folgen. Andernfalls hätten sie als Rechtlose in einem fremden Staat unter polnischer Verwaltung weiterleben müssen. Auch die Pflege ihrer Sprache war den zurückbleibenden Deutschen untersagt! Sie mussten ihre Heimat hinter sich lassen, ihre Freunde und Verwandten, alle wurden in eine unbekannte und ungewisse Zukunft in die Fremde vertrieben und zerstreut. Nie würde das kleine Mädchen das Wehklagen, besonders das seiner Großeltern, und ein schlesisches Wort seiner Großmutter vergessen können, das ihm noch heute in den Ohren klang: »Heeme« (auf Hochdeutsch: »heim«). Doch bis an ihr Lebensende war es seinen Großeltern nicht beschieden, noch einmal in ihre Heimat zurückzukehren, wo sie mit eigenen Händen Haus, Hof und Garten geschaffen und für ihren Lebensabend vorgesorgt hatten. Bei ihrer Vertreibung hatten sie bereits das sechzigste Lebensjahr überschritten und es war ihnen nicht mehr möglich in der Fremde – in Thüringen – eine neue Existenz aufzubauen und neue Wurzeln zu schlagen.

In der neuen Heimat angekommen, wurden die Vertriebenen und Flüchtlinge von den alteingesessenen Familien nicht gerade willkommen geheißen, was natürlich auch verständlich war, viele mussten aufs Engste zusammenrücken und den Wohnraum mit den Geflüchteten teilen. Doch bald schon konnten die sogenannten »Flüchtlinge« die meisten Einheimischen durch ihren großen Fleiß milder stimmen. Die Verschiedenheit von Mundart und Mentalität der zusammengewürfelten Menschengruppen aber blieb lange eine Barriere und führte bisweilen zu Missverständnissen. Nicht verständlich allerdings war dem Mädchen, wie jemand von den Alteingesessenen noch nach sage und schreibe 70 (!) Jahren der Vertreibung eine Bemerkung machen konnte wie diese: »Jetza kumma **wieder** (!) die Flüchtlinge!« Das war zu jener Zeit im Jahre 2013 n. Chr., als der Strom der Asylbewerber nicht abreißen wollte und ihre Zahl einen ersten Höhepunkt erreichte. »Was haben denn Asylbewerber und Armutsflüchtlinge aus Ländern wie Mazedonien oder Serbien gemein mit den damaligen entrechteten und enteigneten sowie ihrer Heimat beraubten deutschen Landsleuten aus den einstigen Ostgebieten?«, fragte sich das Mädchen. Schließlich hatten ja die Flüchtlinge des Zweiten Weltkrieges weder freiwillig ihre Heimat verlassen, noch konnten sie etwas von ihrem Hab und Gut verkaufen: Alles war ihnen weggenommen worden, auch ihre Rechte und ihre deutsche Muttersprache im vormaligen Heimatland. Selbstverständlich muss jedem Menschen, der Hilfe benötigt, Hilfe geleistet werden! Nur: Was das Mädchen zeitlebens betrübte, war, wenn jemand des Differenzierens nicht mächtig war, also nicht die Verschiedenheit mancher nur scheinbar ähnlicher Prozesse zu erkennen vermochte. Und außerdem stimmte es hier mit dem generellen Ziel der

Entwicklungspolitik überein: Wäre es nicht angeraten und auch gerechter und zukunftsträchtiger, den Menschen in ihren angestammten Heimatländern ein menschenwürdiges Leben zu ermöglichen?

Wenn das Mädchen an die alte Heimat zurückdachte, griffen seine Gedanken aber manchmal noch weiter zurück in die wechselhafte Geschichte dieser Provinz und ihrer Bewohner. Manche Ereignisse hatten auch in der Literatur ihren Niederschlag gefunden. Mit dem Schicksal der schlesischen Weber und den Weberaufständen 1844 beschäftigt sich zum Beispiel das Drama »Die Weber« von Gerhart Hauptmann (1862–1946) aus der Zeit des deutschen Naturalismus, geschrieben im Jahre 1892. Hauptmann war selbst Enkel schlesischer Weber und vieles, was er in seinem Theaterstück beschreibt, war ihm aus seiner Familiengeschichte geläufig. Auch ein Gedicht Heinrich Heines (1797–1856) dokumentiert den Aufschrei der schlesischen Weber gegen die Ausbeutung ihrer Arbeitskraft infolge der zunehmenden Industrialisierung:

> »*Die schlesischen Weber*
> *Im düstern Auge keine Träne,*
> *Sie sitzen am Webstuhl und fletschen die Zähne:*
> *›Deutschland, wir weben dein Leichentuch,*
> *Wir weben hinein den dreifachen Fluch –*
> *Wir weben, wir weben! (…)*‹«

In England wurde damals in der Textilbranche wesentlich billiger produziert als am heimischen Webstuhl. Die Unternehmer drückten die Arbeitspreise immer weiter nach unten und trieben damit die Heimweber ins Elend. 1844 kam es dann zu einer Hungerrevolte der schlesischen Weber, die vom preußischen Militär blutig erstickt wurde.

Sprachliche Eigenheiten des schlesischen Dialektes führten in der neuen Heimat der Flüchtlinge manchmal zu Missverständnissen im Gespräch mit anderen Volksgruppen und hatten Fehleinschätzungen zur Folge. Beispielsweise bezeichnet ein Schlesier gern sein Heim in Wertschätzung seiner »eigenen vier Wände« als sein »Schlößl« (ähnlich dem englischen Sprachgebrauch »my home is my castle«), so dass bei den Einheimischen oder bei Flüchtlingen aus anderen Regionen leicht der Eindruck entstehen konnte, wohl alle schlesischen Vertriebenen hätten in ihrer Heimat ein Schloss besessen.

Das kleine Mädchen fand mit seinen Eltern – sein Vater war inzwischen aus der Gefangenschaft entlassen worden – in München eine Bleibe in einem Barackenlager. Seine Mutter wog zu jener Zeit nur noch 35 Kilogramm und musste schwere Arbeiten verrichten, um überhaupt einmal Aussicht auf eine kleine 46 Quadratmeter große Wohnung zu haben. Oft kam sie weinend nach Hause, sie verstand ihre Kolleginnen nicht, und ihre Kolleginnen verstanden sie nicht. Dialekt und Mentalität waren zu verschieden. Und was das kleine Mädchen betraf, so hatte es die Trennung der Schüler im Religionsunterricht nach »evangelisch« und »katholisch« nicht verstanden. »Sollte das etwa bedeuten, dass nicht alle denselben Gott haben?«, wunderte sich das Mädchen. Und ihm kamen erste Zweifel an »Gott und der Welt«. Welche Unterrichtsfächer standen sonst noch auf dem Stundenplan? Es gab damals weder einen Unterricht in »Ethik und Moral« noch in »Herzensbildung« und auch nicht in »Gesundheit und Ernährung«. Auch später am Gymnasium vermisste das Mädchen Unterrichtsfächer, die Kinder und Jugendliche zur Verantwortung und Menschenwürde erziehen. Zweifel, auch an der richtigen Gestaltung des Unterrichts, hatte das Mädchen vermutlich schon im frühen Kindesalter: In seiner Neugierde auf »Gott und die Welt«, in diesem Falle auf das, was wohl die für das Mädchen neuen Begriffe »Schule« und »in die Schule gehen« bedeuten könnten, hatte es nicht »lockergelassen«, bis es (probeweise, wie es hieß) bereits im Alter von gerade einmal fünf Jahren das »Abenteuer Schule« ausprobieren durfte. Diese Probe allerdings schien es nicht bestanden zu haben, denn es wurde ganz schnell wieder von der Schule verwiesen, angeblich weil es »den Unterricht störte« (vielleicht war es ja auch schon damals mit irgendetwas nicht ganz einverstanden?).

II
Die Umbruch-Stimmung

Die Zeichen der Zeit

Seitdem hatte die Industrialisierung ihren Fortgang genommen und endete schließlich – verursacht durch menschenverachtende sogenannte Manager an der Spitze der Unternehmen – in der Globalisierung, dem »Zauberwort« der damaligen Zeit Anfang des 21. Jahrhunderts n. Chr. Immer mehr Menschen stürzten in die Arbeitslosigkeit und gerieten in Armut. Ihnen bot sich keine Perspektive mehr, Hilflosigkeit und entwürdigende Abhängigkeit von sozialen Einrichtungen und dem Sozialstaat griffen selbst in mächtigen Staaten um sich. Immer mehr Arbeitsplätze wurden in sogenannte Billiglohnländer verlegt, während die Produzenten in ihrer unersättlichen **Profit**-Gier und sozialen Verantwortungslosigkeit immer mehr Macht, Wirtschaftsmacht, auf sich vereinten. Unzufriedenheit und Unfrieden breiteten sich in der Bevölkerung aus. **Doch**: Von den unhaltbaren Zuständen aufgerüttelt, begannen die Menschen sich zu wehren!

Sie gingen zu Tausenden auf die Straße und demonstrierten gegen die bestehende Form von Demokratie ohne Mitsprache-Recht. »Demokratie«, so dachte das Mädchen, »bedeutet doch **ursprünglich Volksherrschaft** und ist eine Staatsform, in der die Staatsgewalt vom Volke ausgeht und indirekt von ihm ausgeübt wird.« Der Wille der Wähler wurde einfach missachtet, die Geringschätzung gipfelte in verwerflichen Höhepunkten wie beispielsweise der Entscheidung für eine Verlängerung der Laufzeiten von Atomkraftwerken oder sogar der Errichtung neuer Atomkraftwerke.

Doch siehe da, die Natur gab ein mächtiges Warnzeichen! In Japan bebte im Jahre 2011 n. Chr. die Erde und ein Tsunami überrollte die von Menschen in ihrem Wahn nach mehr Energie errichteten Atommeiler in Fukushima. Es kam zur Kernschmelze und zum Super-GAU. Radioaktive Stoffe wurden in großen Mengen freigesetzt und verseuchten das Gebiet. Bis zu 150 000 Menschen mussten ihre Heimat vorübergehend oder dauerhaft verlassen. Teils mussten sie in Notunterkünften über viele Jahre dahinvegetieren. Im Umkreis von 30 Kilometern war das Land um den explodierten Atommeiler unbewohnbar geworden. Und die Erde bebte immer wieder und versetzte die Menschen weltweit in Angst und Schrecken. Furcht ging auch in Deutschland um. Wieder gingen die Menschen dort zu Tausenden auf die Straße und forderten die Abschaltung der Atomkraftwerke und die Gewinnung von Strom aus erneuerbaren Energien. Erstmals – und das sage und schreibe erst sechs Jahrzehnte nach dem Bau der ersten Atomkraftwerke – machten sich die Betreiber und die Politiker Gedanken über die Sicherheit der hochbrisanten Reaktoren. Und erstmals wurde öffentlich ausgesprochen, was Experten ohnehin seit langem wussten: Dass allein schon der Absturz eines schweren Verkehrsflugzeugs auf ein Atomkraftwerk den Super-GAU auslösen könnte! Hinzu kam: Die Menschheit wusste noch immer nicht, wohin mit dem todbringenden Atommüll! Weder geeignete Zwischenlager noch Endlager gab es. Der hochgiftige Müll wurde bis zum Jahre 1990 in den Weltmeeren versenkt. Die Container wurden hin und her gekarrt in Europa und kein Land wollte sich mit dem Atommüll belasten oder wusste, wohin damit. Verständlich! Beträgt doch die Halbwertzeit des genschädigenden Plutoniums 24 000 Jahre. Und die Waldpilze und Wildtiere im 2000 Kilometer entfernten Bayern waren selbst ein Vierteljahrhundert nach dem atomaren Super-GAU von Tschernobyl im Jahre 1986 n. Chr. noch mit krebserregenden Substanzen verseucht. Noch immer gab es Wildschweine, die mit einem viel zu hohen »Becquerel«-Wert (Becquerel: physikalische Einheit zur Messung der Aktivität einer radioaktiven Substanz) belastet und zum Verzehr nicht geeignet waren. (Der französische Physiker Henri Becquerel, 1852–1908, hatte schon im Jahre 1896 die vom Uran ausgesandten radioaktiven Strahlen entdeckt.) Unbewohnbar war auch immer noch eine 30-Kilometer-Zone um den explodierten Reaktor von Tschernobyl – die sogenannte Todeszone. Von schwersten gesundheitsschädigenden Auswirkungen für die einstigen Bewohner des Gebiets oder Helfer nach dem Unglück einmal ganz abgesehen.

Geplant war ungeachtet all dessen der Bau zahlreicher **neuer** Atomkraftwerke auf der Welt. Nur wenige Staaten, wie zum Beispiel Italien, verzichteten ganz auf die Nutzung der Atomkraft oder beschlossen, wie Deutschland, Belgien und die Schweiz, den Atomausstieg. Andere, allen voran China, Russland und Indien, aber auch europäische Staaten machten keine Anstalten, die Energiegewinnung auf erneuerbare Energien umzustellen, darunter Frankreich mit den meisten dieser unberechenbaren und unbezähmbaren Ungeheuer.

Der Wahnsinn auf der Welt war kaum noch aufzuhalten. Die Zahl der Atombomben, über die Staaten verfügten, reichte aus, um die ganze Menschheit nicht nur einmal, sondern gleich sechsmal zu vernichten. Angesichts dessen fragte sich das Mädchen aufgebracht: »Welches Ziel verfolgt denn der mit Milliarden und Abermilliarden geförderte Bau von Atombomben? Ist ein Krieg geplant, der die ganze Menschheit auf Erden ausrotten soll? Sollen die Erdenmenschen künftig auf dem Mond wie Mondmenschen oder auf dem Mars wie Marsmenschen hausen oder wie irgendwelche anderen Außerirdischen in den Weiten des Weltalls!« Und vor allem zweifelte es an: Waren die Individuen, die diese Gefahr heraufbeschworen und mit atomarer Zerstörungskraft experimentierten, überhaupt noch Menschen – Lebewesen einer Spezies mit funktionierendem Gehirn? Oder handelte es sich um irgendwelche erdfremden und hirnlosen Wesen auf der niedrigsten Entwicklungsstufe?

Währenddessen griffen Hunger und Armut auf der Welt in einem nie gekannten Ausmaß um sich. Die Mächtigen der damaligen Welt verstanden es nicht, die Menschen zu ernähren, obwohl die Mutter Erde genug Reichtümer zur Versorgung ihrer Menschenkinder mit Nahrung zur Verfügung stellte. Doch die Machtmenschen waren nicht in der Lage – oder besser gesagt wollten nicht – die vorhandenen Ressourcen gerecht verteilen und für ein weltweites menschenwürdiges Dasein aller sorgen aus den niederen Motiven eigener Habgier und Machtgier und fehlendem Gerechtigkeitssinn. Und sie griffen in die Natur ein in unvorstellbarer und wahnsinniger Zerstörungswut und schädigten oftmals irreparabel die natürlichen Güter. Eine Entwicklung war in Gang gesetzt worden, die sich kaum mehr stoppen ließ. Schon der deutsche Klassiker Friedrich von Schiller (1759–1805) schildert in seinem Gedicht »Das Lied von der Glocke« die Macht der Naturgewalten – hier des Feuers –, wenn sie – einmal entfesselt durch den Menschen – von diesem nicht mehr beherrscht werden können.

> »*Wohltätig ist des Feuers Macht,*
> *Wenn sie der Mensch bezähmt, bewacht,*
> *Und was er bildet, was er schafft,*
> *Das dankt er dieser Himmelskraft;*
> *Doch furchtbar wird die Himmelskraft,*
> *Wenn sie der Fessel sich entrafft,*
> *Einhertritt auf der eignen Spur*
> *Die freie Tochter der Natur.*
> *Wehe, wenn sie losgelassen,*
> *Wachsend ohne Widerstand*
> *Durch die volkbelebten Gassen*
> *Wälzt den ungeheuren Brand!*
> *Denn die Elemente hassen*
> *Das Gebild der Menschenhand.*«

Wie recht er hatte! Es war nur 25 Jahre nach dem Reaktorunglück von Tschernobyl, als sich eine neue Schreckensnachricht um die Welt verbreitete und das Mädchen in Bestürzung versetzte: Die Schutzhülle des explodierten Reaktors entsprach nicht mehr den Sicherheitsvorschriften zum Schutz von Mensch und Natur vor atomarer Strahlung! Der Bau eines neuen

Sarkophags um den Reaktor war notwendig, der allerdings seinerseits wiederum nur 100 Jahre standhalten würde. Diese Tatsache führte dem Mädchen endgültig vor Augen: Die Schrecken des Atomzeitalters mussten endlich gebannt werden. Sonst drohte der Welt die Vernichtung. Doch wer konnte diesem Wahn Einhalt gebieten und auf welchem Weg konnte dies geschehen?

Dies war der Augenblick, an dem das Mädchen zum ersten Mal an Zauberei dachte, um den Fluch zu bannen. Ohne Zauberkraft würde die Menschheit wohl nicht zur Vernunft zu bringen sein, befürchtete es. Oder vielleicht gab es doch einen Ausweg?

Die Menschheit befand sich allgemein auf ihrem ethisch-moralischen Tiefstand. Die Menschenwürde und die Würde eines jeden Lebewesens wurden in unvorstellbarem Maße missachtet. Was die Atomkraft betraf, wurde schließlich in Deutschland eine Ethikkommission gebildet, um die Stilllegung der Atomkraftwerke zu beraten. Doch: Welche Maßstäbe wurden zugrunde gelegt? Und wie marode musste ein Reaktor sein? Wann erfüllte er »noch« die Sicherheitsbestimmungen? Wer prüfte und entschied über das Abschalten? Überhaupt nicht berücksichtigt worden war in den Jahrzehnten zuvor die **Übermacht der Naturgewalten** bei Erdbeben oder einem Meteoriteneinschlag, auch die Gefahren von menschlichem Versagen waren zu geringgeschätzt worden! Der größte Einschlag eines Meteoriten in der Neuzeit hatte sich im Jahre 1908 n. Chr. im Gebiet der Steinigen Tunguska in Sibirien ereignet, wo ein Waldgebiet von 40 Kilometern Durchmesser verwüstet worden war. Kein Atomkraftwerk könnte einer solchen Wucht standhalten, und die vernichtenden Strahlen würden auf Jahrhunderte und Jahrtausende, ja Jahrmillionen freigesetzt. Die Profitgier der Mächtigen trieb diese wohl zu ihrer geistigen Einstellung der Gleichgültigkeit gegenüber der Zukunft, mutmaßte das Mädchen. »Après nous le déluge« (»Nach uns die Sintflut«) soll Jeanne Antoinette Poisson, bekannter als Marquise de Pompadour (1721–1764), gesagt haben, nachdem die französische Armee 1757 von Friedrich dem Großen bei Roßbach geschlagen worden war.

Dieselbe kaltschnäuzige Grundhaltung legte im Altertum bereits der römische Kaiser Nero an den Tag. Ihm wird der Ausspruch zugeschrieben: »Nach meinem Tode geh die Welt in Flammen auf!«

Schon die Bibel, andere religiöse Schriften und die Sagen vieler Völker berichten von gewaltigen Naturkatastrophen. Häufig werden vernichtende Überschwemmungen erwähnt. Die Bibel (1. Mose 6-8) beschreibt die Sintflut als todbringende Flutkatastrophe und als Gottesstrafe für die sündhafte Menschheit. Und das babylonische Gilgamesch-Epos handelt von einer Sintflut, der nach Meinung vieler Forscher die biblische Fassung nachgebildet ist. Diese nennt als einzig Überlebenden Noah, seine Familie und Tiere (allerdings keine Pflanzen). Rationalistische Erklärungen suchen hinter den Katastrophenberichten vorgeschichtliche Ereignisse, wie den Grabeneinbruch des Persischen Golfes oder den Untergang von Atlantis. So weit in der Menschheitsgeschichte zurückzugehen, war gar nicht nötig, befand das Mädchen: Es war Anfang des 21. Jahrhunderts n. Chr., als durch »Menschenhand« vorgenommene Eingriffe in die Natur wie die Vernichtung der Auenlandschaften die Flüsse über die Ufer treten ließen und sich das Wasser auch nicht durch von Menschenhand errichtete Betonwälle aufhalten ließ.

Und eine nächste Sintflut stand in der Tat schon unmittelbar bevor. Trotz Expertenwarnungen war die Menschheit weiter in ihr Unglück gesteuert. Und das Mädchen hatte in seinem Leben nicht »nur« die Vertreibung seiner Familie aus seiner geliebten Heimat, die Teilung Deutschlands, die atomare Aufrüstung der Supermächte und den sogenannten »Kalten Krieg« erleben müssen: Es war auch Zeugin des Klimawandels auf der Erde geworden. Doch das Schlimmste für das Mädchen war es, mit ansehen zu müssen, dass eine miserable weltweite Politik eine der Ursachen – wenn nicht überhaupt die Ursache – für diese bedrohliche Entwicklung war. Der Meeresspiegel begann immer mehr anzusteigen. Die Menschen mussten in höher gelegene Gebiete umsiedeln oder auch ihre kleinen Inseln verlassen. Der Lebensraum der Erdbevölkerung wurde immer knapper. Ursache war die zunehmende

Erderwärmung durch den ungeheuren CO_2-Ausstoß, den die Industrieländer produzierten. Die Gletscher schmolzen, die Ozeane übersäuerten, die Korallenriffe starben ab, die Fische wurden ihres Lebensraumes beraubt oder erstickten jämmerlich an dem in die Ozeane gelangten Plastikmüll. Eine wichtige Nahrungsquelle der Menschheit versiegte, nicht zuletzt auch wegen der Überfischung durch industrielle Fischerei und durch den verantwortungslosen Umgang mit der Natur. Die Vegetation veränderte sich und in Nordamerika wunderte man sich darüber, dass die Bienen die mit Pestiziden verseuchten Gemüse- und Obstpflanzen nicht mehr befruchten wollten. Die Honigbienen mussten aus den wenigen noch intakten Vegetationsgebieten der Erde mit ihrer Königin umgesiedelt und mit Postsendungen um die Welt geschickt werden.

Die Nahrungskette – die Beziehungen der Lebewesen untereinander, die in Bezug auf ihre Ernährung voneinander abhängig sind – war gestört, vor allem bildete die globalisierte und industrialisierte Lebensmittelproduktion für die gesunde Ernährung der Weltbevölkerung eine Gefahr. Der Raubbau an Ackerland durch Monokulturen, die Vermaisung der Ackerböden anstelle des Getreideanbaues und des Erhalts von Grünland, Großplantagen und deren zunehmende chemische Schädlingsbekämpfung drohten das ökologische Gleichgewicht der Welt zu zerstören. Ungläubig hatte das Mädchen vernommen, dass in einigen Provinzen Chinas sogar schon Menschen die Bestäubung der Pflanzen übernehmen. Jedes Jahr starben 30 Prozent der Bienenvölker an bakteriellen Erkrankungen. »Erst sterben die Bienen, dann die Menschen!«, warnen die Wissenschaftler schon seit geraumer Zeit. Und: das Bienensterben hatte ja bereits begonnen – Menschen mussten in einigen Regionen der Welt die Arbeit der Bienen übernehmen! Doch verkehrt, ganz verkehrt wäre es gewesen, die Augen zu verschließen und den Dornröschenschlaf fortzusetzen, statt zu handeln und zu **rebellieren**.

Als verheerende Folge des Klimawandels hatte sich überdies der Golfstrom verlangsamt und bestimmte so einen weiteren Wandel der Verhältnisse zu Lande und zu Wasser. Der ständig zunehmende Massentourismus beschleunigte zusätzlich die Erderwärmung in einer verkehrten Welt, da Fernflüge auf die andere Seite des Globus billiger waren als Kurzstreckenflüge trotz des wesentlich höheren Kerosinverbrauches.

Kurzum: Nur wenige Jahrzehnte nachdem der Zweite Weltkrieg die Welt in Schutt und Asche gelegt hatte, hatten die Mächtigen der Nachkriegszeit mit ihrer **unersättlichen Profit- und Machtgier** die Menschheit erneut an den Rand des Abgrunds geführt. Und es waren wieder die **Un-Menschen**, die die Menschen ins Verderben lenkten und dafür auch noch in den Geschichtsbüchern verewigt werden wollten.

So konnte und durfte es nicht immer weitergehen!, dachte das Mädchen zornig. Dem verbrecherischen Treiben der Un-Menschen musste ein Ende gesetzt werden. Tagsüber und auch oft nachts dachte das Mädchen ununterbrochen darüber nach, wie den Erdball bevölkernden Un-Menschen der »Spezies Mensch« der Garaus gemacht werden könnte. Aber welche Mittel kamen in Frage, um den für Hunger, Elend und Kriege verantwortlichen Un-Menschen ihr böses Handwerk zu legen? Erste Widerstände gegen inhumane Machthaber keimten in der arabischen Welt, im sogenannten Arabischen Frühling, auf. Tunesien wehrte sich als erstes Land gegen die Unterdrückung des Volkes durch einen skrupellosen Diktator, in der Folge kam es auch in anderen arabischen Ländern zu Protesten und Aufständen gegen diktatorische Regimes. Doch zum großen Leidwesen aller Menschen waren die anfangs friedlichen, gewaltlosen Demonstrationen für »mehr Demokratie« (gemeint war »mehr Menschlichkeit«) schließlich nicht unblutig verlaufen. Tausende friedliebender unschuldiger Menschen mussten ihr Leben lassen oder den Tod ihrer Angehörigen beklagen, viele aus ihrer Heimat flüchten. In einigen Ländern kam es zu blutigen Bürgerkriegen.

Vielleicht hatte die Menschheit bei der Lösung ihrer Probleme bisher nur etwas Naheliegendes übersehen, hoffte das Mädchen. Oft sind die einfachsten Mittel die besten, fiel ihm ein. Ein Lächeln, ein liebes Wort, eine Zuwendung konnten so viel bewirken, wie das Mädchen aus eigener Erfahrung wusste. Und es fragte sich sodann: »Sollte etwa das Lächeln das Zaubermittel sein, das diese mit kriminellen Energien ausgestatteten **Un**-Menschen von unserem wunderschönen blauen Erdball vertreiben kann? Hat nicht das Lächeln der Mona Lisa, auf dem wohl berühmtesten Gemälde von Leonardo da Vinci (1452–1519) dargestellt, Millionen von Menschen auf der ganzen Welt verzaubert?« Oft genug hatte das Mädchen, das am liebsten alle Sprachen der Welt studiert hätte und sich dann für die wohlklingende französische Sprache entschieden hatte, während seines Sprachstudiums in Paris im Jahre 1962/63 n. Chr. vor dem Bildnis der Mona Lisa im Louvre gestanden und deren faszinierendes Lächeln studiert, das die Menschen so sehr in den Bann zog. Auf einen Versuch, es ihr nachzutun, käme es an, beschloss das Mädchen. Und so begann es unverzüglich allen Mit-Menschen, denen es von nun an begegnete, freundlich zuzulächeln. Die meisten erwiderten sein Lächeln und alle sahen gleich viel fröhlicher und sogar friedlicher aus. Das Mädchen genoss mit Freude, dass sein Plan, mit Hilfe des Lächelns Frieden zu stiften, von Erfolg gekrönt zu sein schien. »Mit einem Lächeln im Gesicht kann niemand Böses tun«, stellte es vergnügt fest und erinnerte sich an einen heiteren Reim, den es kürzlich gelesen hatte.

»Kommt jemand her und ärgert dich sehr, lächle ihn an, das schmerzt ihn dann, und zähle bis zehn, das wird ihn verdreh'n, auch atme recht tief, nichts geht mehr schief« (Hans Furchbrich).

Doch es gab auch die Un-Menschen unter seinen Mit-Menschen, die brachten kein ehrliches Lächeln zustande, schon gar kein herzliches Lachen, nur ein unnatürliches Lächeln, an dem die Augen nicht beteiligt waren und das eher einer Grimasse glich. Enttäuscht musste das Mädchen bald erkennen, dass weder das zauberhafte Lächeln der Mona Lisa noch sein eigenes Lächeln auf Un-Menschen eine durchschlagende, Frieden stiftende Wirkung ausübte. Mit einem Lächeln und auch mit einfachen – **gesprochenen** – guten Worten allein würde sich die Welt jedenfalls nicht zum Guten verändern und schon gar nicht erneuern lassen, so viel war nun klar. »Da müsste schon ein anderer, wirkungsvollerer Zauber her«, malte es sich aus. »Schon das Zauberwort ›bitte‹ soll ja bekanntlich Wunder bewirken«, dachte es hoffnungsvoll. Und auch in Märchen wie ›Die Geschichte von Kalif Storch‹ des Romantikers Wilhelm Hauff (1802–1827) oder in ›Ali Baba und die 40 Räuber‹ aus der Geschichtensammlung ›Tausendundeine Nacht‹, übersetzt von dem Orientalisten Antoine Galland (1646–1715), trugen Zauberworte zum glücklichen Ausgang der Handlung bei. In einem anderen Märchen wiederum, in »Der goldene Schlüssel« von den Gebrüdern Grimm, spielte ein Schlüsselchen eine entscheidende Rolle für ein Happy End. Man sprach auch von goldenen Worten oder Lehren, ähnlich einem Naturgesetz, deren Beherzigung zur Lösung von Konflikten führen konnte. Gab es solche Worte oder Lehren, vielleicht sogar eine »**goldene**« Regel, die mächtig genug wäre, die inhumanen Verhältnisse umzustülpen und sogar »neue«, und zwar menschlichere Menschen heranzubilden? Was um aller Welt war zu tun, dass endlich der von allen Menschen ersehnte Frieden auf der Erde einkehren würde? Nicht einmal die eindringlichen, gut gemeinten priesterlichen Worte: »Friede sei mit euch«, mit denen Jesus einst vor seine Jünger trat, hatten friedliche Beziehungen unter den Menschen bewirkt. So stellte sich die Frage »Wie ›geht‹ Frieden?« bereits seit Urzeiten. Und nicht umsonst stellten vor allem kleine Kinder, die von Natur aus mit Zukunftsvertrauen in die Welt blicken, angesichts der kriegerischen Welt ihren Eltern Fragen über Fragen nach dem Warum. Warum war die Welt so zerrüttet, wie sie sich jetzt darbot? Eine Antwort zu finden, vielmehr die richtige Antwort zu ergründen, »ging« nur durch Hinterfragen aller Dinge.

Das Mädchen ließ nicht davon ab, die Dinge von allen Seiten zu betrachten. »Wie wäre es«, fragte es sich, »wenn man die Menschheit in einen hundertjährigen Schlaf versetzen würde wie im Märchen ›Dornröschen‹ der Gebrüder Grimm? Würde – aus tiefem Schlaf erwacht – die Menschheit endlich Vernunft walten lassen?« Doch illusionslos gab es sich seine Antwort sogleich selbst: Auch nach Ablauf von hundert Jahren würden alle Un-Menschen immer noch dieselben Un-Menschen sein und ihr Unwesen weitertreiben. Entwicklungen zu verschlafen war sowieso überhaupt kein Mittel.

Ganz im Gegenteil: Hellwaches Handeln war nötig. Und das Mädchen begann einen Plan für seine Zukunftsvision von einer friedlichen Welt zu schmieden. Ein einfacher Plan sollte es sein, für alle Menschen verständlich und darüber hinaus für jeden greif- und fühlbar. Es stellte sich vor, wie es wäre, wenn alle Menschen als äußeres Zeichen ihrer friedfertigen und ethisch-moralisch tadellosen Gesinnung ein Schlüsselchen um den Hals tragen würden und sich hieran zeigte, wer als »Mensch« und wer als »Un-Mensch« zu identifizieren wäre. Dieser Schlüssel müsste die Zauberkraft besitzen, die Un-Menschen, die versuchten, sich »die Erde untertan« zu machen und die Natur zu vernichten, in eine niedrigere Entwicklungsstufe der Evolution zurückzuversetzen, sie etwa in Froschlurche zu verwandeln, das Frühstadium der im erwachsenen Zustand schwanzlosen Amphibien. Die Amphibien nehmen unter den Wirbeltieren eine Sonderstellung ein, weil sie deutlich den Übergang der Lebewesen vom Wasser- zum Landleben zeigen. Zurückversetzt in das evolutionäre Frühstadium würden die Un-Menschen in dieser Lebensform kein Unglück mehr über die Welt bringen können. Nur die eines Lebens auf dem kostbaren Erdball würdigen Menschen sollten künftig auf der Erde wandeln und unter ihresgleichen weilen dürfen. Die Idee des Mädchens begann sich zu verfestigen und schließlich Gestalt anzunehmen. Gedanklich sah es ihn schon vor sich, diesen **Zauberschlüssel**, den Schlüssel zum **Frieden auf Erden**.
Und es fiel ihm ein, dass auch der Apostel Petrus oft mit einem Schlüssel zur Himmelspforte dargestellt wurde, der die Kraft besitzt, die Tür zum Himmel aufzusperren, wo allumfassende Liebe herrscht.

Doch: Was die Menschen wollten und brauchten, war nicht der himmlische Friede, sondern der **»Friede auf Erden«**, wo nicht nur Liebe, sondern vor allen Dingen auch Gerechtigkeit unter ihnen herrschen sollte. Eine sichere Zukunft, nicht das ungewisse Versprechen auf ein besseres Leben im Jenseits nach ihrem Tode, war der Wunsch der Menschen! **Allein diese Erkenntnis** würde einen Schub bedeuten, einen gewaltigen Schub im Denken und in der Entwicklung der Spezies Mensch. »Der menschlichen Erkenntnis sind Grenzen gesetzt, aber wir wissen nicht, wo diese liegen«, unterstrich der führende Vertreter der Verhaltensforschung Konrad Lorenz (1903–1989).

»Der Schlüssel«, dachte das Mädchen, »sollte handlich sein und alle Menschen sollten um seinen Symbolwert wissen, wie etwa bei einem Stein, der als Glücksbringer dient.«

In all diese Überlegungen des Mädchens hinein fiel eine neue Hiobsbotschaft. Ein neuer Lebensmittelskandal versetzte die Verbraucher wieder einmal in Angst und Schrecken: Mit Dioxin, einem das Erbgut schädigenden Gift, verseuchte Eier und Produkte waren in den Handel geraten. Kriminelle skrupellose Futtermittelhersteller hatten aus reiner Profitgier wieder einmal die »erlaubte« (?!) Menge an giftigen Zusätzen im Tierfutter überschritten. In jener Zeit durften laut Gesetz chemisch veränderte gesundheitsschädliche Substanzen bis zu einer bestimmten festgesetzten Quote den Lebensmittelprodukten beigemischt werden. Mit der Überprüfung waren viel zu wenige Kontrolleure betraut, die nicht annähernd ihrer verantwortungsvollen Aufgabe gerecht werden konnten. Die für den Verbraucherschutz zuständigen Politiker waren offensichtlich fehl am Platze, sie sorgten sich nicht um die Gesundheit der Menschen, denn sie hatten wohl keinerlei moralisches Bewusstsein, **kein Gewissen**. Lebensmittelfälscher erlebten ihre Blütezeit, wohl auch deswegen, weil das Strafmaß für ihre Betrügereien in der Nahrungsmittelherstellung unverständlich milde angesetzt war. Während das Strafmaß für Straftaten von Jugendlichen, die doch fast nur noch **gewissenlose Un-Menschen** an **der Spitze der Gesellschaft als Leitbilder** auf ihrer Orientierungssuche vorfanden, erhöht werden sollte. Die Industrialisierung und Globalisierung der Nahrungsmittelherstellung hatte sich gegen die Menschen gekehrt und zeigte nun ihre Schattenseite.

Welch eine verkehrte Welt!

Der gewissenlose Umgang mit Mensch und Natur und all ihren Lebewesen lief nur noch auf Zerstörung und nicht auf Erhalt hinaus. Die Kultur der sogenannten Kulturvölker war angesichts der überwiegend auf materielle Werte eingestellten Menschen auf die niedrigste Stufe herabgesunken. Es gab keine ideellen Werte mehr. Das Bewusstsein für wirklich Wichtiges im Leben eines Menschen, nämlich das Menschsein, also ein »Mensch« sein zu dürfen – rein biologisch gesehen ein »Tier«, das sich von den übrigen Tieren durch die ausgeprägte Entwicklung seines Gehirns und die Fähigkeit zum abstrakten Denken und moralischen Handeln, zur artikulierten Sprache und zum diffizilen Werkzeuggebrauch unterscheidet und damit durch seine Befähigung, eine **verantwortungsvolle Rolle** in der Natur einzunehmen – war gänzlich verloren gegangen. Die ständig zunehmende Industrialisierung hatte den Menschen jeglichen Sinn für das Natürliche genommen, und mehr denn je musste wieder der Grundsatz gelten: »Zurück zur Natur« (retour à la nature). Nicht das dauernde Streben nach »Mehr«, mehr Luxus, mehr Besitz, und der herrschende »Wahn«, der Jugendwahn und der Schönheitswahn und schließlich der politisierte Religionswahn, stellen ein Lebewesen der Spezies Mensch kulturell hoch. Der einzig wahre Beweis für Kultur ist das Streben nach mehr Menschlichkeit, mehr Natur und Natürlichkeit. Doch in der nur auf den äußeren Schein bedachten Welt wollte ein jeder noch moderner sein als der andere und immer »in« sein, sei es mittels Designerkleidung, Designermöbeln oder Luxushaus. Selbst die Kinder wurden von diesem Wahnsinn angesteckt, und alle wollten »mit der Zeit gehen«. Doch: Was war das für eine Zeit? Es war eine Zeit der Verelendung der Kultur! In Deutschland, einst ein Land der Dichter und Denker, verwahrloste selbst die deutsche Sprachkultur. Immer mehr Wörter aus dem Englischen flossen in die deutsche Sprache ein, obwohl doch gerade die deutsche Sprache besonders reich an Ausdruckskraft ist. Ein Wort unter vielen anderen gab es, das konnte das Mädchen gar nicht mehr hören; es war das englische Wort »okay«, das es versuchte, zumindest in seinem Bekannten- und Freundeskreis, auszumerzen.

Der Entwicklungsstand der Kultur eines Volkes spiegelt sich auch in seiner Umgangssprache wider. Immer wieder fiel dem Mädchen auf, wie stark männlich geprägt die Alltagssprache immer noch war. Verwundert registrierte es beispielsweise die Existenz des – umgangssprachlichen – Ausdrucks

»Penisneid«, während es einen Begriff wie »Gebärmutterneid« noch niemals gehört hatte. Von männlich dominiertem Denken zeugten auch viele Redewendungen, Wortspiele oder »Witze«, wenn es um die Wahrnehmung, insbesondere des Alters, von Männern und Frauen ging. Chauvinistische Sprüche wie jene, dass »ein Mann so alt ist, wie er sich fühlt, eine Frau aber so alt, wie sie sich an-fühlt«, gab es unzählige. Die Ursachen der Dominanz des Maskulinen, der Überheblichkeit und des Egoismus des Mannes lagen offensichtlich vor allem in den Religionen begründet, in denen die Frau als minderwertiges Geschöpf dargestellt wird. Das Mädchen konstatierte: »Es gibt sehr wohl neben den körperlichen Unterschieden auch Unterschiedlichkeiten im Fühlen und Denken der beiden Geschlechter aufgrund unterschiedlicher Hirnstrukturen, aber nur das Zusammenwirken beider Geschlechter, nur das gleichberechtigte Miteinander, zeichnet eine gerechte Gesellschaft aus. Nur wenn jeder, unabhängig vom Geschlecht, nach seinen individuellen genetischen und erworbenen Fähigkeiten und vor allem mit hoher ethisch-moralischer Gesinnung am spezifisch richtigen Platz eingesetzt wird, ist er auch motiviert, sein Bestes zu geben. Der Orientierungslosigkeit, der Gleichgültigkeit und dem Werteverlust unter den Jugendlichen könnte auch durch gute Vorbilder an der Spitze der Gesellschaft Einhalt geboten werden!«

Die Quotenrechnungen und beschönigenden kostenintensiven Statistiken über die genderspezifische Besetzung von Gremien oder Stellen jener Zeit sah es für ganz und gar überflüssig an. Die enorme Überzahl an männlichen Führungskräften in Politik und Religion und in der Wirtschaft war ganz offensichtlich und hatte weder mit der in Ländern wie Deutschland im Grundgesetz gewährleisteten Gleichberechtigung von Mann und Frau noch mit der Qualifikation etwas zu tun. Es gab nicht einmal gleichen Lohn für gleiche Arbeit in den Industrieländern. In den Ländern der Dritten (?!) Welt hatten Frauen in der Regel keinen Zugang zu Bildung und wurden als »Menschen zweiter Klasse« unterdrückt und wie selbstverständlich missbraucht. Die Frau ist auch nicht »Dienerin des Mannes«, wobei manche Frauen helfende, zuarbeitende Aufgaben sogar gern übernehmen, doch ausgenützt werden wollen auch diese Frauen nicht, sondern sich ihre

Eigenständigkeit und Selbstachtung bewahren und von Seiten des Mannes Achtung erfahren. Das Mädchen wusste, dass der Kampf um die Gleichberechtigung ein schwieriger und jahrhundertelang andauernder Prozess gewesen war. Doch mit dem Anbruch des **»Neuen Zeitalters der Menschlichkeit«** würde dieses alte, überholte Gesellschaftsmodell endgültig ausgedient haben!

In seiner Jugend hatte das Mädchen auch die sogenannte »sexuelle Revolution« der 1960er Jahre miterlebt. Die Enttabuisierung sexueller Themen, eine zunehmende Toleranz waren sicherlich notwendig. Doch zeitigte die Befreiung von der bis dahin herrschenden Sexualmoral auch negative Auswüchse. Der Respekt vor dem weiblichen Geschlecht sank in den folgenden Jahrzehnten. Die zerstörerischen Seiten der Sexualität rückten in den Vordergrund. Eine Sexwelle rollte an. Pornographie wurde zunehmend kommerzialisiert. Die Sexualisierung des Alltags – in Medien, Werbung und Kultur – schritt voran. Hierbei wurden Frauen oft degradiert zur »Beute« und Männer zu »Jägern« erklärt. Dabei hatten Tiefe und Stabilität einer Beziehung nur wenig mit der Häufigkeit von Sex zwischen den Partnern zu tun. Einfühlsamkeit und Toleranz für die biologische und auch geistige Andersartigkeit des anderen Geschlechts, so war sich das Mädchen sicher, sind der Garant für Harmonie und Dauerhaftigkeit einer Beziehung.

Dem Mädchen kam in diesem Zusammenhang der altmodisch und aus der Zeit gefallen wirkende Begriff »Tugend« in den Sinn. Friedrich von Schiller äußert sich in seinem Gedicht »Die Worte des Glaubens« über die Tugend wie folgt:

> *»Und die Tugend, sie ist kein leerer Schall,*
> *Der Mensch kann sie üben im Leben,*
> *Und sollt er auch straucheln überall ...«*

Während früher die »Tugend« der Grundbegriff der großen klassischen Ethiken (von Aristoteles bis Kant) war, war das Wort im 19. und 20. Jahrhundert mehr und mehr in Misskredit geraten und hatte erst später wieder eine Rehabilitierung erfahren. Der christliche Philosoph Josef Pieper (1904–1997) nennt als die vier Kardinaltugenden: Klugheit, Mäßigung, Tapferkeit und Gerechtigkeit. »Gelebte Tugend«, sagte das Mädchen, »ist demnach nicht altmodisch, sondern hochaktuell und wichtig!«

Und es gab noch ein anderes Wort in jener Zeit, das immer mehr an Bedeutung verlor, was dem Mädchen großen Kummer bereitete. Das Wort hieß »**Würde**«. Es war ein Begriff, mit dem die Menschheit nichts mehr anzufangen wusste. Und auch dieser Mangel zeigte den Zustand auf, in dem sich Mensch und Natur befanden. Auf der Suche nach der Definition dieses Wortes machte das Mädchen eine gar wundersame Entdeckung. Es durchstöberte in den Bibliotheken die wenigen noch gedruckt vorliegenden Lexika. Seine Frage nach fehlenden Neuauflagen wurde lapidar damit beantwortet, dass Wörterbücher doch jetzt im Computer gespeichert seien. Zu seiner Verwunderung fand das Wort »Würde« in einem 22-bändigen Lexikon keinen Platz, während zum Beispiel dem Wort »Wucher« eine halbe Seite gewidmet war. Nur als Unterbegriff unter dem Stichwort »Menschenrechte« und in dem zusammengesetzten Substantiv »Menschenwürde« fand der Begriff Erwähnung; so als hätten alle anderen Lebewesen auf diesem Globus keine Würde und damit kein Recht auf ein würdiges Dasein. Und es entsprach ja auch den Tatsachen: Die Würde der Tiere als Mitgeschöpfe wurde permanent missachtet. Die sogenannten Nutz-Tiere wurden zusammengepfercht in engsten Käfigen oder Ställen und ohne den für eine gesunde Entwicklung nötigen Lebensraum in Massenzucht und -haltung gequält. Krankheiten breiteten sich unter diesen Bedingungen in Windeseile aus und mussten mit Antibiotika behandelt werden, die im Ernährungskreislauf wiederum das Immunsystem der Verbraucher schädigten. Auch die ungezügelte gewissenlose Verwendung von Giften durch die chemische Schädlingsbekämpfung bei den Nutzpflanzen führte zu steigenden bakteriellen und infektiösen Erkrankungen. Kaum waren ein paar Wochen seit dem Dioxin-Skandal vergangen, wurden die Konsumenten vor dem Verzehr von bislang als »gesund« geltendem Gemüse, wie Gurken, Tomaten und Salaten, gewarnt. Hunderte von Menschen waren an Durchfällen bis hin zum Nierenversagen mit tödlichem Ausgang erkrankt. Und wieder einmal wurde darüber gerätselt, wie und wo die auslösenden sogenannten EHEC-Bakterien in die Lebensmittel gelangt waren. Zwar gab es in Deutschland für die Belange des Verbraucherschutzes sogar ein eigenes Ministerium, doch die verantwortlichen Politiker versagten im Kontrollsystem, und die Verbraucher waren – wie immer – den kriminellen Energien von Un-Menschen ausgeliefert. Während sie, die Verantwortlichen für die Misere, die Schuld auf die Verbraucher abluden unter dem Vorwurf, **sie** selbst seien es schließlich, die »billige« Lebensmittel wollten. Doch: Was die Verbraucher wollten, waren natürlich nicht »billige« Lebensmittel, sondern keine zum Zwecke der Schädlingsbekämpfung chemisch behandelten und giftigen Nahrungsmittel aus Massenproduktion oder vom »anderen Ende der Welt« und unter Schädigung der Umwelt herbeigeschaffte Waren. Und zwar zu erschwinglichen Preisen für den »Normal«-Verbraucher. Die Verpackungsindustrie hatte eine Vormachtstellung in jener Zeit und sorgte zusätzlich für unnötigen Müll und Sondermüll, an dem wiederum viel Geld, viel »schmutziges« Geld, zu verdienen war. Der Grund für die Verwendung von nicht wiederaufbereitbarem Verpackungsmaterial war die Profitgier.

Nicht die damals als »Schädlinge« bezeichneten tierischen Vertreter der Tierwelt, wie Würmer, Schnecken und Insekten, waren es, die den Menschen in seiner Gesundheit schädigten. Die wahren Schädlinge waren unter den »Zweibeinern« zu finden, die gewissenlos und verantwortungslos Gifte bei der Schädlingsbekämpfung einsetzten, anstatt anbautechnische Maßnahmen und natürliche Feinde, also eine biologische Schädlingsbekämpfung, anzuwenden. Den kleinen und mittelständischen Bauern wurden dann häufig auch noch die Subventionen gekürzt oder gar gestrichen, statt sie zu fördern und ihren harten Arbeitseinsatz zu würdigen und dadurch mehr regionale (und saisonale) Lebensmittel zu produzieren. Die ländlichen Flächen waren überhaupt mehr und mehr falsch genutzt worden für übermäßigen

Mais- statt Getreideanbau und zu Lasten der Erhaltung von Grünland zur Gewinnung des sogenannten Bio-Benzins. Immer mehr Ballungsgebiete in und um die Großstädte waren entstanden. Supermärkte schossen wie Pilze aus dem Boden und verdrängten die »Tante-Emma-Läden« vor Ort. Die Konsumenten wurden damit zur Mobilität und Anschaffung bzw. Benutzung von die Umwelt verschmutzenden Kraftfahrzeugen sozusagen **gezwungen.**

Das Einkaufen war nicht nur zeitaufwändig, es war geradezu abenteuerlich geworden: Um die Inhaltsstoffe – gesunde oder krank machende, verträgliche oder unverträgliche Substanzen – zu identifizieren, wären oft das Kleine Latinum und ein Diplom in Ernährungskunde hilfreich gewesen. Ebenso unverständlich war die Praxis der Haltbarmachung von Lebensmitteln für einen Zeitraum von Monaten und Jahren mit Konservierungsstoffen und die Verwendung von übergroßen nicht kompostierbaren Verpackungsmaterialien. Betrug und Irreführung der Verbraucher erlebten in jener Zeit eine Blüte. Die Industrialisierung der Landwirtschaft mit Hilfe chemischer Keulen kannte für die Grundbedürfnisse der Menschen kein Pardon; im Gegenteil: Sie bot ein weites, ertragreiches Feld für kriminelle Machenschaften.

Der kulturelle Verfall spiegelte sich auch in der Art und Weise der Nahrungsaufnahme wider. Modern geworden war auch in Europa und Deutschland das sogenannte »Fast Food«, der aus Amerika »übergeschwappte« Begriff umfasste eine Art der Nahrungsaufnahme, die mit Essenskultur nichts gemein hatte: »fast« heißt »schnell« und »food« bedeutet übersetzt »Essen/Nahrung«, aber auch »Futter.« Es wurde also nicht mehr unterschieden zwischen Nahrung und Futter (für Tiere), und es sollte keine Wertschätzung der Nahrungsmittel mehr geben. Aus diesem Grund landeten oft nicht mehr »schön genug« aussehende Lebensmittel in den Müllcontainern. Das Mädchen erinnerte sich an eine Zeit, als es in Westeuropa eine Überproduktion von Butter gab und die sogenannten »Butterberge« einfach vernichtet wurden, während der Hunger in der Welt größer und größer wurde.

Größer und größer wurden zu jener Zeit auch die Ausgaben für die kostspieligen **Sicherheitsmaßnahmen**, die überall – mit mehr oder weniger Erfolg – gegen die Gefahr terroristischer Anschläge getroffen wurden. Den Anlass bildeten die Terroranschläge des 11. September 2001 n. Chr. auf die Zwillingstürme des World Trade Centers in New York und auf das amerikanische Pentagon. Größer und größer war auch die Angst der Menschen in der Welt wieder geworden angesichts der zunehmenden Gewalt auf dem Blauen Planeten.

Nicht einmal aus den zwei blutigen und verlustreichen Weltkriegen des 20. Jahrhunderts n. Chr. schienen die Menschen des 21. Jahrhunderts gelernt zu haben. Das »gemeine« Volk zwar hatte genug, mehr als genug vom Blutvergießen, doch offensichtlich nicht die macht- und geldgierigen Kriegstreiber. Kriege gebären wieder Kriege! Diese Wahrheit hatte sich mehr als einmal bewiesen. Der Erste Weltkrieg hatte den Zweiten geboren. Und aus dessen Trümmern wiedergeboren wurden auch die Feindbilder schaffenden Machtgierigen. Die Produktion von Waffen und der Handel mit Waffen, auch von deutschem Boden ausgehend, war nicht zum Stillstand gekommen. Das Waffenarsenal der Menschheit wurde um immer neue sogenannte ABC-Waffen (atomare, biologische und chemische Waffen) aufgestockt. Erstmals waren chemische Kampfstoffe – sogenanntes Giftgas – schon im Ersten Weltkrieg zum Einsatz gekommen. »Wozu die Aufrüstung? Wozu das Ersinnen immer neuer Massenvernichtungsmittel? Soll denn die Menschheit noch durch einen Dritten Weltkrieg erschüttert werden?«, fragte sich das Mädchen ungläubig. Aller guten Dinge waren bekanntlich »drei«. Doch nie war ein Krieg »ein gutes Ding« gewesen!

Und doch: War nicht vielleicht wirklich ein »Dritter Weltkrieg« notwendig, um der Welt den **endgültigen Frieden**, den **ewigen Frieden**, zu schenken? Ein – allerletzter – »Krieg« für **»mehr Menschlichkeit«**, zur Rettung der **friedliebenden** Menschen? Ein Krieg, der nichts gemein hatte mit den bislang in der Menschheitsgeschichte geführten Kriegen, die fast immer den Interessen der **Un-Menschen** der Spezies Mensch gedient hatten?

Allerdings: Der Schlüssel zum Frieden konnte nie und nimmer ein Krieg sein! Denn auch im Namen des Friedens geführte Kriege hatte es schon mehr als genug gegeben, ohne dass sie jemals den Weltfrieden herbeigeführt hätten! Und immer noch galt das, was Friedrich von Schiller in seinem Drama »Wilhelm Tell« seinen Titelhelden sagen lässt: »Es kann der Frömmste nicht im Frieden bleiben, wenn es dem bösen Nachbar nicht gefällt.« Krieg als ein mit Waffen und Gewalt ausgetragener Konflikt **dient nicht** dem Frieden, genauso wenig der Kriegs-Dienst. Aber wie sollte die letzte Schlacht gegen die Un-Menschen denn geführt und – vor allem – gewonnen werden? Wie konnte ihnen ein für alle Mal der Garaus gemacht werden? – Wie schon gesagt: Das Mädchen hatte für seine Vision vom Frieden schon einen Plan geschmiedet. Es war ein einfacher Plan! Viel einfacher, als es je jemand denken oder vermuten würde! Mutes bedurfte es zur Durchführung des Plans allerdings schon. Nicht aber des falschen Heldenmutes, zur todbringenden Waffe zu greifen, sondern des sanften Mutes, zum Friedensschlüssel, der **wirkmächtigen »Waffe« der Friedfertigen**, zu greifen, die ganz ohne Blessuren körperlicher oder seelischer Art aus »Menschen« Helden, Friedenshelden, machte, allerdings die **Un-Menschen**, wie sie es verdienten, in Frösche verwandelte.

Alle, die davon Gebrauch machten, würden eines sofort begreifen: Der **Friedensschlüssel** war im eigentlichen Sinn gar **keine Waffe**! Ein Schlüssel dient bekanntlich zum Öffnen von Türen und Pforten, ja aus Sicht von Gläubigen sogar zum Öffnen der Himmelspforte und nach Ansicht der Friedfertigen zum Öffnen der Herzen. Und genau in diesem Sinne würde der Friedens-Schlüssel ein Schlüssel sein, der die Pforte zu einem »Himmel auf Erden«, einem Himmel im Diesseits – dem Frieden – öffnet.

Einen einzigen »Krieg« also, den »Krieg der Frösche«, würde die Menschheit noch in Kauf nehmen müssen, damit ihr sehnlichster Wunsch in Erfüllung ging, der da lautete:

»Nie wieder Krieg!«

Aber war nicht schon allein das Wort »**Krieg**«, wenn man vom »Krieg der

Frösche« sprach, irreführend? War diese streitbare Bezeichnung für die Auseinandersetzung der friedfertigen Menschen mit den Un-Menschen nicht sogar grundfalsch? Auch das Wort Fehde traf wohl nicht den Kern dieses Konflikts. Als Fehde galt im Mittelalter ein rechtlich anerkannter Privatkrieg zwischen Freien und deren Sippen, bei dem bestimmte, vom Fehderecht verlangte Formen (Ansage durch Fehdebrief oder Werfen des Fehdehandschuhs) gewahrt werden mussten. Später wurde die sogenannte Fehde verboten und erst im modernen Staat mit Erfolg beseitigt. Eine Fehde mit Fröschen auszutragen, wäre allein schon aus Gründen der fehlenden geistigen und körperlichen Voraussetzungen auf der Froschseite gar nicht möglich: Wie sollten Frösche einen Brief schreiben oder einen ihnen hingeworfenen Fehdehandschuh aufnehmen? Genau genommen und **richtig** musste dieser sogenannte »Krieg der Frösche« eigentlich heißen: »Querelen mit den Fröschen«. Zu den Synonymen für das Wort »Querelen« gehören zum Beispiel die Wörter »Gezänk«, »Zerwürfnis« oder »Unstimmigkeiten«. Und Unstimmigkeiten und Zerwürfnisse lassen sich bekanntlich sehr wohl auf friedliche – und nicht auf kriegerische – Weise beseitigen.

Was das Mädchen darüber hinaus sehr wichtig fand, war vor allem eines: Dieser letzte aller »Kriege« müsste erneut von deutschem Boden ausgehen, sozusagen als Wiedergutmachung für den Zweiten Weltkrieg, der in Deutschland seinen Ausgang genommen hatte. Doch diesmal würde die deutsche »Offensive« das entgegengesetzte Ziel haben: den WELT-FRIEDEN! Und die einzige »Wunderwaffe«, die zum Einsatz kam, würde ein kleiner Schlüssel, ein Zauberschlüssel, sein, ein Mittel, das Wunder vollbringen konnte, so groß wie die biblischen Wunder.

Und siehe da: Es geschah zu jener Zeit im Jahre 2013 n. Chr., als das Amt des Stellvertreters Christi auf Erden Papst Benedikt XVI. versah und die »Zeichen der Zeit erkannte«. Und er war auf deutschem Heimatboden geboren, im schönen Bayernland. Er war es, der wie geschaffen dafür war, das Unrecht des Zweiten Weltkriegs wiedergutzumachen und den WELT-FRIEDEN herbeizuführen, so meinte das Mädchen.

Er war es auch, der den Gedanken des Mädchens aufgriff und als Erster den Zauberschlüssel zum Frieden segnete und um den Hals legte als Zeichen seiner Verbundenheit zu allen friedliebenden Erdenbürgern und den Glauben an die Menschlichkeit und an die Kraft der »Goldenen Regel«.

Der Glaube an die Menschlichkeit verbirgt sich schließlich in dem **Gedanken** der »**Goldenen Regel**«. Allein die Beherzigung dieses einen Lehr- und Leitsatzes vermag die Menschen und die Welt zum Guten und zum Frieden zu verändern. Schon Jesus Christus sagte – und das war bestimmt eine göttliche Inspiration – zu dem »Gedanken« des Tobias (Hauptgestalt im gleichnamigen apokryphen Buch zum Alten Testament), er sei »das Gesetz und die Propheten«. (Tobias war im 8. Jahrhundert v. Chr. in assyrische Gefangenschaft geraten und ein Vorbild an Nächstenliebe und Gesetzestreue. Von ihm ist der Satz überliefert: »Hast du viel, so gib reichlich von dem, was du besitzt; hast du wenig, dann zögere nicht, auch mit dem Wenigen Gutes zu tun.«) Alle Welt horchte auf, als der Papst, einer der obersten Würdenträger der Kirchen der Welt, zu predigen begann: »Nur die Menschlichkeit ist es, die alle Menschen – gleich welchen religiösen Glaubensbekenntnisses – im Glauben an den Frieden vereint. Und der Glaube an das Gute im Menschen wird Früchte tragen.« Weder das zweitausend Jahre währende Christentum mit seinen Propheten noch eine andere Religion mit ihren Mahnern und Verkündern hatte Frieden unter die Menschen bringen können. Im Gegenteil: Blutige Religionskriege und die Verfolgung von Menschen aus religiösen Gründen, sogar Christenverfolgungen, noch im 21. Jahrhundert n. Chr., waren der Beweis dafür, dass rechthaberische Streitigkeiten bei der Auslegung des »Wortes Gottes« und des Korans nur Unfrieden stifteten und die Menschen in aller Welt trennten. Frieden stiften kann allein der Glaube an die »Goldene Regel«, die die Kraft hat, **alle Menschen der Welt zu vereinen**. Sie ist der Schlüssel, der »Zauberschlüssel zum Frieden«. Wegen der im Ersten Vatikanischen Konzil festgeschriebenen Unfehlbarkeit des Papstes musste das also der richtige Weg zum Weltfrieden sein. Und: Es **war** der richtige und einzige Weg, wie sich zeigen sollte.

Die Zeiten der Ausbeutung und der Unterdrückung schienen zu Ende zu gehen und ein neues Zeitalter schien zu beginnen. Die Stunde null hatte geschlagen. Das Neue Zeitalter, das »Zeitalter der Menschlichkeit«, hatte begonnen, anfangs eher schleichend und fast unbemerkt. Ein Zeitalter beschreibt einen größeren Zeitabschnitt, der von einem bestimmten geschichtlichen Ereignis, einer Persönlichkeit oder einer bestimmten Idee geprägt wird. Das Neue Zeitalter war von der wunderbarsten und gleichzeitig der natürlichsten Eigenschaft des »Mensch-Seins«, **des Geistes der Humanität als Ideal,** beflügelt. Die Humanität als Ideal liegt in der in ihr begründeten Personhaftigkeit und Würde des Menschen, unabhängig von Rasse, Nationalität, Geschlecht und Alter, und schließt Feindseligkeiten aus. »Menschlichkeit« ist grammatikalisch das zum Substantiv (Hauptwort) erhobene Adjektiv (Eigenschaftswort) »menschlich«. Menschlich zu sein, bedeutet natürlich unter anderem auch, fehlbar und vor dem »Sich-irren« nicht sicher zu sein.

»Irren ist menschlich« heißt es im Volksmund. Cicero (106 – 43 v. Chr.) sagt allerdings ganz richtig: »Jeder Mensch kann irren, im Irrtum verharren, wird nur der Unkluge.«

Das kleine, inzwischen alt gewordene Mädchen schickte sich beherzt an, den Obersten Hirten durch die Verbreitung des Zauberschlüssels unter den friedliebenden Menschen mit seiner kleinen »Bibel« zu unterstützen. Und gar viele schlossen sich an, den größten Menschheitstraum, den Frieden auf Erden, zu verwirklichen, jeder nach seinen spezifischen Fähigkeiten und Möglichkeiten. Die damaligen Bewohner des Erdballs organisierten sich zuhauf in Verbänden wie dem VdK, einem Sozialverband in Deutschland mit dem **Leitsatz** »für **mehr Menschlichkeit**« bzw. »Zukunft braucht Menschlichkeit«.

Eine in der Menschheitsgeschichte nie gekannte **Einigkeit** begann um sich zu greifen. Ob jemand Christ war, Moslem, Jude, Buddhist oder Atheist – der religiöse Glaube oder die Weltanschauung spielte fortan eine untergeordnete

Rolle. Jeder wollte den kleinen Zauberschlüssel zum Frieden besitzen und seine friedfertige Gesinnung auch äußerlich sichtbar zeigen. Alle Bewohner des Erdballs hängten sich plötzlich diesen einzigartigen Schlüssel um den Hals, je nach Geschmack an ein Kettchen oder an ein Bändchen. Furchtlos die einen, die keine Bedenken hatten, vielleicht als Un-Mensch entlarvt und in einen Frosch verwandelt zu werden, leichtsinnig die anderen, die sowieso nicht an die Zauberkraft des Schlüssels glaubten.

Und siehe da, das Unglaubliche geschah: Der kleine Schlüssel entfaltete tatsächlich seine Zauberkraft: Die des Lebens auf dem Planeten Erde unwürdigen Vertreter der Spezies Mensch wurden augenblicklich, wenn sie den Schlüssel zum Frieden um den Hals legten, in Frösche verwandelt. Der Friedensprozess hatte begonnen:

Der sogenannte »**Krieg der Frösche**«, der unblutige und gewaltlose »Krieg«, nahm seinen Anfang. Die meisten in Frösche verwandelten Un-Menschen stammten aus Politik und Wirtschaft, den Kreisen der Machtelite der Gesellschaft und der Hüter des »Wirtschaftswachstumsbeschleunigungs-Fördergesetzes«. Aber unmittelbar nach dem Beginn des Friedensprozesses trat auch ein »Friedenwachstumsbeschleunigungs-Fördergesetz« in Kraft. Es waren auch zahlreiche Unternehmer aus der sogenannten Steuervermeidungs-Industrie und sogar kirchliche Würdenträger und besonders viele aus katholischen Einrichtungen darunter sowie außerdem eine große Zahl von Menschen aus der Zivilbevölkerung. Betrüger, Lügner, Diebe, Mörder, Vergewaltiger, Kinderschänder, Frauenschläger, Umweltsünder, Tierquäler, Seelenverderber, Geldfälscher, Nahrungsmittelpanscher, Einbrecher, Vandalen, Verleumder, Heuchler, Intriganten, Rücksichtslose und Verantwortungslose, Vergewaltiger, Erbschleicher, Geldgierige und Machtgierige, mit einem Wort: alle **Charaktere mit niedriger Gesinnung**. Aus philosophischer Sicht handelt es sich um Menschen **ohne den richtigen Maßstab** für die ausschließlich bei der Spezies »Mensch« vorhandene Charaktereigenschaft, **dem Egoismus**, und deshalb als »Un-Mensch« einzustufen waren. Zu jener Zeit, es war im Jahre 2010, hatte die Sonne unglaubliche Vorfälle vor allem in katholischen Einrichtungen, ans Licht gebracht: Seit Jahrzehnten schon waren die den geistlichen Würdenträgern anvertrauten Schutzbefohlenen sexuell missbraucht worden. Verschwiegen werden konnten diese Verbrechen, unter dem Schutzmantel der Kirchen geschehen, nur deswegen so lange, weil die Opfer erst nach so langer Zeit den Mut fanden, darüber zu sprechen. Nur allzu gut wusste das Mädchen, selbst Opfer eines sexuellen Übergriffs, wie lange ein unschuldiges Kind dafür braucht, eine derart entwürdigende Attacke eventuell einer Vertrauensperson zu offenbaren. Die Schandtat, deren Opfer das Mädchen wurde, geschah unmittelbar nach der Vertreibung aus seiner Heimat und nach seiner Ankunft in München: Seine Familie hatte eine jämmerliche Unterkunft in Baracken gefunden. Die WCs befanden sich in einer Sammeltoilette in einer anderen Baracke, zu der man quer über den Hof gelangte. Seine Mutter musste zur Arbeit gehen und konnte sich tagsüber nicht um ihr kleines Mädchen kümmern. Und was es nach der Schule erwartete, war nicht etwa ein Teller warme Suppe, auch keine warme Stube, es war ein russischer Offizier, ein sogenannter Überläufer des Krieges; er passte das achtjährige Mädchen häufig nach der Schule ab, zog es in seine Baracke und nahm sexuelle Handlungen an ihm vor. Das dauerte zwei endlos lange Jahre, bis er endlich nach Argentinien zu seinem Sohn auswanderte. Das kleine Mädchen aber wagte nicht, jemals über seine schmerzliche Erniedrigung zu sprechen aus Angst, sein Peiniger könnte es umbringen. Die Angst vor »den Russen«, die in seine schöne Geburtsstadt Breslau damals eingefallen waren, alles zerstörten und die Frauen vergewaltigten, hatte das kleine Mädchen sowieso nie überwinden können.

In der Folge waren die Gläubigen massenweise aus der katholischen Kirche ausgetreten. Was lange niemand wusste: Auch der Papst wollte eigentlich seinerzeit schon nicht mehr der Oberste seiner entgleisten Hirten sein, denen nichts mehr heilig war und die ihre Schäflein entwürdigten, statt sie zu behüten. Einer jener Scheinheiligen wollte sogar die sexuelle Revolution der 1960er Jahre für seine Verbrechen verantwortlich machen und damit seine eigene Schuld von sich weisen. Ein Irrtum ist es zu glauben, bei einem Vergehen an einem Mit-Menschen genüge es zu beten »Herr, vergib mir« oder zu glauben, durch eine Beichte wäre jede Sünde vergeben. »Dieser Irrglaube ist bestimmt auch der Grund dafür, dass so viel gesündigt wird«, überlegte das Mädchen. Vielmehr – und das ist ganz entscheidend für den inneren Frieden – muss ein Mensch, der einem Mit-Menschen Leid an Körper oder Seele zugefügt hat, seine Schuld einsehen, ihn um Vergebung bitten und nach Wiedergutmachung streben auf Erden.

Und überhaupt: Zu jener Zeit verstanden die Menschen »Gott und die Welt« nicht mehr. Auch zeigten sie kein Verständnis dafür, wie nachsichtig das Oberhaupt der römisch-katholischen Kirche mit ihren Tätern umging und wie achtlos mit ihren Opfern. Auch sein Rollenverständnis der Frauen rief Kopfschütteln hervor. Doch entsprach das öffentliche Bild, das der Pontifex in jener Zeit bot, bereits nicht mehr seiner privaten Verfassung: Insgeheim hatte der Papst schon im »verflixten 7. Jahr« mit dem Gedanken gespielt, das Handtuch oder genauer gesagt den Talar zu werfen und seinem Heiligen Stuhl samt seinen Unheiligen Kardinälen und dem mafiösen Vatikanstaat, dessen moralische Verworfenheit ihn krank gemacht hatte, den Rücken zu kehren. Das Mädchen konnte über die Gründe seines Rücktrittswunsches nur spekulieren. Womöglich war ja der Papst genau wie das Mädchen zu der Überzeugung gelangt, dass die Institution Kirche im »Neuen Zeitalter der Menschlichkeit« eine ganz andere, eine neue und dienende Rolle zu spielen hatte – anders als in allen vorausgegangenen Jahrhunderten des Aberglaubens!

Der Papst-Rücktritt

Und so geschah dann auch, was geschehen musste und was das Mädchen schon vorausgeahnt hatte. »Weil«, so dachte das Mädchen, »es aus einer krank machenden Welt der Korruption und Kriminalität nur den heilenden

Rückzug geben kann oder aber – um die Worte von François Mauriac (1885–1970), einem seelenkundigen französischen Schriftsteller und Nobelpreisträger, aufzugreifen – der ›guten Beunruhigung‹, dem ›heilsamen inneren Aufruhr‹ Handeln folgen muss, und das hieße: eine Revolution.«

Papst Benedikt XVI. legte sein Amt aus gesundheitlichen Gründen nieder, so hieß es offiziell. Es war genau am Tag des 73. Geburtstages des Mädchens, dem 11. Februar 2013, als es einen Anruf seiner Freundin, die ihm das handschriftliche Manuskript seiner kleinen Bibel in den Computer eingegeben hatte, erhielt, die ihm aufgeregt verkündete: »Stell dir einmal vor, was du schon vorausgesehen hast in deinem Buch, ist doch tatsächlich eingetreten: Der Papst hat seinen Rücktritt verkündet!« Dieser Schritt wäre nur »ein kleiner Schritt« für einen Menschen, so glaubten viele Menschen, doch das kleine, unbedeutende Mädchen erkannte darin einen bedeutenden Schritt und **riesigen Sprung für die Menschheit**, den revolutionären **Sieg der Vernunft** der Mächtigen über die **Macht-Gier** und schließlich sogar ein Zeichen Gottes. Die Übernahme von moralischer **Verantwortung** für seine Menschenkinder durch seinen Vertreter auf Erden und für den Religions- und WELT-FRIEDEN auf dem Planeten Erde war längst überfällig gewesen. Den immer wieder gepredigten Worten »Friede sei mit euch« mussten endlich Taten und umwälzende Handlungen folgen! In erster Linie musste die **Globalisierung der Vernunft** verwirklicht werden!

Als ein »Arbeiter im Weinberg des Herrn« – wie sich Papst Benedikt XVI. selbst zu bezeichnen pflegte – habe er auch das Recht, seine Last, die ihm zu schwer geworden war, abzulegen: Eine sehr menschliche Einsicht! Ja, es war ein ganz neuer menschlicher, in dieser Dimension nie da gewesener Akt in der Kirchengeschichte, den eigenen Willen **vor** den Willen Gottes zu stellen und aus Gründen der Vernunft das »Papstamt auf Lebenszeit« zu verkürzen. Das Mädchen empfand größte Bewunderung für diesen Machtverzicht, auch wenn viele Menschen sich alleingelassen fühlten. »Wer glaubt, ist nie allein«, versuchte der scheidende Papst seine gläubigen Anhänger zu trösten. Und er fügte hinzu, »ich werde für das Wohl der Kirche und der

Menschen beten«. Das Mädchen horchte auf. »Das war doch bestimmt ein Versprecher!«, so glaubte es: Die Reihenfolge, in der der Papst beten wollte, konnte doch nicht stimmen. Hatte an **erster** Stelle denn nicht das **Wohl der Menschen** und **nicht das Wohl einer Institution**, der Kirche, zu stehen? Denn schließlich befand sich nicht nur die katholische Kirche tief in einer Krise, sondern die gesamte Menschheit. Schließlich und endlich galt es, die Würde des Menschen, des auf diesem Planeten geborenen und existierenden menschlichen Lebens (und nicht etwa nur – was die Kirche mit Vehemenz betonte – des ungeborenen Lebens!) zu schützen. Und ganz bestimmt war auch jener Satz der Abschiedsrede ein Versprecher, der da lautete: »Ich weiß, dass Gottes Sohn auferstanden ist«. Da waren dem Mädchen die Überzeugungen des griechischen Philosophen Sokrates (469–399 v. Chr.) viel näher, der geäußert hatte: »Ich **weiß**, dass ich **nichts weiß**.« Und heißt es nicht in Platons Apologie des Sokrates »**Der** Mensch ist der Weiseste, der wie Sokrates einsieht, dass er wirklich, was Weisheit anbelangt, nichts wert ist«?

Auch die zehn Gebote der Bibel hatten in der Menschheitsgeschichte nur wenig gefruchtet. »Es gibt dafür eine einfache Erklärung«, erkannte das Mädchen: »Die Gebote sind im Imperativ abgefasst, das heißt in der Befehlsform: ›**Du sollst nicht!**‹.« Gebote sind in der christlichen Ethik die sittlichen Pflichten, die allen Gläubigen durch Gott auferlegt werden. »Entscheidend aber für die Einhaltung von ethisch-moralischen beziehungsweise allen anderen Grundsätzen und Verhaltensregeln sind **allein der Wille eines Menschen** (und nicht der Wille Gottes) und seine Einsicht«, überlegte das Mädchen weiter, »denn wie heißt es so schön? ›Wo ein Wille ist, ist auch ein Weg.‹« Die zehn Gebote im Neuen Zeitalter der Menschlichkeit begannen deswegen fortan mit den drei Worten: »**Ich will nicht …**« Und siehe da! Auf diese Weise war der erste Schritt zur Einsicht der Menschen getan.

Auch die christlichen Tugenden **Liebe – Glaube – Hoffnung** waren als wichtigste Verhaltensregel für die Lebensführung der Menschen wohl nicht der

Weisheit letzter Schluss – das hatten die Menschheits- und die Geschichte des Christentums zur Genüge bewiesen – und wohl auch nicht Garant für den Frieden.

Allein die L i e b e , **richtig verstanden und gelebt**, sinnierte das Mädchen, hätte doch schon den ewigen Frieden unter die Menschen bringen können. Doch dieser Begriff umfasst eine Mannigfaltigkeit von Bedeutungen. Wer unter Liebe nur die menschlichen Triebe, wie Geschlechtstrieb oder Selbsterhaltungstrieb, versteht, verengt dessen Sinngehalt. Im Gegensatz zu der »blinden« sinnlichen Leidenschaft macht geistige Liebe, die ebenfalls unter diesem Begriff zu subsumieren ist, »sehend«, was im Wesentlichen auch den Sinn der Liebe bei Platon ausmacht. Das Wesen der Liebe definiert Platon als ein Streben nach Vollkommenheit. Der Mensch muss die Augen also öffnen und der Wahrheit ins Gesicht sehen, um nicht »mit Blindheit geschlagen« zu sein. »Folglich«, überlegte das Mädchen, »ist **nicht die Ausrichtung** der Liebe auf einen Gegenstand (vgl. Platon), ein **Objekt seiner Begierde** (Sachen oder Personen), sondern nur **die Ausrichtung der Liebe auf eine menschliche Charaktereigenschaft**, nämlich die **Liebe zur Wahrheit** (und nicht zur Lüge!), das einzig richtige und den Frieden schaffende Substrat, so wie auch nur die Suche nach ihr Erkenntnisse zu ›Gut und Böse‹ zu vermitteln vermag. Und ›Liebe‹, die wahre Liebe, ist sogar messbar: Der Maßstab dafür ist die Größe des Verantwortungsbewusstseins für das Wohlergehen eines geliebten Mit-Menschen unter Verzicht auf **ausschließlich** egoistische Belange, der wohl in der selbstlosen Mutterliebe am deutlichsten zum Ausdruck kommt.« Und Luther schreibt: »Lieb ist mir Plato, lieb ist mir Sokrates, doch höher zu schätzen ist die Wahrheit.« Und in Platons »Phaidon« heißt es: »Wenn ihr mir folgt, dann kümmert euch wenig um Sokrates, vielmehr um die Wahrheit.«

Der G l a u b e – wie auch der Glaube an Wunder – hatte in den letzten Jahrhunderten einen Wandel erfahren. Naturphänomene, die früher als schlechte oder gute Omen oder gar als Wunder (Gottes) gedeutet wurden, lassen sich inzwischen naturwissenschaftlich und unter Anwendung physikalischer Gesetze erklären. Und vor allem heißt »glauben« nicht gleichzeitig »wissen«. Dagegen wird der **Glaube an die Kräfte der Natur und deren Unfehlbarkeit** bei der Erneuerung und der Auslese wie auch der **Erhaltung des Gleichgewichts** der grundverschiedenen Lebewesen unseres Planeten für immer und ewig Gültigkeit haben. Der Glaube ist auch eine allgemeine Bezeichnung in Religion und Kult. Unter »Religion« versteht man das bewusste Verhältnis und tätige Verhalten eines Menschen zu der ihm übergeordneten übersinnlichen Macht, das bei allen Menschen beziehungsweise Völkern in irgendeiner Form vorhanden ist und immer war. Und »Glaube« ist immer auch die Suche nach dem Halt und dem Erklären. »Wo es mit dem Erklären zu Ende ist, da baut sich der Glaube auf« oder auch »Wo das Wissen aufhört, fängt der Glaube an« heißt es in einer Predigt des Kirchenlehrers und Philosophen Aurelius Augustinus (354–430 n. Chr.). Und es gibt wiederum die mannigfachen Gesichtspunkte und Glaubensüberzeugungen in der Religionsgeschichte, letztlich geprägt von der Herkunft durch Eltern und Land der Geburt. Dass einzig der Glaube an die Macht und Kraft der positiven Gedanken Zuversicht und sogar Heilung verschaffen kann, war inzwischen sogar bewiesen.

Auch das Mädchen konnte auf eine eigene, ganz persönliche kleine Religionsgeschichte seiner Familie verweisen: Als sein katholischer Vater, der als Ministrant gedient hatte, sich für eine evangelische Ehefrau entschied, glaubte seine katholische Großmutter, er hätte »die Pest ins Haus gebracht«. Doch ungeachtet dieses Verdikts führten seine Eltern eine vorbildliche tolerante sogenannte interkonfessionelle Ehe, bis der Tod sie schied, obwohl sie den verheerenden Erschütterungen der Kriegs- und Nachkriegszeit ausgesetzt war. Und was das kleine, evangelisch getaufte Mädchen betraf, machte es sich »lieb Kind« bei seiner streng katholischen Großmutter, indem es beispielsweise mit ihr gemeinsam den Maiandachten beiwohnte (vermutlich beeindruckt von dem »Pomp« in der katholischen Kirche). Auch das Mädchen führte eine interkonfessionelle Ehe, die bereits 40 Jahre überdauerte und auf den Grundfesten von Geduld und Verständnis wohl für immer halten wird. Im Zeitalter der Menschlichkeit würde es dann sowieso weder sogenannte interkonfessionelle Ehen noch Streitigkeiten oder Rechthabereien in der **Auslegung** des »Wortes Gottes« geben. Der Vergangenheit angehören würden auch Religionsfanatismus und Gotteswahn, was gleichzeitig das Ende der Religionskriege bedeutete! Allein schon die unterschiedlichen Auffassungen der verschiedenen Konfessionen des christlichen Glaubens über das Abendmahl, das letzte Mahl Jesu mit seinen Jüngern am Abend der Gefangennahme, spricht Bände: Nach katholischer Auffassung werden beim Abendmahl Brot und Wein in die Substanzen von Leib und Blut Jesu verwandelt durch Transsubstantiation (Wesensverwandlung), die sich durch Gottes Macht und durch das werkzeugliche Mitwirken des geweihten Priesters vollzieht. Nach lutherischer Auffassung sind Leib und Blut Jesu »ohne Verwandlung der Substanzen« durch Brot und Wein gegenwärtig.

Und noch einem Anachronismus innerhalb der katholischen Kirche würde das Zeitalter der Menschlichkeit ein Ende setzen: der Verpflichtung katholischer Priester zum zölibateren Leben. Kein Priesterkind müsste dann mehr seinen Vater verschweigen und entbehren. Keine alleingelassene Mutter eines verheimlichten Priesterkinds brauchte mehr ihr Leben ohne den Beistand des Kindesvaters zu meistern. Der Zölibat und eine angebliche Berufung zum Diener Gottes hatten im Stellenwert dieser Priesterväter vor dem Sakrament der Ehe rangiert. Es war traurig, wenn die liebende Hingabe an Gott stärker war als die **Verantwortung** für Frau und Kind; verwerflich gar, wenn ein Mann unter Hingabe an eine Frau nur den Geschlechtsakt – und das auch noch ungeschützt (Kondome waren von der katholischen Kirche nicht erlaubt) mit der möglichen Folge einer Schwangerschaft – verstand. Solche ausschließlich vom Geschlechtstrieb gesteuerte beziehungsweise fehlgesteuerte »Liebe« fand man als rein biologisches Verhalten schließlich auch in der gesamten Tierwelt. Mit Liebe im Sinne von Zuneigung und Wertschätzung oder gar von Nächstenliebe hatte dies nichts gemein. Traurig fand das Mädchen auch, wenn Frauen gar Jesus zu ihrem »Bräutigam«

erklärten und ihn – abgesehen davon, dass Eheversprechen nur mit beidseitiger Einwilligung erfolgen können – dadurch zum Polygamisten machen.

Vor Beginn des »Zeitalters der Menschlichkeit« hatten Angst und Furcht die Menschen beherrscht. Die H o f f n u n g auf bessere Zeiten war alles, was ihnen noch geblieben war. Doch immer nur zu hoffen, ohne jemals zu handeln, würde bedeuten in dem heillosen Zustand zu verharren und auf eine Besserung in der Zukunft zu verzichten. Der Komiker Karl Valentin meinte seinerzeit sogar: »Die Zukunft war früher auch besser!« Um keinen Deut besser war der Ratschlag im apokryphen Buch Jesus Sirach, 1, 12: »Die Gottes**furcht** macht das Herz froh, sie gibt Freude, Frohsinn und langes Leben.« Angst und Furcht können einen Menschen nicht froh machen und verkürzen eher das Leben. Lachen ist da erwiesenermaßen viel gesünder und die beste Medizin für die Seele! Die Menschen im alten Zeitalter lebten in einer Angstgesellschaft, denn noch nie in ihrer Geschichte waren sie sich so sehr der Gefahren **bewusst**, denen sie ausgesetzt waren. Terror und risikoreiche Technologien wie die Nutzung der Atomenergie in den Händen von skrupellosen Mächtigen verängstigten sie auf Schritt und Tritt. Resignation aber wäre der falsche Weg gewesen. So staunte das Mädchen sehr, als es einmal bei einem Ausflug auf die kleine Olympia-Berghütte in München eine Überwachungskamera entdeckte und der Wirt meinte: »Das ist halt so seit dem Terroranschlag vom 11. September in New York.« Die vielen Überwachungskameras und Sicherheitskräfte sowie Sicherheitsmaßnahmen, die Beschwichtigungsversuche der Politiker, die Angriffe auf Leben und Gesundheit kleinzureden, wie auch die Segenswünsche von Priestern und dem Obersten Hirten hatten offensichtlich ihre Wirkung bei den »Schafen« bzw. beim »Fußvolk« verfehlt. Die von der Natur und vor allem von Un-Menschen verursachten Katastrophen hatten in einer nie da gewesenen Stärke und Häufigkeit zugenommen. Tsunamis, Erdbeben, Vulkanausbrüche, Atomreaktorkatastrophen, Überschwemmungen und Erdrutsche peinigten die an Hunger, Durst und unter Vertreibung leidenden Menschenkinder. Verantwortungslose selbsternannte »Gotteskrieger« und

Selbstmörder rissen unschuldige Mit-Menschen in ihrem religiösen Wahn mit in den Tod für die Aussicht auf ein besseres Leben im »Jenseits«. Und überhaupt: Was hieß das überhaupt: »Diesseits« bzw. »Jenseits«? Die Welt kennt keine »Seiten«, also weder ein »Diesseits« noch ein »Jenseits«. Das Weltall besteht aus vielen Universen und ist unendlich. Die Vorstellungen über Ausdehnung, Inhalt und Aufbau des Weltalls haben sich im Laufe der Menschheitsentwicklung gravierend gewandelt. Im Altertum hielt man die ruhende Erde für den Mittelpunkt. Im Weltsystem des Astronomen Nikolaus Kopernikus (1473–1543) änderte sich zunächst nur die Vorstellung vom Bau, nicht der Begrenzung und Größe des Weltalls, nur wurde die Sonne statt der Erde in den Mittelpunkt gesetzt. Erst im 18. Jahrhundert erkannte man, dass die Fixsterne nicht gleichmäßig den Raum erfüllen, sondern ein System von linsenförmiger Gestalt bilden, in dem die Sterndichte nach außen hin abnimmt, und im unendlichen leeren Raum schwimmen. Immanuel Kant vermutete, dass die Spiralnebel außergalaktische Systeme in sehr weiter Entfernung von gleicher Beschaffenheit wie die Galaxie sind und das unendliche Weltall erfüllen. Diese Auffassung wurde 1923 durch die Auflösung des der Milchstraße am nächsten gelegenen Spiralnebels, des Andromedanebels, in Einzelsterne bestätigt. Wegen der Fluchtbewegung der Spiralnebel nimmt die Materiedichte ständig ab. Der Radius des Weltalls ist daher nicht konstant, sondern nimmt zu, und das Weltall dehnt sich aus.

Das Mädchen war wieder einmal ins Grübeln gekommen über »Gott und die Welt« und in Zorn geraten darüber, was die verantwortungslosen Un-Menschen in Kirche und Gesellschaft aus »Gott und der Welt« und den Menschen gemacht hatten. **Doch:** Noch leuchteten die Sterne am Firmament, und in seinem kleinen Herzen war Frieden eingekehrt! Und: Es war nicht etwa Jesaja, ein Prophet im Alten Testament, der 735–701 vor Christus wirkte und behauptete: »Gott hat mich gesandt, damit ich den Armen eine frohe Botschaft bringe und alle heile, deren Herz zerbrochen ist.« Und es war auch kein anderer Prophet, sondern ein wahrheitssuchender, tatkräftiger Mensch, der mit Hilfe der **Kraft und Energie aus der Natur** selbst sein Elixier für ein zweites Leben nach seiner Krebserkrankung und seinen vielen Enttäuschungen gewonnen hatte und seinen Leitsätzen gefolgt war:

»Hilf dir selbst, dann hilft dir Gott!« (Varro, 116–27 v. Chr.) und »Den Mutigen hilft das Glück« (Cicero, 106–43 v. Chr.).

Die Politikerrede

Und der Friedensprozess schritt voran. In Frösche verwandelt wurden auch zahlreiche Politiker, darunter Diktatoren und andere Machtpolitiker. Im Neuen Zeitalter der Menschlichkeit würde ausschließlich eine neue Art von Politikern Ämter und Mandate innehaben. Jeder von ihnen – wie überhaupt jeder Mensch – müsste ein ethisch-moralisches Eignungs- und Führungszeugnis vorlegen und sein Unrechtsbewusstsein nachweisen. Die Bevölkerung bliebe von nun an vor unverständlichen und absurden Reden und Phrasen von Politakteuren verschont. Undenkbar wäre ein Politikerkauderwelsch, wie es Karl Valentin in seiner »Politikerrede« einst mit beißendem Spott aufs Korn nahm:

»Politikerrede
Unausgesetzt treibt der am Horizont des Weltalls sich zeigende Gedanke der ganzen Menschheit, dass sich ein Problem, welches dazu geeignet ist, Formen anzunehmen, die einen Konflikt, sei es über die Kolonialfrage oder der Wille, der sich seinen kommenden Geschlechtern des Fernen Ostens nähert. Immer und immer wieder haben wir die gleichen Erscheinungen: Was vor Tausenden von Jahren, sei es nun die Zeit einer Emanzipation der alten Griechen oder ergründen wir die Vorzeit amerikanischen Strebens, so spricht die Zeit ein deutliches Wort, ohne dass das merkwürdigste im Zeitraum der Phantasie den geringsten Zweifel aufkommen lässt. Ob ein Zustandekommen oben erwähnter Weltanschauungen von so schwerwiegender Bedeutung ist, um Vorteile, wie sie die Inder damals gezeigt

haben, in die Praxis umzusetzen, muss bezweifelt werden. – So tragen wir es geduldig; und solange ein Volk aus Ost oder West, Süd oder Nord Repontionen erhält, spielt der Urwald dabei keine nennenswerte Rolle, denn nur der allgemeine Wille kann nach Lage der Vernunft ersetzt werden, und so wird sich die Meinung der ganzen Welt zerschlagen, wenn die Einigkeit Spuren hinterlässt, die nur dazu die Nerven des Volkes beunruhigen. Wenn Lumiotto, der einzige Mann, der schon vor Beginn seiner Worte zusammenfasste und sich in Äußerungen verstieg, einen Regierungsabschnitt verhüllt, dann treten wir der Sache näher, aber wir werden niemals daran zweifeln, dass demgegenüber keine Absicht bestanden hat, neutral zu bleiben. Schauen wir zurück: Die Vergangenheit ist unser wahrhaftigster Zeuge; wenn die Zügel der Vernunft sich lockern, wenn der Sinn für alles verloren geht, so sollen sich diejenigen, die schuldbeladen, selbst prüfen, denn ein einiges Volk, denken Sie dabei an das Land der Versionen, an das Land des Kulturismuses. Ja, leere Redensarten, Phrasen usw. damit, womit sich viele eifern könnten, in Verbindung mit den einfachsten Mitteln Wegen zu bilden, die solche Banalitäten ein für allemal aus der Welt schaffen, Nichteinmischung zu dumidizieren.

Meine hohen Herren! Es war vorauszusehen, dass eine konjunktive Resignation aller gegenwärtigen Handelsabkommenschaften mit beschränkter Anzahl eintreten sollte. Obwohl die Ferienkolonie mit Grundbesitzungen allerorts, aus dem Terrain und Trust – Emanzipationen mit Disziplinarstrafen und Verkehrsanstalten in gegenseitigen Meinungsaustäuschen sich kreuzten.

Es konnte nur seitens der Neuregelung in Packträgerkreisen und Roten-Radler-Instituten keine Einigung erzielt werden. Es sei denn, dass die wirtschaftlichen ökonomischen Bedingungen das einzige Hindernis in der Hemdknöpfindustrie den geplanten Weg sperren würden, so würden sich dennoch mit vereinten Kräften Mittel und Wege finden, die Überproduktion im Zacherlinhandel im Keime zu ersticken und auf dem 45 000 Quadratmeter großen Grundstück des Realitätenbesitzers N. N. ein Männergesangsvereinerholungsheim erstehen zu lassen. – Als Amerika im Jahr 1855 die Ausfuhr von gestöckelter Milli auf ein Minimum beschränkte, da war es König Barbarossa der 66., welcher damals dem Erfinder des Zweiräderkarrens den Auermühlbachorden überreichte. Ja, gerade er war es, welcher hinsichtlich der verkürzten Geschäftsinteressen die prinzipielle

Entscheidung in den Abgrund stellte. Großmütig drückte damals der Zitherclub »Gut Klang« seine Meinung gegen alle diese verzweifelten Ansichten aus, und als wahre Wohltat entstanden damals die vielen Bedürfnisanstalten, um die sich die Stadtverwaltung Lorbeeren und herzliche Anerkennungen aus allen Kreisen der Bevölkerung errungen hat. Mit aller Energie griff die Presse um sich und schleuderte seitenlange Artikel gegen das ekelerregende Orangenschalenwerfen auf den Straßen aus, und im Nu war der Christbaumhandel in den Sommermonaten aufgehoben. Der chinesische Armenpflegschaftsrat Tschin Tschin setzte sich mit der Nürnberger Lebkuchenindustrie in Verbindung und bezweckte damit, dass im Prozesse der Römischen Briefmarkensammlungsgesellschaft mit elektrischem Kraftbetrieb gegen die schwedische Turteltaubenzüchterei eine einigermaßen zustande gekommene Einigung erzielt werden konnte.

Die Beiseitelegung des Handelsvertrages mit der sizilianischen Straßenreinigungsaktiengesellschaft, welche mit 120 % des Grund- und Hausbesitzervereins im Kegelclub Alt-Heidelberg eine abermalige Verzinsung der Reichskassakontosteuer zu Allach (Bezirksamt Berlin) in Anrechnung brachte, konnte kraft seines dreihundertjährigen Bestehens des afrikanischen Perlacher Knabenhortes zur nochmaligen Submission herangezogen werden.

Nach meiner Aussicht steht also der Erbauung eines Männergesangsvereinerholungsheimes nicht mehr das geringste im Wege und gebe hiermit das Wort Herrn Stadtrat Westermeier.«

Klare Aussagen der Politiker und das Einhalten von Wahlversprechen würden zur Selbstverständlichkeit werden im Zeitalter der Menschlichkeit. Und zu den allergrößten Triumphen der Menschheit würde es gehören, dass sich die Politiker nicht mehr den Einflüssen der Waffen-Lobby beugten: Die **Waffenlieferungen** würden eingestellt, ja, es würden gar keine Waffen mehr produziert werden! Die noch vorhandenen unzähligen todbringenden Waffen aller Art würden vernichtet werden; sie fänden mangels Bedarf keine Verwendung mehr unter den friedliebenden Menschen, weil es auch gar keine von der Politik suggerierten Feinde mehr geben würde. Es würde nur noch eine einzige kleine »Waffe« im Umlauf sein: der Zauberschlüssel zum Frieden! Und die vielen Milliarden und Abermilliarden Rüstungsgelder könnten fortan für humanitäre Zwecke und im Bildungssystem verwendet werden.

Die Erzeugung von Waffen und von Krisen war einst ein Mittel zum Zweck, war **das** Mittel zum Zweck der Mächtigen in Politik und Wirtschaft, ihre Macht über andere Völker und schlimmstenfalls über das eigene Volk zu stärken. »Der Zweck heiligt die Mittel« gilt als Grundsatz jesuitischer Moral, schließt aber sittlich und moralisch verwerfliche Mittel dabei **nicht** aus. Der Satz wird dem Sinn nach von dem englischen Mathematiker, Philosophen und Staatstheoretiker Thomas Hobbes (1588–1679) in dessen Staatstheorie aufgegriffen, der das Recht auf Selbsterhaltung durch den Einsatz **jeden** Mittels verteidigt. »In der Natur herrscht das Recht des Stärkeren, der Krieg aller gegen alle; dieser ist aber **unvernünftig**, weil er gegen die Interessen jedes Einzelnen verstößt, und muss daher aufgehoben werden, indem sich alle freiwillig einer Staatsmacht unterwerfen.« Und auch schon hundert Jahre früher hat Niccolò Machiavelli (1469–1527), einer der bedeutendsten Staatsphilosophen der Neuzeit, in seinem Werk »Il Principe« (»Der Fürst«) für zweckgerichtetes Handeln des Herrschers und für die politischen Lehrsätze des (später nach ihm benannten) Machiavellismus, der rücksichtslosen Machtpolitik, plädiert, die er angeblich für die Regierenden aufstellte (allerdings wollte Machiavelli vermutlich kaum politische Lehrsätze aufstellen, **sondern vielmehr nur die tatsächlich geübten politischen Praktiken beschreiben**). Machiavelli wurde vorgeworfen, er habe die Tyrannen die Kunst gelehrt, die Macht zu erobern. »Das ist wohl wahr«, sagte er. »Aber ich habe auch die Völker gelehrt, sich der Tyrannen zu entledigen.«

Zwischen dem sogenannten »Selbsterhaltungs-Trieb« und dem »Macht-Trieb« gibt es ganz erhebliche Unterschiede: Das Streben nach Macht hat mit dem bloßen Geltungsdrang nichts gemein. Der Machttrieb hat die Tendenz, das eigene Selbst auf Kosten anderer zu erweitern, sich andere dienstbar zu machen, ihnen den eigenen Willen aufzuzwingen, **über** ihnen zu stehen. Ein übersteigerter Machttrieb ist immer durch Minderwertigkeiten oder Minderwertigkeitsgefühle bedingt. Das **Miteinander**, das WIR, die Harmonie einer Gemeinschaft, gerät dabei völlig in den Hintergrund, ist gar nicht vorhanden. Zur Befriedigung des Machttriebes machten sich die Machtgierigen der vergangenen Zeitepochen nicht nur die Kriegslist und Verführungskunst zunutze, wobei auch die Religiosität der Menschen ausgenützt wurde, sie erfanden auch die Waffen. Der Erfindungsreichtum in der Vielfalt mörderischer Werkzeuge kannte keine Grenzen. Waffen hatten sie wohl als ihr Spielzeug und Soldaten als Spielzeugsoldaten betrachtet. Es war damals im Jahre 2010 n. Chr., als besonders Findige jener Zeit Roboter-Soldaten bei der Kriegsführung eingesetzt hatten. Vermutlich spielte dabei der Hintergedanke, die **Verantwortung** für das kriegerische Handeln eines Menschen auf eine Maschine abzuwälzen, die entscheidende Rolle.

Und es war auch im Jahre 2010, als das Mädchen von der Erfindung eines »Märchen erzählenden Roboters« hörte, der die Mütter und Väter von ihrer kommunizierenden Aufgabe bei der Erziehung ihrer Kinder »entlasten« sollte. Dieser Roboter sollte pünktlich vor dem Weihnachtsfest noch auf den Markt kommen. Doch die Kinder rebellierten und äußerten von diesem Zeitpunkt an keine materiellen Wünsche mehr, und sie richteten ihre Weihnachtswünsche auch nicht mehr an die bisherige Adresse des Christkindes
(Kirchplatz 3, D-97267 Himmelstadt), sondern an den Papst:
Palazzo Apostolico,
00120 CITTA' DEL VATICANO, Vatikanstadt
Ohne Ausnahme wandten sich alle Kinder der Welt an den Heiligen Vater in Rom und äußerten ihren einzigen Wunsch im Glauben an dessen Erfüllung durch den Obersten Hirten:

»Lieber Papst, bitte, schenke mir mehr Zeit
und eine neue Zeit, mehr Zeit mit meinen Eltern
und eine ›Neue Zeit der Menschlichkeit‹
ohne Kriege und ohne hungernde Kinder.

*Ich weiß, dass du meinen Wunsch erfüllen kannst,
weil du als mein Vorbild – wie ich –*
den Zauberschlüssel zum Frieden *trägst.*
Herzlichen Dank!   *Dein Schäflein«*

Aber das immense Waffenarsenal der bisherigen Menschheitsgeschichte würde erst verschwinden, wenn alle Waffenproduzenten und alle Waffenhändler in Frösche verwandelt worden waren. In den zurückliegenden Zeitaltern hatte es unzählige Waffen gegeben, die den Zweck hatten, den Tod oder Verstümmelungen von Menschen oder gar die Ausrottung eines ganzen Volkes herbeizuführen: Hieb- und Stichwaffen, wie Schwert und Spieß, Streitaxt, Hellebarde, Dolch, Degen, Säbel, Lanze, Bajonett; Feuerwaffen, wie Gewehre und Geschütze, Minenwerfer, Nebelwerfer, Raketenwaffen, Land- und Seeminen, Torpedos und Flugzeug- und Wasserbomben, Panzer, Kriegsschiffe und Kriegsflugzeuge, Maschinengewehre und Maschinenpistolen; die ABC-Waffen, wie atomare, biologische und chemische Waffen.

Im Neuen Zeitalter der Menschlichkeit wird es auch keiner Kämpfe mehr um seine Rechte bedürfen, weshalb auch der aufgeblähte Justizapparat kaum noch eine Rolle spielen wird, ebenso wie die Rechtsprechung, denn es wird Gerechtigkeit herrschen. Das Waffenrecht beispielsweise – ursprünglich das Recht des **freien Mannes**, seine Waffen zu tragen – wird hinfällig, da ja im Neuen Zeitalter mangels Feinden keine todbringenden Waffen mehr vonnöten sein werden, auch nicht für einen »bestimmten« Personenkreis. So hatten im Mittelalter das Waffenrecht nur Ritter und »Bürger«, nicht aber Bauern und Kleriker. Danach schränkte besonders der absolute Staat das Waffenrecht immer mehr ein, bis dann vielfach nur noch die zum Schutz der Allgemeinheit Berufenen die Waffe führen durften, wie das Militär, die Polizei, Teile der Justiz und Finanz. Noch damals, Anfang des 21. Jahrhunderts n. Chr., hatte es verantwortungslose Un-Menschen gegeben, die im Besitz von Waffen waren, teils deklariert als Jagd- oder Sportwaffen. Nur so konnte es zu der schrecklichen Tat kommen, dass ein Schüler sich aus dem unverschlossenen Waffenschrank seines verantwortungslosen Vaters bediente und Lehrer und Mitschüler in einem Amoklauf erschoss und ein Blutbad anrichtete. Ein paar Jahre zuvor hatte ebenfalls ein Schüler, Mitglied eines Schützenvereins und zum Besitz von Waffen somit »berechtigt«, ebenfalls zahlreiche Menschen bei seinem Amoklauf erschossen.

Welch segensreiche Wirkung entfaltete dagegen bereits jetzt der Zauberschlüssel, den immer mehr Menschen um den Hals trugen und welcher bei Vollendung des Neuen Zeitalters der Menschlichkeit als einzige »Waffe«, eine kleine harmlose, Frieden stiftende »Waffe«, im Handel sein sollte. Äußerlich sichtbar würde sie eingesetzt werden **zur Abwehr gegen Angriffe von Un-Menschen** – vergleichbar der Wirkung von Knoblauch gegen »Vampire« oder der Wirkung des Kreuzes gegen den »Teufel«. Als innerliche, nicht sichtbare Waffe gegen Angriffe von Un-Menschen würde allein das Verhalten gegenüber Mensch und Natur nach dem **Leitspruch** der **Goldenen Regel** dienen, dem Prinzip:

>»Was du nicht willst, das man dir tu',
>das füg auch keinem andern zu.«

Das Mädchen war wieder einmal ins Grübeln und dabei zu dem Schluss gekommen, dass **nur** die Globalisierung dieser volkstümlichen Lebensweisheit, zur Lebensphilosophie eines jeden einzelnen Menschen gemacht, alle Regeln, Gesetze und Gebote religiöser und gesellschaftlicher Prägung und mit-menschlichen Umgangs sowie des Umgangs mit »Gott und der Welt« umfassend einen Sinn macht. Diese tiefsinnigen 14 Worte sind schon seit dem 18. Jahrhundert n. Chr. als »Goldene Regel« bekannt und in einer positiven Version im Matthäusevangelium (Matth. 7, 12) überliefert, wo es heißt:
»Alles, was ihr also von anderen erwartet, das tut auch ihnen!«
Jesus sagt zu diesem Gedanken, er sei »das Gesetz und die Propheten«; er findet sich in seiner Grundaussage in **allen Weltreligionen** wieder! »Dieser

Leitsatz«, dachte das Mädchen, »ist inhaltsschwer und unumstritten und er ist – obwohl nicht einmal im Imperativ ausgedrückt – für ein menschliches, friedliches Miteinander durch keine andere Regel zu übertreffen, und somit hat er eine **fundamentale Bedeutung** wie beispielsweise der Lehrsatz des Pythagoras für die Geometrie (im rechtwinkligen Dreieck ist die Fläche des Quadrats über der Hypotenuse gleich der Summe der Flächen der Quadrate über den beiden Katheten).« Die »Goldene Regel« ist über jeden Zweifel erhaben und in ihrer Richtigkeit und Wahrheit und auch in Bezug auf ihre Kausalität nicht zu überbieten und kann sogar alle Anstandsregeln ersetzen.

Und noch einmal und immer und immer wieder verinnerlichte sich das alte Mädchen, inzwischen reich an Lebenserfahrung, diesen einen Satz, bestehend aus 14 einfachen und doch so inhaltsschweren Wörtern, einem Haupt- und einem Nebensatz – beziehungsweise umgekehrt – und grammatikalisch ein Aussagesatz, aber als Imperativ empfunden. (Der Imperativ ist die Befehlsform eines Verbums und die im Konjugationssystem den Befehl zu einer Handlung bezeichnende Moduskategorie.) In der »Ethik« wird zwischen dem kategorischen Imperativ und den hypothetischen Imperativen unterschieden. Der kategorische Imperativ ist nach Immanuel Kant die Formel für das Sittengesetz oder Vernunftgebot. »Handle so, dass die Maxime deines Willens jederzeit zugleich als Prinzip einer allgemeinen Gesetzgebung gelten könne.« Der kategorische Imperativ unterscheidet sich von den hypothetischen Imperativen dadurch, dass er **unbedingt gilt**, während die hypothetischen Imperative von besonderen Zwecksetzungen abhängen.

Der kurze Satz, der sich auch noch reimt und deshalb leicht einzuprägen und in der Erinnerung zu behalten und auch für jeden wegen seiner Einfachheit und Logik verständlich und von derart großer Bedeutung ist, wollte dem Mädchen nicht mehr aus dem Kopf gehen. Immer und immer wieder sprach es sich diesen einen Satz vor, erst ganz leise, dann lauter und immer lauter, bis es jubelte: »**Das ist es! Das ist es! Das ist sie!**« – **Das ist die Regel für das menschliche Miteinander**, die Regel für mehr Menschlichkeit, die Regel für Demokratie, die Regel für den Seelen-Frieden und die Regel für den Welt-Frieden! Das ist die »Goldene Regel« für das Neue Goldene Zeitalter, das Neue »Zeitalter der Menschlichkeit«! Am liebsten hätte das Mädchen den kleinen Satz in alle Welt hinausposaunt:

>»Was du nicht willst, das man dir tu',
>das füg auch keinem andern zu.«

III
Die »Goldene Regel«

Der geheime Code

Das ist es, was den Menschen und die ganze Welt zum Guten verändern und erneuern kann. **Die »Goldene Regel« ist der Weisheit letzter Schluss!**

Die »Goldene Regel« ist mit allem Gold und Geld der Welt nicht aufzuwiegen. Sie ist Richtschnur für Denken und Handeln schlechthin und für das richtige Maß des menschlichen Egoismus. Sie ist der **Geheime Code** für die Spezies Mensch unter den Lebewesen, vergleichbar mit dem »Goldenen Schnitt«, dem Geheimen Code, der rätselhaften Formel in Kunst, Natur und Wissenschaft und der Kunst, ein »Mensch« zu sein. Die Natur ist voll von Variationen des »Goldenen Schnitts«, dem Geheimen Code, der sogar auch in der menschlichen DNA zu finden ist.

»Die Goldene Regel ist der Weisheit letzter Schluss, weil sie sogar auch noch ›Gut‹ und ›Böse‹ definiert in einer unmissverständlichen und leicht verständlichen Abgrenzung, das heißt die Grenze von ›Gut‹ genau an der Stelle des menschlichen Tuns absteckt, wo dem anderen Menschen Schaden zugefügt wird«, meinte das Mädchen.

Seit der Antike suchen die Philosophen und Wissenschaftler nach einem Weg, um den Ursprung, die Struktur und die Ordnung des Universums zu beschreiben. Mit jeder neuen Entdeckung werden Mythen zerstört und durch neue »Wahrheiten« (?) ersetzt. »Wahrheiten«, die oft im darauf folgenden Jahrhundert übernommen, im allgemeinen Bewusstsein verankert und dann doch wieder verworfen werden. In den letzten 2500 Jahren gab es eine Reihe von Personen, deren wissenschaftliche Entdeckungen oder philosophische Ideen die Sicht auf die Welt entscheidend verändert und uns neue Konzepte nähergebracht haben, um unseren Platz innerhalb der **Harmonie** der Dinge zu beschreiben (vgl. auch »Der geheime Code« von Priya Hemenway). Der Goldene Schnitt ist ein universelles Symbol der Perfektion und Schönheit. Ein Kunstwerk in diesem Verhältnis löst ein Gefühl höchster Harmonie aus. Der Goldene Schnitt ist ein Ausdruck unseres Verhältnisses zum Ganzen. Eines der großen Paradoxa der westlichen Tradition ist der Glaube an die Einheit Gottes und die Einheit unserer Existenz, und andererseits die Vielfalt der Welt, die wir erleben. Bevor Aristoteles die Dinge in Systeme von Ursache und Wirkung trennte, sprachen griechische mystische Philosophen wie Sokrates und sein Schüler Platon von einem Universum, in dem alle Dinge eins sind. »Ein Ding entspringt aus allen Dingen und alle Dinge entspringen aus einem«, sind die Worte von Heraklit (6. Jahrhundert v. Chr.), mit denen er die Prinzipien der Wahrheit, die er in sich selbst spürte, ausdrückt.

Die Wunderkräfte

Und so erkannte dann auch das nun alte Mädchen, immer auf der Suche nach der Wahrheit, in seinem Märchen vom »Krieg der Frösche« **in der »Goldenen Regel«** den legendären, mit märchenhaften Wunderkräften ausgestatteten **Heiligen Gral**. Was die Suche nach ihm so schwierig gestaltet hatte, war nämlich, dass es sich bei dem Gral **nicht** um ein **Material**, sondern vielmehr um ein **Ideal** handelt und er infolgedessen rein organisch nicht erfassbar, also weder sichtbar noch tastbar ist. Die Suche nach ihm, dem Ideal, hatte dann endlich zu einer Spezies unter den Lebewesen, den »Menschen« (wohlgemerkt nicht den »Un-Menschen«), beziehungsweise zur Ausbildung von deren Gehirn geführt, wo verborgen und gehütet, exakt genau zwischen den beiden unterschiedlichen Gehirnbereichen, die einerseits für den Verstand und andererseits für das Gefühl verantwortlich funktionieren, die Harmonie beider liegt. Das Ideal ist weder der sogenannte Verstandes-Mensch noch der sogenannte Gefühls-Mensch: Das menschliche Ideal liegt in der **Ausgewogenheit** des Geistes, seiner Geisteshaltung, und seiner Fähigkeit des Differenzierens und Erkennens, des Abwägens und Urteilens, also seiner ausgeglichenen Waagschale. Der jeweilige Zeitgeist bestimmt die **Werte**-Stellung, also den Stellenwert eines zum sogenannten »Helden« erhobenen Menschen. Der Zeitgeist des »atomzeitlichen« Menschen, dem der Geist nach Frieden, nach einer Welt ohne Kriege stand, macht den Friedliebenden zum Rebellen und zum Helden, zum Superhelden, zum **Friedenshelden**, im Gegensatz zum Kriegs-Helden oder anderen »Helden« der Geschichte. Den Stellenwert eines Helden hatten immer schon die nach dem Heiligen Gral Suchenden, wie beispielsweise die sogenannten Gralsritter im Epos von Wolfram von Eschenbach (1170–1220). **Nur**: Der Versuch, das H e i l bzw. die Wunderkräfte zu finden, war von vornherein zum Scheitern verurteilt: Weder der Ort der Suche noch das Objekt der Begierde hatten das richtige Ziel im Auge, **nämlich nur eine Regel**: die »Goldene Regel«. Das Heil war demnach auch nicht auf der Burg Montsalvatsch, dem »Berg des Heils«, verborgen und gehütet und zu finden.

Hingegen war die Suche nach dem Kelch, der Abendmahlschüssel, dem Gral in der Parzival-Legende des Mittelalters, in der Joseph von Arimathia Christi Blut auffing, schon wesentlich Erfolg versprechender: Im Blut sind die Gene, die DNA, zu finden, die ein Lebewesen **erblich** in seiner Entwicklungsstufe in sich trägt. Die Gene eines Propheten wie Jesus in sich zu tragen, der zu dem Gedanken der »Goldenen Regel« sagt, sie sei »das Gesetz und die Propheten«, befähigt einen Menschen nach den Prinzipien dieser Regel, der Formel für die richtige Geisteshaltung, zu handeln. Erkenntnis-Fähigkeit kann aber **auch erworben** werden.

Die »Goldene Regel« ist für das **menschliche Verhalten in seiner Vollendung** und als **Gesamtkunstwerk eines Gedankens** zu werten, vergleichbar in seiner Bedeutung mit dem »Ring des Nibelungen« von Richard Wagner (1813–1883) für die Vollendung der romantischen Idee vom Gesamtkunstwerk, in dem alle Künste des Musikdramas zu einer Einheit werden. Nicht zuletzt kommt die in der »Goldenen Regel« enthaltene Aussage auch dem Prinzip der Gleichheit, Einigkeit und Freiheit (einer braucht den anderen Mit-Menschen oder auch den anderen Staat in der Politik) am nächsten.

**»Was du nicht willst, das man dir tu',
das füg auch keinem andern zu.«**

Von Kaiser Alexander Severus (208–235 n. Chr.) wird berichtet, dass er diesen Satz öfter ausrief und diesen Spruch so sehr liebte, dass er ihn sowohl an seinen Palast als auch an öffentliche Gebäude anschreiben ließ. Und schon im 4. Jahrhundert v. Chr. sagte der griechische Redner Isokrates (436 – 338 v. Chr.) Ähnliches:

»Worüber ihr zürnt, wenn ihr es von andern erleidet, das tut den andern nicht.«

Die »Goldene Regel« in der Version, die mit dem Fragewort »was« beginnt und deshalb zum **Fragen und zum Nachdenken** anregt, nämlich darüber nachzudenken, was du nicht willst – **das, was du also selbst nicht willst** –, gefiel dem Mädchen am besten. Vor allem diese überlieferte volkstümliche Lebensweisheit, die in einer Negation Ausdruck findet, also betont, was jemand **nicht will**, ist am stärksten in ihm verwurzelt. »Was du nicht willst«, ist in erster Linie, dass »man **dir**« Gewalt zufügt, weder körperliche noch seelische Gewalt, also alles, was Schmerzen verursacht oder gar deinen Tod herbeiführt. Infolgedessen wirst du auch keinem anderen Mit-Menschen zufügen, was **ihm** Schmerzen verursacht, ihm Leid zufügt oder gar zu dessen Tod führt. Was du selbst nicht willst, ist auch, dass man dich belügt oder betrügt oder deiner Freiheit oder gar deiner Heimat beraubt. Die Frage, **ob ein Krieg** oder welche Art von Krieg »legal« ist, stellt sich dadurch erst gar nicht, genauso nach der Rechtfertigung von Terror jeglicher Art. Niemand will wohl selbst terrorisiert oder bekriegt werden.

Die »Goldene Regel« findet sich nicht nur in allen Weltreligionen wieder, sie ist in Griechenland wie in China und Indien **als Maxime** bekannt und sie wird sowohl in positiver Version (wie bei Matthäus) als auch in negativer Version überliefert. Sie findet in Kants kategorischem Imperativ ihre moderne Gestalt.

Auch die Hüter unterschiedlicher Meinungen und Auslegungen der religiösen Bekenntnisse hatten dann plötzlich begonnen, nach der **vereinenden** Goldenen Regel in ihrem unterschiedlichen »Buch der Bücher« zu suchen und die Zauberkraft der Worte, der 14 Worte der »Goldenen Regel« (als das Mädchen die Wörter abzählte, hatte es etwas Interessantes festgestellt: die Anzahl der Worte beträgt gleich zweimal die mysteriöse Zahl bzw. Ziffer »7«, die erst durch Multiplizieren mit »2« zu einer Zahl, nämlich 14 wird), wieder neu zu entdecken. Schließlich hatte Jesus schon vor knapp zweitausend Jahren zu dem Gedanken, der in dem Satz verborgen ist, gesagt, er sei »das Gesetz und die Propheten«, und das Mädchen wollte ihn gar als »göttlich« erkannt haben. In diesem Leit- und Lehrsatz ist das Gute versteckt und auch die Liebe, die Liebe zu den Mit-Menschen, also die **Nächstenliebe**, die Liebe nämlich, die aus der Eigen-Liebe entspringt, und der Glaube, nämlich der Glaube an sich selbst und seinen eigenen Willen und seine eigene Kraft. Gleichheit und demzufolge Einigkeit ist die Grundlage für Gerechtigkeit: nach dieser, der »Goldenen Regel« zu leben, bedeutet, nach allen Regeln der Kunst zu leben. Die Kunst der sogenannten Lebenskünstler liegt darin, in erster Linie auf ihr Seelenheil zu achten, sich zu schützen vor Unheil, vor Unheil bringenden Un-Menschen und vor Strafen, ja sogar vor der »Strafe Gottes«, der sogenannten »Erbsünde«. Die Erbsünde ist nach christlicher Lehre die von Adams Sündenfall herrührende sündige Heillosigkeit aller Menschen, die Leid und Tod sowie ausnahmslose Erlösungsbedürftigkeit durch Christus zur Folge hat (Röm. 5, 19). Die Erbsünde bedeutet den Verlust der gottgewollten Ursprungsgerechtigkeit und der vollendeten Ordnung im Menschen, der sich in der bösen Begierde, nämlich der widergöttlichen Ich-Sucht und ungeordneten Triebhaftigkeit, zeigt. Die Erkenntnis-Fähigkeit ist allein Eva, der ersten Frau im Paradies, zu verdanken, die gegen das Verbot Gottes, »vom Baum der Erkenntnis« zu essen, also gleichsam von einer Nahrung nur für den Leib, dem Apfel, verstoßen hat, um an eine für die Spezies Mensch mindestens gleichwertige Nahrung, nämlich der für das Gehirn, zur Erkenntnis von »Gut und Böse« zu gelangen. Eva hat dabei die **Hilfe eines anderen Lebewesens** in ihrem Lebensraum, die einer Schlange, zu nutzen und sich zugleich, als erster Mensch, **an der Natur zu orientieren** gewusst. »Gewusst wie«, könnte man auch sagen, will man die Denk-Fähigkeit zugleich ausdrücken. Jedenfalls sollte man das Denken nicht einfach »einem Pferd« überlassen, weil es das größere Gehirn besitzt. Die **angeblich angeborene »Heillosigkeit«** aller Menschen und die daraus erwachsene ausnahmslose »Erlösungsbedürftigkeit« kann ganz einfach durch die **Selbstheilungskräfte** bei einem Leben im Sinne der Goldenen Regel, nämlich allein durch Denken und Erkennen des Geheimnisses dieser einzigartigen Regel »Was du nicht willst, das man dir tu', das füg auch keinem andern zu«, besiegt werden. Der »Kriegsführer« ist dabei – so unglaublich das zunächst klingen mag, und zwar ganz besonders erstaunlich vor allem für das alte Mädchen – der »**gesunde Egoismus**«, also eine auf den ersten Blick natürlich schlechte Eigenschaft des Menschen, die sich aber bei genauerem Hinsehen und einer philosophischen Betrachtungsweise der »Goldenen Regel« als der »Motor« bzw. die Motivation für ein friedliches Miteinander entpuppt. Der **Egoismus** ist in Wahrheit die Triebkraft und die verborgene Heilkraft, der Zauberschlüssel und die Wunder wirkende Macht, der allerdings **nur in seiner richtigen Dosierung**, im richtigen Quantum, eben **nur in einem Quäntchen** angewandt, zum »Stein der Weisen«, zum »Gral, der über märchenhafte Wunderkräfte verfügt«, wird. Die **Heil bringende Wahrheit** ist, dass sich »jeder selbst der Nächste ist« und somit sein eigenes Wohl, seine eigene Unversehrtheit in den Vordergrund allen Handelns stellt. **Tut er das**, nämlich **sich selbst** in erster Linie **nichts Böses**, weil er das selbstverständlich **nicht will** (»Was du nicht willst, das man dir tu'«) – und das natürlich auch ganz leicht erkennt und weiß –, so wird er folglich und »zwangsläufig« auch keinem anderen etwas Böses zufügen (»das füg auch keinem andern zu«). Es ist also ein **Denk**-Vorgang, aber zugleich auch ein Vorgang, der sich im »Herzen«, also in der **Seele** beziehungsweise dem **Geist**, abspielt, und das

Gefühl (nicht nur den rein organischen Sinn, über den alle anderen Lebewesen ebenso verfügen), also das **Seelenleben mit einbezieht**. Wenn also er, der Mensch, sein »Ego«, also seine Selbstsucht bzw. seinen ihm eigenen Egoismus, das will heißen: ausschließlich am eigenen Nutzen orientiertes und nur das eigene Wohl auf Kosten anderer förderndes Handeln im Auge hat, und **nicht beides**, nämlich **Wissen und Ge-Wissen** zusammenbündelt, **handelt er wider seine menschliche Natur**. Das bedeutet (im Klartext) letztlich: das praktische **moralische Handeln** im »menschlichen« Egoismus gleichgewichtig mit einzubeziehen, also den Antrieb allen wirtschaftlichen Handelns mit dem moralischen Verhalten zu messen, um auf diese Weise ein Kollektiv-Verhalten im Sinne des Altruismus (die Bezeichnung für ein dem Begriff des Egoismus entgegengesetztes Handeln), also ein Handeln aus Solidarität, zu erzeugen und darin die Erzeugung der sogenannten christlichen Nächstenliebe durch Eigenliebe als die eigentliche Liebe zur Wahrheit zu erkennen. Entscheidend für das richtige Handeln aus Überzeugung ist, das richtige Quäntchen, und zwar **nur ein ausgewogenes Quäntchen Egoismus durch Selbsterkenntnis** zu finden und das, was ich nicht will oder mir gar schadet und bestimmt auch mein Mit-Mensch nicht wollen wird.

Wo war Gott?

Für ein friedliches Miteinander bürgt die »Goldene Regel« auch in einer anderen Version, dem **Zorn** (»Worüber ihr zürnt, wenn ihr es von andern erleidet, das tut dem andern nicht«). Es genügt also, nur zu erkennen, **was dich zornig** macht: Es ist vor allem Ungerechtigkeit, Unterdrückung, un-ethisches Handeln, un-moralisches Handeln, Unfreiheit. **Der eigene Wille**, selbst nichts zu erleiden, was dich selbst erzürnt, hindert dich daran, anderen ein Leid (körperlich oder seelisch) zuzufügen. So wie auch beispielsweise nur die **eigene Willenskraft**, also »**so ich** will« (und nicht »so Gott will«) entscheidend ist für Erfolg oder Misserfolg einer jeden Sucht-Therapie. Indem ich meinen eigenen Willen vom Willen Gottes oder vom Willen eines anderen Menschen abhängig mache, mache ich auch einen anderen Mit-Menschen oder Gott **verantwortlich** für meinen eigenen Misserfolg, also für mein eigenes Versagen, was im umgekehrten Sinn eine Schuldzuweisung für eigene Verantwortungslosigkeit bedeutet. Auch die Frage: »Wo war Gott«?, als dieses oder jenes Unheil über mich gekommen ist, bedeutet, dass ich selbst keine Verantwortung übernehme für meine Misserfolge, statt mir selbst die Frage zu stellen: »Wo war ich, wo war **mein** ›Ich‹, wo war ich selbst, also mein eigenes Ego und vor allem der Teil meines Egos, der Altru-ismus in meinem Ego-ismus?« »Wo war mein Geist, mein ›heiliger‹ Geist?« Wo war der »Geist« in seinen zwei Bedeutungen? Erstens ist der Geist das allgemein belebende, beseelende, übersinnliche Prinzip im Menschen und in allen Dingen (Menschen-Geist, Geist einer Landschaft, eines Ortes, einer Kirche), zweitens ist er im Unterschied zur Seele eine besondere ontologische (unsichtbare) Substanz, das heißt besondere **Seinsstufe**, und die Seele wird als Inbegriff der inneren Zustände bestimmt, also der Geist als eine höhere Wirklichkeit, die die Seele gewinnt, indem sie erkennt, wertet, die Welt zum Gegenstand des Erkennens macht. Dieser Begriff des Geistes hat drei verschiedene Existenzformen: erstens als »individueller« Geist der Einzelperson, zweitens als »überindividueller« Geist der Einzelperson und »überindividueller« Geist der sozialen Gemeinschaft und drittens als »absoluter« Geist der **göttlichen Persönlichkeit**. Die Anwesenheit deines eigenen absoluten Geistes entscheidet demnach über deine Entwicklungsstufe. Demzufolge ist die »**Leibhaftigkeit**«, also die äußere Hülle, **von untergeordneter Bedeutung** auch im »**Glaubensbekenntnis**« eines Menschen, weil nur der Glaube an das Gute den in der »Goldenen Regel« verborgenen Gedanken der Willensstärke für das »Göttliche«, für den »Götterfunken«, für den sogenannten »Geistesblitz«, die Wertung von »Mensch« und »Un-Mensch« zulässt. Die Auferstehung des Leibes nach dem Tode ist somit **auch** von untergeordneter Bedeutung, weil ausschließlich das Fortleben des »guten Geistes« im Weiterleben eines Menschen von Bedeutung ist.

Im Gnostizismus, einem »Geheimwissen« höherer Art über Gott und die Welt, liegt die Erlösung des Menschen in der Erkenntnis seines kosmischen Geschicks und der Göttlichkeit seines eigenen Selbst, also der Geistseele. Wo im christlichen Gnostizismus Christus als Erlöser auftaucht, hat er keinen Anteil an der Materie, sondern besitzt nur einen Scheinleib, er leidet und stirbt nur scheinbar; sein starkes **Selbst-Bewusstsein**, in dem er sich **über** Moses, das Gesetz und die Propheten stellte, vernichtete die Existenzberechtigung der rabbinischen Theologieprofessoren und des stolzen und mächtigen Priesteradels. Jesus war es auch, der in dem Gedanken der »Goldenen Regel« das Gesetz und die Propheten erkannte. »Vielleicht«, überlegte das Mädchen, »findet sich darin auch eine Erklärung für das sogenannte ›Pfingstwunder‹: Als plötzlich die Apostel eine Stimme vernahmen, verstanden auch sie die globale Bedeutung der ›Goldenen Regel‹. So heißt es: ›Auf einmal hörten die Apostel die Stimme in allen möglichen Sprachen zu ihnen sprechen, und die Menschen aus unterschiedlichen Teilen der Erde verstanden, was gesagt wurde.‹« Vor allen Dingen, so meinte das Mädchen, würde die Anwendung dieser einzigartigen Regel die Möglichkeit zur Verwirklichung eines weltweit geltenden Gesetzes zum gegenseitigen Verständnis ohne Sprachhürden führen.

Alles **Wirkliche** ist eine Zusammensetzung aus Materie und Form, das Werden und Vergehen erklärt sich als Umformung eines Substrats (also eines Stoffes, der an einer chemischen Reaktion teilnimmt). Die Veränderung ist damit Verwirklichung einer Möglichkeit und ist die Lehre von den obersten Prinzipien des Seienden (nach dem griechischen Philosophen Aristoteles, 384–322 v. Chr., des Fort- und Umbildners des platonischen Idealismus).

Die »Goldene Regel« als Verhaltensregel angewendet, ist eine Himmels-Macht, die den Himmel auf Erden schafft, im Diesseits also (und nicht erst im sogenannten Jenseits mit allen möglichen und vor allem unmöglichen »aus der Luft gegriffenen« abergläubischen Versprechen, die ein »Glaube« in einer Religion zur »Erlösungsbedürftigkeit« eines »sündigen«

Menschen und der vorausgehenden Abarbeitung seines Straf-Registers im sogenannten Fegefeuer oder der Hölle macht). So wird die Macht der Liebe zur Machenschaft, zum Handwerkszeug des Teufels, ohne den in der Goldenen Regel versteckten Funken von Egoismus, **wohlgemerkt**: nur in seiner **maßvollen** Anwendung. »Es ist Maß und Ziel in den Dingen, es gibt schließlich bestimmte Grenzen« (Horaz, römischer Dichter und Zeitkritiker, 65–8 v. Chr.). Das **richtige Maß** liegt in der Gewichtung mit den Grundsätzen von Ethik und Moral und in der **wechselseitigen Wertschätzung**. Was das Mädchen anbelangt, so war es so naiv und dumm, die Liebe ohne das **nötige Quäntchen** Egoismus zu verschenken, ein Geschenk, das bei den Beschenkten das **größte Maß** an Egoismus, an Eigenliebe und damit die Eigenschaften des im Sinne des Altruismus handelnden Gebenden ausnutzt. Zu Recht auch als »Affenliebe« bezeichnet, also eine Liebe der Spezies Mensch auf seiner Vorstufe als Säugetier ohne die Fortentwicklung des Gehirns im Verstandesbereich. Ein »Mensch« sein, bedeutet demnach, nicht nur nach der bekannten Regel über entwicklungsgeschichtliche Gesetzmäßigkeiten, also dem biogenetischen Grundgesetz, zu leben, das besagt, dass »die Einzelentwicklung (Ontogenie) eine Wiederholung der Stammesentwicklung (Phylogenie) ist«. Auch psychische Eigenschaften sind nach dem biogenetischen Grundgesetz zu erklären. Die Gültigkeit dieses Gesetzes ist begrenzt: Die stammesgeschichtlichen Veränderungen der Organismen werden in ihrer Ontogenese weder vollständig noch immer in ihrer ursprünglichen Reihenfolge wiederholt. Auch treten nicht die Merkmale der erwachsenen Vorfahren, sondern nur die der entsprechenden ontogenetischen Entwicklungsstadien auf, wie beispielsweise bei flügellosen Insekten nicht die wirklichen Flügel der Vorfahren, sondern nur die Flügelanlagen.

Ein »Mensch sein« bedeutet auch, und in erster Linie, **nach der Goldenen Regel zu handeln**, also immer erst darüber nachzudenken, was ich, also mein Ego, beziehungsweise, was ich aus rein egoistischen Gründen nicht tun will, das will ich auch einem anderen Menschen, einem Mit-Menschen also, nicht antun. Gutes zu tun, entspringt damit nach dem Gesetz der Goldenen Regel aus den **Gesetzmäßigkeiten des »Egoismus«**, also aus einem »**gesunden**« **Menschenverstand**. Durch ein **gänzliches Fehlen** an Egoismus wird der Weg schließlich freigelegt zur Unterdrückung bis hin zur Selbstaufgabe. Im Volksmund ist von einem »gesunden Egoismus« die Rede. Da muss doch ein Fünkchen Wahrheit darin liegen, wenn sogar im 1. Gebot Gottes: »Du sollst keine anderen Götter neben mir haben«, eine Selbstsucht verborgen scheint.

Das Mädchen überlegte: »Sollte es etwa in Wirklichkeit **das gänzliche Fehlen an Egoismus** sein, das mich krank, meine Seele krank gemacht hat?« Je länger es darüber nachdachte, umso klarer traten die kausalen Zusammenhänge hervor. Warum nur wollte das alte Mädchen nach seiner (vorerst) besiegten Krebserkrankung plötzlich einmal »an sich selber denken«? Etwa, weil es endlich **musste**, bevor es zu spät geworden wäre? Mit anderen Worten – und nur so ließ sich der plötzliche Sinneswandel erklären: Es war wohl der Selbsterhaltungstrieb. Hatte nicht sein behandelnder Arzt immer und immer wieder gesagt: »Sie sind zu gut für diese (schlechte) Welt«! Sollte das Mädchen denn etwa »schlecht« werden? Nein und nochmal nein! Schlecht werden, das würde und könnte das Mädchen auch auf seine alten Tage nicht mehr, und es war mehr als erstaunt, dass es endlich auch gelernt hatte, »Nein« zu sagen. Außerdem: »schlecht geworden« (das heißt übel geworden) war dem Mädchen schon von Jugend an, nämlich immer bei seinen schweren Migräneanfällen, so übel, dass es sich stundenlang übergeben musste, bis auch die Galle überlief und es danach sogar noch stundenlang ausharren musste, weil schon die kleinste Bewegung der äußeren Gliedmaßen einen Brechreiz verursachte. Die vom Arzt gestellte Diagnose hatte ja wortwörtlich gelautet »zu gut«, überlegte das Mädchen und war von Herzen froh, dass es offensichtlich »gut« bleiben durfte, nur eben **nicht zu gut**. »Ich sollte endlich einmal an mich denken, beziehungsweise nur so egoistisch sein, dass ich zwar mir selbst und meiner Gesundheit nütze, ohne andere gleich auszunützen (also nicht ›Gleiches mit Gleichem vergelten‹ müsste), jedoch – und das war ganz selbstverständlich für das Mädchen entscheidend – **anderen keinen Schaden zufüge**.«

IV
Der Wandel

Der neue Zeitgeist

Und siehe da: Plötzlich und ganz unverhofft gab ihm das Schicksal einen Wink. Es eröffnete ihm einen Ausweg aus seinem Dilemma: Der Weg führte das Mädchen aus einer Millionenstadt in ein kleines 1700 Seelen zählendes Dorf mitten in der Natur. Hier würde das Mädchen für seine ganze »Affenliebe« endlich (ohne für seine Dummheit als »Opferlamm« bestraft zu werden) **mit den überschwänglichen Gaben der Natur belohnt** und vom Geber zum Nehmer werden können. Der beste Lehrmeister ist die Natur selbst, die Tiere und Pflanzen, die in Eintracht miteinander leben, indem sie **nur nehmen**, was sie tatsächlich brauchen, ohne die anderen Lebewesen aus **niedrigen Beweggründen, der »Gier«,** zu missbrauchen, eine ausschließlich bei der Spezies Mensch (beziehungsweise Un-Mensch) vorhandene Eigenschaft. Es ist ein Quäntchen Glück und ein Quäntchen (nur ein Quäntchen!) Egoismus, das für ein Überleben sorgt. Schließlich ging es auch um ein zweites (geschenktes) Leben nach der Krebserkrankung des Mädchens und um eine zweite (neue) Heimat nach seiner Vertreibung und nicht zuletzt auch um die Wiederherstellung des seelischen Gleichgewichts. Das richtige Quantum, das Maß und die Dosierung, sorgen für das Gleichgewicht. Seinen Verstand zu gebrauchen und zu schulen **zum eigenen Schutz** vor Un-Menschen und **nicht zuzulassen**, dass etwas oder jemand **Macht gewinnt über seinen eigenen guten Willen**, um seine zerstörerische Gewalt ausüben zu können.

Die Menschen, die im Zeitalter der Un-Menschlichkeit mit dem Prinzip »Wirtschaftlichkeit vor Menschlichkeit« konfrontiert waren und das Atomreaktorunglück in Fukushima hautnah oder nur am Bildschirm miterlebten, ahnten noch nicht, welche Verheerung das in den kommenden Jahren voraussichtlich zu erwartende viel größere, auch noch den 4. Reaktor zerstörende, Erdbeben anrichten werden würde: Die Natur ist stärker als der Mensch! Und das menschliche Versagen ist obendrein ein Risikofaktor für derart verheerende Katastrophen: Zu den Ursachen für die atomare Verseuchung nach dem Unglück von Fukushima gehörte auch ein »verkehrt herum« eingebautes Teil im Kühlsystem, ein Fehler, der zwar erkannt, aber nicht behoben wurde. In größter Verantwortungslosigkeit war auch noch die Ursache für das angerichtete Unheil vertuscht worden, wie sich herausstellte.

Das Prinzip »Wirtschaftlichkeit vor Menschlichkeit« spiegelte sich vor dem Zeitenwandel auf **allen** Gebieten wider, so auch im Gesundheitssystem: Die Profitgier war es, die beispielsweise in der Pharmaindustrie verhinderte, dass ein wirksames Medikament gegen die gefürchtete Alzheimerkrankheit in den Handel kam: Ein Medizinerehepaar hatte die heilende Wirkung eines nikotinähnlichen Wirkstoffes bereits erforscht. Obwohl mit der Anwendung von Nikotinpflastern bei Alzheimerpatienten und in Versuchslaboren bewiesen wurde, dass die Orientierungslosigkeit der Erkrankten – ohne Inhalieren über die Lunge – ganz wesentlich verbessert werden kann, wurde die Herstellung eines Medikaments nicht als wirtschaftlich genug eingestuft. Auch so mancher Arzt hatte seine Seele an die Pharmaindustrie verkauft und die Ethik nicht mehr von der Monetik getrennt.

So waren es auch allein wirtschaftliche Gründe der Energiebetreiber, die die Gesundheit der in jener Zeit, dem Atomzeitalter, lebenden Menschen und von deren Nachkommen genetisch schädigten. Daran konnte auch der gute Wille **einiger weniger** Länder, ihre Atomkraftwerke abzuschalten, nichts ändern, wenn nicht alle anderen Atomstrom produzierenden Länder **gemeinsam** und mit allen zur Verfügung stehenden Kräften an demselben Ziel arbeiten. Die politisch Verantwortlichen, nämlich alle, die die »Wirtschaft« vor die »Menschen« ihres Landes rangierten, brauchten sich deshalb nicht über den sogenannten »Volks-Zorn«, der mehr und mehr die Gemüter des »gemeinen Volkes« ergriff, zu wundern. Die Menschen suchten nach einer **Wunder-Waffe**, einer harmlosen, nicht Gewalt verbreitenden und nicht

Blut vergießenden Volks-Waffe: Sie versuchten es erst einmal mit Demokratie. Das Parteien-Gewirr und Stimmen-Gewirr jener Zeit im Jahre 2012 n. Chr. wurde größer und größer, und der Ruf nach einer Staatsform, in der die Staatsgewalt vom Volke ausgeht bzw. »getragen« wird, wurde lauter und lauter. Das Wort »Demokratie« kommt aus der griechischen Sprache und heißt in die deutsche Sprache übersetzt nichts anderes als »Volksherrschaft«. Doch: Was tut der Name allein zur Sache? Zu jener Zeit herrschte einmal eine Partei an der Spitze der Gesellschaft eines Landes, die in ihrem Namen die Worte »Christlich« und »Demokratisch« vereinte, also angeblich »christliche Nächstenliebe« und »demokratische Herrschaft« verkörperte. Was sich hinter diesem Namen verbarg und durch Erkenntnisse des Volkes mithilfe unbestechlicher Journalisten jenes Landes zu Tage gefördert wurde, war so erschütternd wie das Erd- und Seebeben in Japan. Die christliche Nächstenliebe sollte sich als Eigenliebe, als Liebe zur eigenen Macht, und der Gedanke der Demokratie als Abklatsch, als verkümmerte Volksherrschaft, entpuppen, die das Volk zu Gebrauchsgegenständen der Macht, also zum Instrument der Machtbefriedigung, missbrauchten. Parteien, die die Marktwirtschaft zum Mittelpunkt ihrer Führungsstärke erkoren und **nicht den Schutz von Mensch und Natur**, also von sozialer Gerechtigkeit und gesunder Umwelt, waren die »Bosse« (»Boss« ist die amerikanische Bezeichnung für Arbeitgeber, Vorgesetzter oder Parteiführer). Eine Erneuerungssehnsucht machte sich breit und war ins Unermessliche gewachsen.

Es war also in jener Zeit, als der Geist von Moral und Ethik so weit verkümmert war, dass geradezu zwangsläufig aus ihm **ein neuer Zeit-Geist entspringen musste**, wie auch ein neues Zeit-Alter, geprägt von **Menschlichkeit** mit Trägern von Menschenwürde und nicht mehr von Wirtschaftlichkeit. Doch: Wie »Krieg« führen gegen diesen unethischen und unmoralischen **Geist**? Mit der Geist**lich**keit, also der kirchlichen Obrigkeit an der Spitze der gesellschaftlichen Umwälzung, kann »Menschlichkeit« – wie die Menschheitsgeschichte und auch die Verderbtheit einiger ihrer Vertreter und nicht zuletzt auch der Papst-Rücktritt bewiesen hatten – nicht funktionieren. Und nicht zuletzt verhieß die Kirche ein besseres Leben ja auch **erst im »Jenseits«** (und nicht im »Diesseits«, auf dem wunderschönen Planeten Erde). Eine andere Option, nämlich der von dem Mädchen aufgezeigte Weg, die Zauberkräfte des »Zauberschlüssels zum Frieden« im »Krieg der Frösche« einzusetzen, war da schon viel versprechender. Die Kraft und Magie des Zauberschlüssels hatten bereits erstaunliche Erfolge bei der »Kriegführung« gegen die Un-Menschen gezeigt. Und jeder Un-Mensch, der unberechtigt den Zauberschlüssel trug, musste fortan mit seiner Verwandlung in einen Froschlurch rechnen. »Doch«, dachte das Mädchen, »schlussendlich gibt es nur eine einzige, die erfolgreichste und sogar einfachste Option, die **ohne** Kriegführung in eine Welt ohne Kriege und in das Neue Zeitalter der Menschlichkeit führt und gleichzeitig aus dem Zeitalter des Mittelalters, einer Zeit des Aberglaubens, und sogar aus dem digitalen Zeitalter des Datenglaubens heraus: Es ist der Gedanke, der heiligste aller Gedanken, der sich einzig in der ›Goldenen Regel‹ verbirgt! Der Tenor dieses einzigartigen Gedankens also, in die Tat umgesetzt, ist der Glaube an die Wahrheit, die einzige Wahrheit, die selbst die Lüge und die List bei einer Kriegführung ausschließt. Oberste Priorität hat die **Verhinderung von Kriegen bereits im Vorfeld** (und nicht die Entscheidung auf dem Schlachtfeld, um sich gegenseitig abzuschlachten!) durch intelligente vorausschauende Maßnahmen. Die Zukunft der Menschheit auf diesem Planeten hängt von der **geistigen** Auseinandersetzung und Weitervermittlung von Wissen in der sogenannten globalisierten Welt und dem **Mit-einander** (nicht Gegen-einander!) beim Lösen von Problemen ab.«

Der Homo-Mensura-Satz

»So wie nach Protagoras (um 480–421 v. Chr.) ›der Mensch das Maß aller Dinge‹ ist und dessen sogenannter ›Homo-Mensura-Satz‹ damit zum ersten Mal die Abhängigkeit allen Wissens von der Erleuchtung des Menschen postuliert, so muss demzufolge«, überlegte das Mädchen triumphierend, »die Belegung dieser Theorie durch die Praxis des menschlichen Handelns nach der ›Goldenen Regel‹ der Maßstab für ein friedliches menschliches Zusammenleben und letztendlich **das Geheimnis des FRIEDENS** sein!«

In der politischen Führung könnte allein die geheime Kraft dieses heiligen Gedankens den Sieg über die Un-Menschlichkeit von Kriegen erringen. Die unterschiedlichen Meinungen über eine Gerechtigkeit (?!) von Kriegen wären damit ausgeräumt.

»Das einfache Mittel«, so überlegte das Mädchen, »Leben und Bestand der Völker und Menschen zu erhalten, wäre – wenn schon Machtkämpfe ausgetragen werden müssen –, zurück zum ursprünglichen Zweikampf zu finden, also zum Kampf Mann gegen Mann, will heißen im Ernstfall nur Staats-Mann gegen Staats-Mann beziehungsweise Staats-Frau gegen Staats-Frau oder gegen Staats-Mann mit körpereigenen Waffen, also mit der Kraft des Geistes, der Diplomatie demnach, oder auch mit der Kraft der Fäuste (und nicht mit der Kraft des Militärs und todbringender Waffen gegen sich und seine Nachbarn und deren Nachbarn und wieder deren Nachbarn), um Leben und Heimat zu verteidigen! Die Wahrheit ist nämlich auch, und das vor allem, dass das Lebewesen der Spezies »Mensch« von Natur aus gar nicht kriegerisch und zum Töten veranlagt ist! Wenn auch die Menschheitsgeschichte angeblich das Gegenteilige zu vermitteln scheint: Bei allen Lebewesen geht es in Wahrheit nur und ausschließlich um den ureigensten Zweck – das Überleben ihrer eigenen Spezies. Jede Gattung hat ihre spezifischen Eigenschaften zu ihrem Fortbestand entwickelt. Bei Pflanzen und Tieren sind es ganz andere Strategien, Strategien, die aus körperlicher Stärke oder bestimmten Tricks resultieren, während hingegen allein die Spezies Mensch Verstand und Vernunft zum Erhalt ihres Fortbestehens benötigt. Während in Ur-Zeiten noch die Knappheit von Nahrungsmitteln bzw. das Verhungern eines Menschenstammes überhaupt nur der Grund für kriegerische Auseinandersetzungen war, gab und gibt es in den Folge-Zeiten diesen Grund zum Töten überhaupt nicht mehr! Die Wahrheit ist auch, dass ein mörderisches Verhalten des Menschen nicht schon bis Kain und Abel zurückgeht, weil das Töten etwa zu einer Eigenschaft dieser Spezies gehört. Der wahre Grund für das Töten seines Bruders Abel war für Kain nicht Hunger nach Nahrung, sondern allein der Hunger nach Liebe, nach verschmähter Vater-Liebe. Eifersucht und Neid waren also die niederen Motive zum Töten.

Der Kriegsbeginn mit oder ohne formelle Kriegserklärung beruht auf einer **politischen Entscheidung**. In der Bundesrepublik Deutschland trifft der Bundestag nach Art. 59a GG die Feststellung, dass der »Verteidigungsfall« eingetreten ist. Mit diesem Beschluss und seiner Verkündung durch den Bundespräsidenten befindet sich die Bundesrepublik Deutschland im Kriegszustand. Die Politik bestimmt auch die Ziele der Kriegsführung, politische Überlegungen und Handlungen beeinflussen ständig und entscheidend den Verlauf eines Krieges. Über den Friedensschluss wird nach Art. 59a GG ebenfalls durch Bundesgesetz entschieden.

Da der Krieg furchtbares Leid über Völker und Länder bringt, sucht man ihn seit Anbeginn der Geschichte einerseits zu verhindern, andererseits sittlich zu rechtfertigen. Nach Papst Pius XII. ist ein Krieg **gerecht**, wenn er zur **Verteidigung von Werten** von solcher Bedeutung **für das menschliche Zusammenleben** geführt wird, dass alle Leiden, Zerstörungen usw. eines Krieges dafür in Kauf genommen werden können und wenn er zum Schutze dieser Güter unumgänglich ist und sich auf Maßnahmen beschränkt, die zur Verteidigung und zum Schutz der angegriffenen Rechtsgüter nötig sind. Nach Art. 26 GG sind Handlungen, die in der Absicht vorgenommen werden, die Führung eines Angriffskrieges vorzubereiten, verfassungswidrig. Nach kommunistischer Lehre ist ein Krieg gerecht, wenn er kein Eroberungs-Krieg, sondern ein Befreiungs-Krieg ist, der zum Ziel hat: »Verteidigung eines Volkes gegen äußeren Überfall oder Unterjochung; Befreiung der Kolonien und abhängigen Länder vom Joch der Imperialisten.«

Papst Pius XII., geboren am 2.3.1876, gestorben am 9.10.1958 in Rom, hat also einen »Krieg als **gerecht** (?) bezeichnet«, wenn er zur Verteidigung von

Werten von Bedeutung für das menschliche Zusammenleben geführt wird. Es geht also um die Verteidigung von **Werten**, die einen Krieg nach seiner Auffassung **rechtfertigen**. Das Amt des Oberhauptes der römisch-katholischen Kirche als Oberster Würdenträger bekleidete er in der Zeit von 1939 bis 1958, also seit dem Ausbruch des Zweiten Weltkrieges bis 13 Jahre nach Kriegsende. Das Mädchen fragte sich: Wie kann ein Oberster Hüter von Ethik und Moral und Religion einen Krieg, egal aus welchen Motiven heraus er geführt wird, überhaupt als »gerecht« ansehen? Noch dazu, wo die **»Werte« in jener Zeit des Nazi-Deutschlands** und seines »Führers« Hitler alles andere als einer Verteidigung würdig waren. Wobei es natürlich schon Werte gibt, die verteidigt werden müssen, das Mittel kann und darf aber **niemals Gewalt, also kein Krieg im herkömmlichen Sinn**, sein. Leben muss geschützt werden, aber nicht nur das Ungeborene, wie es die katholische Kirche so gern betont, sondern auch und vor allem das Geborene, und darf nicht der Macht-Gier und den Kriegsgelüsten von Un-Menschen zum »Abschuss freigegeben« oder der Vernichtung ausgeliefert werden. Und dass dann auch noch die Waffen, Werkzeuge zum Töten, gesegnet wurden, wie zu Zeiten von Papst Pius XII. geschehen (unglaublich, aber wahr), konnte das Mädchen einfach nicht verstehen. Auch wollte es das Dekorieren von Menschen mit Verdienstorden für das Töten von Menschen in Frage stellen. Wo es doch verboten ist, einen Menschen zu töten. Selbst die sogenannte Tötung auf Verlangen ist nach § 216 des Strafgesetzbuches der Bundesrepublik Deutschland mit 6 Monaten bis 5 Jahren Freiheitsstrafe bedroht. Allerdings: Das Tötungsverbot galt auch im deutschen Strafrecht nicht absolut, sondern war eine Frage der Definition: Notwehr und Krieg galten als Ausnahmen, bei denen die Tötung zulässig oder straffrei blieb. Kriege sind offensichtlich fast eine Wissenschaft für sich und werden eingeteilt

nach ihren Motiven:
1. ideeller Art: Religions-Kriege, Kreuzzug, Heiliger Krieg, ideologischer Krieg
2. politischer Art: Handels-Krieg, Kolonial-Krieg

nach Ziel und Anlage:
Angriffs-Krieg: Eroberungs-Krieg, Vergeltungs-(Revanche-)Krieg, Verteidigungs-Krieg (militärisch oder rechtlich verstanden)

nach Umfang:
Regional begrenzter Krieg, Welt-Krieg, allgemeiner Krieg, totaler Krieg

nach Ziel und Träger:
Dynastischer Krieg, Kabinetts-Krieg, Volks-Krieg

nach dem Schauplatz:
Land-Krieg, Luft-Krieg, See-Krieg

Seit dem Ereignis vom 11. September in New York kamen noch sogenannte Antiterror-Kriege hinzu. Nicht wenig erstaunt, ja fassungslos war das Mädchen, als es auch noch von Drohnen-Kriegen gehört hatte, die von seinem Heimatland gebilligt und dirigiert wurden.

Die Liste ist endlos, wie auch die in der Menschheitsgeschichte bislang geführten Kriege zahllos sind. Wie sie alle auch immer heißen mögen, nur das Eine ist sicher: **Es gibt keine Rechtfertigung für irgendeinen Krieg!** »Und vor allem«, dachte das Mädchen, »es hätte niemals auch nur irgendeinen Krieg gegeben, hätte sich jeder nur an die ›Goldene Regel‹ gehalten. **Bei Einhalten dieses Lehr- und Leitsatzes durch jeden einzelnen Menschen ist der Frieden jedes Einzelnen und der Welt-Frieden gesichert!**«

Blieb also die Frage: Wie verhielt es sich dann mit dem gewaltlosen und unblutigen und ohne Vertreibungen geführten »Krieg der Frösche«? Was sollte das wohl für ein Krieg sein?, fragte sich ein jeder. Das hörte sich ja nach einem Märchen an! Und in der Tat: Es war auch ein Märchen, das schönste Märchen aller jemals geschriebenen Märchen. Und das Allerschönste an diesem Märchen war, dass dabei – wie immer im Märchen – auch Zauberei im Spiel war. Doch: In dem Märchen »Krieg der Frösche«

ist die Zauberei nur scheinbar ein Kriegsmittel. Und: Am Kriegsende wird es nur Sieger geben und vor allem keine Toten, keine Verstümmelten und auch keine Flüchtlinge wie in allen bisher geführten herkömmlichen Kriegen. Am ehesten vergleichbar ist dieser Krieg noch – rechtlich verstanden – mit einem »Verteidigungskrieg« und von seinem »Umfang« her mit einem »Weltkrieg«: Die Menschen verteidigen sich selbst und ihre gemeinsamen Werte ausschließlich mit einem Schlüssel zum Frieden, der in einer einfachen Regel verborgen ist. Die Menschen verteidigen sich gegen die Un-Menschen aus ihrer Spezies und werfen die Menschlichkeit gegen die Un-Menschlichkeit in die Waagschale. Das »Kriegs-Ziel« ist das Gleichgewicht; selbstverständlich nicht – wie in früheren Zeiten – das militärische Gleichgewicht (damals im Jahre 2015 n. Chr. gab es immer noch u. a. 16 000 nukleare Waffen auf der Welt!). Das Ziel ist, ein Werte-Gleichgewicht menschlicher Werte zu schaffen und das höchste menschliche Gut, die Würde des Menschen, zu schützen. Ein erster Ansatz zur Werte-»Verteidigung« war damals auf der internationalen Klimaschutzkonferenz im Jahre 2015 n. Chr. (die Menschen hatten endlich die Bedeutung des Klimaschutzes für ihr Überleben begriffen) zu erkennen: Auf den 1. Punkt der Tagesordnung wurde der Menschenwürde-Schutz gesetzt! Und sogar ein Gesetz, ein weltweit geltendes Gesetz, wurde erlassen: ein sogenanntes »Menschenwürdeattraktivitätssteigerungs-Gesetz« (anstelle eines ursprünglich angedachten »Streitkräfteattraktivitätssteigerungs-Gesetzes«). Und mit einem Schlag war sogar auch das damalige Flüchtlingsproblem gelöst. (Vgl. auch Art. 1 GG der Bundesrepublik Deutschland: »Die Würde des Menschen ist unantastbar«.)

Langer Rede kurzer Sinn: Die Welt wartete auf Taten, nicht auf endlose Konferenzen, Symposien, Kolloquien, Tagungen, Konvente, Sitzungen und Besprechungen.

»Der Worte sind genug gewechselt. Nun lasst uns endlich Taten sehen«, galt nun, frei nach Goethes »Faust«, Taten für ein Neues Zeitalter, **für ein Zeitalter ohne Kriege,** für ein »Goldenes Zeitalter« mit der »Goldenen Regel« für das Neue Zeitalter der Menschlichkeit.

Die »Goldene Regel« zu kennen ist das Eine, sie und ihre fundamentale Bedeutung für das eigene Wohl und das Leben und das Zusammenleben zu begreifen und sie zu verinnerlichen ist das Andere, sie auch anzuwenden und ihre ganze Zauberkraft zu erfahren, ist das größte Erfolgserlebnis im Leben eines Menschen. Am meisten Erfolg verspricht es, diesen Lehrsatz mit seinen nur 14 Wörtern auswendig zu lernen, ständig im Kopf zu behalten beim Sprechen und Handeln und ihn sich vorzusagen oder vorzulesen. Zum Vorlesen und Nachlesen eignet sich jene – im Vorhergehenden schon erwähnte – Verfahrensweise am besten, die Kaiser Alexander Severus Anfang des 3. Jahrhunderts n. Chr. angewendet hat, indem er den Spruch sowohl an seinen Palast (selbstverständlich ist auch eine Wohnungstür oder eine Haustür dazu geeignet) als auch an öffentliche Gebäude (das wäre eine Aufgabe für den öffentlichen Dienst) anschreiben ließ.

Doch: Wir wollen auch Taten sehen und nicht nur Inschriften, Zettel und Plakate. Was also tun, um die »Goldene Regel« auch **anzuwenden**, denn nur so macht eine Regel Sinn. Regeln und Gesetze aufzustellen beziehungsweise zu erlassen, ist das Eine, sie auch richtig auszulegen und sich ihrer zu bedienen, das Andere. Ganz sicher aber gilt das Eine für diesen Satz: Er bedarf keiner Änderung wie andere Regeln oder Gesetze und hat Gültigkeit für jeden und für alle Zeit, und vor allem: Er lässt keine »Hintertürchen« und »Schlupflöcher« offen.

Was also tun? »›Was tun?‹ spricht Zeus.« Diese Frage stammt aus Schillers Gedicht »Die Teilung der Erde« (1795).

Die »Goldene Regel« zu beherrschen, bedeutet nicht zuletzt, die Antwort auf die Frage zu kennen »Wie ›**geht**‹ Frieden?«. Die Suche nach dem FRIEDEN hat das kleine Mädchen zeitlebens beschäftigt und liegt ursächlich in der Stunde und dem Ort seiner Geburt im Jahre 1940 begründet, sie ist ihm sozusagen »in die Wiege gelegt« worden. Es musste an eigenem Leib und an eigener Seele erfahren und erleiden, welche Spuren Krieg und Vertreibung aus der Heimat hinterlassen.

Ein Gedicht von Bertolt Brecht (1898–1956 n. Chr.) ergriff das kleine Mädchen besonders. Es erzählt von einer Kinderwanderung während des Zweiten Weltkriegs, von Kindern, die ihre Familien und ihre Heimat verloren haben und nach einem friedlichen Zufluchtsort suchen:

»Kinderkreuzzug

In Polen, im Jahr Neununddreißig
War eine blutige Schlacht
Die hatte viele Städte und Dörfer
Zu einer Wildnis gemacht.

Die Schwester verlor den Bruder
Die Frau den Mann im Heer;
Zwischen Feuer und Trümmerstätte
Fand das Kind die Eltern nicht mehr.

Aus Polen ist nichts mehr gekommen
Nicht Brief noch Zeitungsbericht,
Doch in den östlichen Ländern
Läuft eine seltsame Geschicht.

Schnee fiel, als man sich's erzählte
In einer östlichen Stadt
Von einem Kinderkreuzzug
Der in Polen begonnen hat.

Da trippelten Kinder hungernd
In Trüpplein hinab die Chausseen
Und nahmen mit sich andere, die
In zerschossenen Dörfern stehn.

Sie wollten entrinnen den Schlachten
Dem ganzen Nachtmahr
Und eines Tages kommen
In ein Land, wo Frieden war.

Da war ein kleiner Führer
Das hat sie aufgericht'.
Er hatte eine große Sorge:
Den Weg, den wußt er nicht.

Eine Elfjährige schleppte
Ein Kind von vier Jahr
Hatte alles für eine Mutter
Nur nicht ein Land, wo Frieden war.«

Das neue Leben

Schließlich und endlich, das war bereits am Ende seines Lebens, genauer gesagt am Ende seines ersten Lebens und ganz am Anfang seines zweiten Lebens – das ihm nach überlebter Krebserkrankung geschenkt worden war –, als das Mädchen auf seiner langen Suche dann endlich seine zweite Heimat und seinen Frieden nach den Wirren des Krieges und seines Lebens gefunden hatte. Jedenfalls gaben ihm das kleine Stückchen Erde und das alte kleine Haus, das es durch Zufall oder Glück (oder vielleicht gar durch »Gottes Hand geführt«) erworben hatte, ein neues vertrautes Gefühl von Geborgenheit, das es als Kind schon einmal kennengelernt hatte. Das Mädchen hatte alles in Bewegung gesetzt, um dieses größte aller Gefühle – und sei es noch im hohen Alter – noch einmal erleben zu dürfen: Heimat ist dort, wo man nicht vertrieben werden will und wo Freunde sind. Seine körperlichen Kräfte waren im Laufe seines arbeitsreichen Lebens fast gänzlich geschwunden, und vor allem sein Bewegungsapparat verursachte ihm oft unerträgliche Schmerzen. Doch es biss die Zähne zusammen, und seine unerschöpfliche, nie enden wollende Energie halfen dem Mädchen, sein Ziel, noch einmal »Heimat erleben« zu dürfen nach seiner Vertreibung aus der geliebten Heimat, zu verwirklichen, koste es, was es wolle, so stark war dieser Wille in ihm verwurzelt.

Noch einmal neue Wurzeln schlagen, das wäre ganz wunderbar! Das geht, aber nur wenn alle Voraussetzungen dazu gegeben sind, das gilt für jedes Lebewesen, ob Mensch, Tier oder Pflanze. Um sich verwurzeln zu können, bedarf es des richtigen Bodens und Nährbodens und der richtigen Umgebung, des richtigen Klimas und nicht zuletzt der richtigen, das heißt ähnlichsten oder auch symbiotischen, vor allem in Harmonie lebenden Wesen. In Symbiose leben, bedeutet Leben in Ernährungsbeziehungen zwischen zwei Organismenarten, die für beide Partner nützlich und notwendig sind und zu einem gesetzmäßigen dauernden Zusammenleben, einer Lebensgemeinschaft, führen, beispielsweise zwischen Samenpflanzen und Tieren, die für die Blütenbestäubung sorgen.

Das Mädchen hatte einmal Gelegenheit, einen Baum, also ein pflanzliches Lebewesen, zu beobachten, das nicht den ihm angestammten Lebensraum hatte, und dann noch ein anderes, ein tierisches Lebewesen, einen Schwamm, der aus einer anderen Welt kam:

Bei dem Baum handelte es ich um ein Ahorngewächs, eine Gattung, die nur auf der nördlichen Halbkugel verbreitet ist. Unter den mitteleuropäischen Arten gibt es den Spitz-Ahorn, den Berg-Ahorn und den Feld-Ahorn. Der Eschen-Ahorn und der Zucker-Ahorn werden in den östlichen Teilen der USA und in Kanada angebaut. Aus dem Zucker-Ahorn wird ein Saft mit Rohrzuckergehalt gewonnen, der nach dem Eindampfen den Ahornzucker für den bekannten Ahornsirup liefert. Im Hof einer Wohnanlage in einer Großstadt auf 520 Meter Meereshöhe vegetierten dicht nebeneinander ein

Feld-Ahorn und ein Berg-Ahorn. Eines dieser beiden Holzgewächse, ganz offensichtlich der Feld-Ahorn, schien am richtigen Platze verwurzelt zu sein. Er verlieh seinem Wohlbefinden dadurch Ausdruck, dass er von Tag zu Tag an Pracht zunahm, blühte und sprießte, dass es eine Freude war, ihm in seinem Lebenswillen und seinem Lebensglück zuzusehen. Anders, ganz anders, verhielt sich der Berg-Ahorn: Er starb zwar nicht ganz ab, dass er aber dort nicht hingehörte, weil er auf den Bergen, vielleicht auf den Ahornböden des Karwendelgebietes, zu Hause war, war an seinem kraftlosen Dahinvegetieren leicht zu erkennen. Auch in seiner unmittelbaren Nachbarschaft vermisste er wohl ganz nahe Verwandte und Bekannte aus seiner Familie der Berg-Ahorngewächse und nicht zuletzt seinen Nähr- und Heimatboden.

Manchmal, wenn das Mädchen in Gesprächen mit Freunden oder Bekannten erwähnte, seine Familie habe **alles** verloren im Zweiten Weltkrieg, meinten die Mitmenschen, sie hätten »auch« alles verloren: Sie seien »ausgebombt«. Diese Meinung über das Ausmaß des erlittenen Verlustes konnte das Mädchen ganz und gar nicht teilen und die mangelnde Befähigung der solcherart Betroffenen zu differenzieren machte es sehr traurig und wehmütig. Eine solche Meinung kann nämlich nur jemand vertreten, der nicht **auch noch dazu** (und das vor allem) seine angestammte und vertraute Heimat durch Vertreibung aus dem Vaterland und damit letztendlich seinen Volksstamm und seine Identität verloren hat. Dass es sich bei dem Verlorenen, war jemand »ausgebombt«, oft »nur« um verbranntes Mobiliar, eine Wohnung oder ein Haus, das zum **Raub der Flammen** geworden war, handelte, also um einen rein **materiellen** Verlust und nicht um den **Raub seiner Wurzeln**, und deshalb ein Vergleich ganz und gar nicht statthaft war, begriffen diese Menschen nicht, weil sie diesen großen Schmerz nicht erleiden mussten an Leib und Seele und deshalb auch nicht verstehen **konnten**.

Hinzu kommt, dass der materielle Verlust der Familie des Mädchens ein ganz beträchtlicher war: Das Mädchen musste nicht nur mit ansehen, wie Soldaten der Roten Armee die von seinem Vater selbst liebevoll geschreinerten Möbel aus dem Fenster des 2. Stockwerks warfen, es musste auch miterleben, wie seinem Großonkel Baron Ludolf von Veltheim-Lottum, dem Halbbruder seiner Großmutter mütterlicherseits, sein barockes Schloss in Breslau-Lissa (polnisch: Leśnica) und das Besitztum mit all seinen Schätzen im Jahre 1945 von den Polen enteignet wurde. Er hatte sich vor Ende des grausigen Hitler-Krieges als einer der sehr vermögenden Magnaten Schlesiens einem abenteuerlichen Treck angeschlossen und hatte nur wenige seiner Schätze retten können. In seinem Nachruf wird – so wörtlich – seine Gesamterscheinung gepriesen als »nach Herkunft, Bestimmung und Bewährung etwas Besonderes, und als ein wuchshaftes einheitliches Ganzes, das zu halben oder falschen Übereinkünften nicht verführt werden konnte. Der Baron kommt von Vater und Mutter her aus deutschem Uradel. Pommern und Rügen sind seine ersten Lebensstationen ... Als Bauherr und Architekt in einer Person konnte er sein berühmtes Schloss an der uralten ›Hohen Straße‹, die den Fernen Osten mit dem Abendland verbindet, zu dem – nach der Meinung von Kennern – ›gepflegtesten Haus Schlesiens‹ machen. Das Dritte Reich bringt ihn wegen seiner Freimütigkeit in Lebensgefahr. Sein älterer Bruder, der auch durch Erbschaft Fürst und Herr zu Putbus auf Rügen geworden war, muss im KZ Sachsenhausen sterben. Auf der inneren Anschauung des Vergangenen beruht sein denkmalpflegerisches Wissen und Gewissen, Umbauten alter Schlösser, wie derjenigen der Grafen Schönborn und der Fürsten Castell, wo er sich in ländlichen Verhältnissen Frankens nach dem Krieg wieder sammeln konnte.«

Und vorbei waren damit auch die Zeiten, in denen der Großvater des Mädchens, Schwager des Barons von Veltheim-Lottum, sich gärtnerisch in der nach chinesischer Gartenkunst gestalteten Parkanlage des barocken Residenzschlosses betätigen durfte. Vorbei waren auch die Zeiten, in denen das kleine Mädchen in dem gleich vis-à-vis der elterlichen Wohnung gelegenen Park herumtollen und die Schönheiten der in der Anlage vereinigten naturalistischen Kompositionen genießen durfte. Die damalige Parkform entsprach der intuitiven Auffassung des modernen Feng Shui (so zu entnehmen einem Anfang des 21. Jahrhunderts erschienenen Heftchen zur Kulturgeschichte des Schlosses in Leśnica aus dem Verlag Centrum Kultury Zamek, Wrocław). Nach dem Krieg entstand auf dem historischen Platz, dem Heimatboden des Mädchens, das Kulturzentrum »Zamek«, wo im Sommer verschiedene Feste, Konzerte, Freilichtveranstaltungen und Ausstellungen stattfinden. Die Siedlung, ursprünglich auf den Resten der fürstlichen Burg entstanden und 15 Kilometer vom Stadtzentrum Breslaus entfernt, wurde zu einem Stadtteil von Wrocław. In den Jahren 1995–2000 entstand im Auftrag der Stadtverwaltung Breslau ein umfassendes Sanierungs- und Erneuerungsprojekt des Schloss- und Parkkomplexes. Dieses Projekt sieht die Wiederherstellung der früheren Pracht des Schlossgartens und des Landschaftsschutzgebietes nach dem noch erhaltenen Plan aus dem Jahre 1836 von Peter Joseph Lenné, Landschaftsarchitekt zahlreicher Königs- und Magnatengärten in Schlesien und Preußen (den Königsgärten in Potsdam beispielsweise), vor. Über dieses Vorhaben freute sich das Mädchen natürlich außerordentlich, auch wenn es bezweifelte, dass alles wieder so werden konnte wie ehemals. Dagegen sprach allein schon die Tatsache, dass nach dem Krieg die Wege begradigt, der Schlossgraben zugeschüttet und die Teiche reduziert wurden. Allein der Baumbestand aus einheimischen und akklimatisierten Arten, unterpflanzt mit blühenden Buschgruppen, die eine wunderbare romantische Landschaft mit Orangerie und Palmenhaus ergaben, würde nie wieder hergestellt werden können.

Um das im Jahre 1132 erbaute und im Laufe der Jahrhunderte mehrmals zerstörte und wieder aufgebaute Schloss ranken sich viele Sagen und Geheimnisse. So wurden in den 1990er Jahren in dem Keller zwei vermauerte Eingänge und eine merkwürdige Nische, die wie ein Gang nach unten führt, entdeckt. Der Gang soll das Schloss unterirdisch mit der in der Nähe stehenden Kirche und dem Hauptbahnhof verbunden haben. In den 1970er Jahren tat sich plötzlich ein großes Loch zwischen der Kirche und dem Schloss auf, obwohl es dort keinen Kanal gibt, und es bedurfte vieler Lkw-Ladungen Sand, um es wieder aufzufüllen. Und auf dem Friedhof soll einmal, so der Sage nach, eine wahre Schlacht zwischen den Geistern stattgefunden haben. Nach einer Notiz von 1689 sollen auf dem Schlossgut 50 Bauern mit Frauen und Kindern zum Übertreten zum katholischen Glauben gezwungen worden sein. Als sie sich auf dem Friedhof in Sicherheit bringen wollten, wurde auf sie eine tödliche Salve abgefeuert und ihre Leichen wurden ins Wasser geworfen. Im Verlauf seiner 900-jährigen Geschichte hat das Schloss mehrere Vertreter der königlichen und fürstlichen Familien sowie Persönlichkeiten aufgenommen; so diente es vor der Schlacht bei Lutynia 1757 als Quartier für die Führung des österreichischen Heeres mit dem Prinzen Karol Lothringer. In der napoleonischen Zeit während der Belagerung der Stadt Breslau 1806/1807 waren in dem Schloss französische und bayerische Heere einquartiert und im Jahre 1808 hatte Kaiser Napoleon Bonaparte hier gewohnt.

Auf den späteren Reisen in seine Heimatsiedlung und die seiner Vorfahren konnte sich das Mädchen vergewissern, dass das Schloss noch stand und auch restauriert worden war. Auch das unmittelbar neben dem Schloss gelegene fast 4000 Quadratmeter große Grundstück, ein Geschenk des Großonkels des Mädchens an seine Großmutter, gab es noch – nicht mehr jedoch das einst hier stehende großelterliche Haus.

Hier, in seiner zweiten Heimat, war es dem Mädchen am Ende seines Lebens dann doch noch vergönnt, ein altes vom Abriss bedrohtes Haus – wenn es auch nicht das seiner Großeltern war – zu retten. Es war inmitten von gänzlich unberührter Natur gelegen, und schon beim ersten Betreten verliebte sich das alte Mädchen unsterblich in das alte Haus, das eine unwiderstehliche Macht ausübte. Es sah zum Fürchten aus in und um das Häuschen, von ungepflegtem Baumbestand und Hausrat verwildert. Doch das Mädchen fürchtete weder Mühe noch Kosten, sich seinen Traum zu erfüllen, seine letzten Lebensjahre in Ruhe und Frieden dort ausklingen zu lassen. Und keine Macht der Welt, auch keine böse Macht, hätte das Mädchen aus seinem kleinen wiedergewonnenen Paradies und seinem Leben in Einklang mit der Natur vertreiben können, auch wenn ein böser Wolf versucht hatte, dort sein Unwesen zu treiben: Das alte Mädchen hatte seinen über alles geliebten Schwamm, von dem es sich einfach nicht trennen konnte, in sein Haus mitgenommen. Den Schwamm hatte es eines Tages am Wegesrand aufgelesen. Es war ein ganz besonderer Schwamm: Im Vorbeigehen hatte das Mädchen eine Stimme gehört, die nach ihm zu rufen schien. Wo kam die Stimme nur her und was rief sie? Das Mädchen glaubte, das für eine Frau und Mutter schönste Wort der Welt gehört zu haben, das Wort »Mama«. Und tatsächlich, wieder und wieder rief das kleine Wesen: »**Mama**!«

Der Schriftsteller Christian Morgenstern (1871–1914 n. Chr.) bezeichnet zwar das Wort »Enthusiasmus« als das schönste Wort der Welt, doch er irrt, weil er nicht differenziert: Dieses Wort mag vielleicht für einen Mann das schönste Wort sein, der als sogenannter Samenspender beim Entstehen von menschlichem Leben einem Kind nie die großen Gefühle einer Mutter, die neun Monate lang ein Kind unter ihrem Herzen getragen hat, kennengelernt hat. Selbst das Verantwortungsgefühl eines Vaters scheint meist nicht so ausgeprägt zu sein wie das einer Mutter. Das Wort Enthusiasmus bedeutet nur leidenschaftliche Begeisterung und den Zustand des seelischen Erhobenseins und kann somit nur an zweiter Stelle rangieren.

Der böse Wolf

Wie sich herausstellen sollte, war der geliebte Schwamm des Mädchens ein verzauberter böser Wolf, der in einer früheren Entwicklungsstufe einmal ein liebes Mädel war. Tiefe Wehmut überkam das alte Mädchen, wenn es an das Wesen im Zustand vor seiner Verwandlung dachte. Ein Gedicht von Clemens Brentano (1778–1842 n. Chr.) – es sei hier in einer von dem Mädchen leicht abgewandelten Fassung zitiert – gibt die Gefühle des alten Mädchens treffend wieder:

»O lieb Mädel, wie schlecht bist du!

Die Welt war mir zuwider,
Die Berge lagen auf mir,
Der Himmel war mir zu nieder,
Ich sehnte mich nach dir, nach dir!
O lieb Mädel, wie schlecht bist du!

Ich trieb wohl durch die Gassen
Zwei lange Jahre mich;
An den Ecken mußt' ich passen
Und harren nur auf dich, auf dich!
O lieb Mädel, wie schlecht bist du!

Und alle Liebeswunden
Die brachen auf in mir,
Als ich dich endlich gefunden,
Ich lebte und starb in dir!
O lieb Mädel, wie schlecht bist du!
Ich hab' vor deiner Türe
Die hellgestirnte Nacht,
Dass dich mein Lieben rühre,
Oft liebeskrank durchwacht.
O lieb Mädel, wie schlecht bist du!

Ich ging nicht zu dem Feste,
Trank nicht den edlen Wein,
Ertrug den Spott der Gäste,
Um nur bei dir, bei dir zu sein!

Bin zitternd zu dir gekommen,
Hab' dich in Arm genommen,

Als wärst du mein allein, allein!
O lieb Mädel, wie schlecht bist du!

Wie schlecht du sonst gewesen,
vergaß ich liebend in mir,
Und all' dein elendes Wesen
Vergab ich herzlich dir, ach dir!
O lieb Mädel, wie schlecht bist du!

Als du mir einst gegeben
Zur Nacht den kühlen Trank,
Vergiftetest du mein Leben;
Da war meine Seele so krank, so krank!
O lieb Mädel, wie schlecht bist du!

Bergab bin ich gegangen
Mit dir zu jeder Stund',
Hab fest an dir gehangen
Und ging mit dir zugrund'!
O lieb Mädel, wie schlecht bist du!

Es hat sich an der Wunde
Die Schlange festgesaugt,
Hat mit dem gift'gen Munde
Das Weh in mich gehaucht!
O lieb Mädel, wie schlecht bist du!

Und ach, in all den Peinen
War ich nur gut und treu!
Daß ich mich nannte die Deine,
Ich nimmermehr bereu', bereu',
O lieb Mädel, wie schlecht bist du!«

Der über alles geliebte Schwamm des Mädchens, den es in einem erbärmlichen Zustand am Rande des Weges und seines Daseins aufgelesen und in sein Haus mitgenommen hatte, stammte aus dem östlichen Mittelmeer. Er gehörte zur Hauptgruppe der Horn-Schwämme mit dem Namen Euspongia officinalis und war ein besonders schönes Exemplar unter seinem Tierstamm mit etwa 5000 Arten. Schwämme haben noch keine echten Gewebe. Ihre Körper werden von lockeren Zellansammlungen gebildet, die nach außen durch eine Skelettschicht und nach innen durch eine Schicht von Kragengeißelzellen begrenzt werden. Bei etwas komplizierterem Bau durchsetzen Poren die Körperwand und stellen so die Verbindung zwischen der Außenwelt und dem Körperinneren her.

Das alte, an einer rheumatoiden Polyarthritis leidende Mädchen wollte bedingungslos dem gestrandeten Lebewesen, seinem Schwamm, wieder Lebensmut geben. Doch bald sollte sich herausstellen, dass alle Liebesmüh vergebens war: Das Lebewesen, offensichtlich aus einer anderen, dem alten Mädchen fremden, Welt stammend, konnte einfach keinen geeigneten Platz in dem Haus finden, begehrte auf und machte Anstalten, das alte Mädchen aus seinem wiedergewonnenen Paradies zu vertreiben und ihm sogar seine neue hart erworbene zweite Heimat nicht zu vergönnen am Ende seines Lebens. Das fremde Wesen hatte gar geplant, noch weitere, ihm ähnliche Wesen **aus seiner Welt** in einer Wohngemeinschaft in dem Häuschen unterzubringen.
Doch: Wie sollten Lebewesen, die der Unterwelt des Meeres entstammten, die nötigen Voraussetzungen zur Renovierung eines alten, pflegebedürftigen Hauses mitbringen können!

Eines Tages bemerkte das alte Mädchen voller Entsetzen, wie sich das Lebewesen, das ursprünglich aus der Gruppe der Horn-Schwämme stammte, in ein ganz anderes Lebewesen zu verwandeln schien: Ihm waren plötzlich so etwas wie Arme und Beine, nämlich vier Pfoten, gewachsen, und es nahm mehr und mehr die Gestalt und das Verhalten eines Raubtieres, eines bösen

Wolfes, an. Es schien so, als würde eine böse Fee ihre Zauberkräfte ausüben. Übernatürliche Mächte griffen in die Alltagswelt ein. Unwillkürlich musste das alte Mädchen an das »Märchen vom Rotkäppchen und dem bösen Wolf« denken, der mithilfe seiner List und seiner Verstellungskünste und seinem großen Maul die Großmutter auffraß. Der Wolf riss plötzlich seine feurigen, wunderschönen Augen auf, so dass der Blick frei wurde in seine schwarze Seele, und er riss sein Maul auf, als wolle er das alte Mädchen fressen.

Doch: Auch das Märchen vom »Krieg der Frösche« nahm glücklicherweise – wie jedes Märchen – ein gutes Ende. Als das alte Mädchen schließlich schweren Herzens einsehen musste, dass es das einst so liebe Mädel von dem bösen Fluch nicht würde befreien können und dass die Gene der beiden Lebewesen viel zu verschieden waren, als dass eine Kommunikation und Harmonie zwischen beiden hätte zustande kommen können, kam es, wie es kommen musste: Das Schicksal nahm seinen Lauf: Den einst über alles geliebten Schwamm zog es mit aller Gewalt in sein Reich und zu seinesgleichen zurück. Und zurück ließ er das verzweifelte alte Mädchen, das fortan versuchte, sich mit zwei Redewendungen zu trösten: »Lieber ein Ende mit Schrecken als ein Schrecken ohne Ende!« Und: »Wer nicht irrt, kommt nicht zu Vernunft.«

Die Erkenntnistheorie

Und überhaupt: Das Leben ist voller Überraschungen! »Das kommt daher«, dachte das Mädchen, »dass ›der Mensch denkt und Gott lenkt‹«, wie es in einem auf Hieronymus (347–420 n. Chr.) zurückgehenden Vulgatatext der Bibelübersetzung heißt, der auch in seiner revidierten Fassung gebraucht wird: »Des Menschen Herz erdenkt sich seinen Weg, aber der Herr allein lenkt seinen Schritt.« So geschehen auch schon im Paradies der ersten beiden Menschen, Adam und Eva: Als Gott das allererste Geschöpf, den Adam, formte, gebot er ihm, »nicht vom Baum der Erkenntnis von Gut und Böse« zu essen. Mit Sicherheit hätte der Herr auch gewollt, dass der Mensch als sein Ebenbild »Gut« von »Böse« unterscheiden kann, hätte er von Anfang an geahnt, dass sich aus »seiner« Spezies Mensch Wesen, ausgestattet mit kriminellen Energien mit immer mehr Wissen, jedoch **ohne Ge**-Wissen entwickeln würden, die am Ende ihre eigene Art und mit ihr fast alle anderen Lebewesen auf seinem wunderschönen Planeten Erde vernichten würden. So geschehen dann später im Atom-Zeitalter, als verantwortungslose Un-Menschen mit den **Atom-Kernen** spielten, als handle es sich um harmlose **Kirsch-Kerne**, die beim Verschlucken eine Blinddarmentzündung – wie einst bei dem kleinen Mädchen – auslösen können. Welches Unheil die Spaltung von Atom-Kernen anrichten kann, hatten diese Un-Menschen bereits beim Testen mit der ersten Atom-Bombe, eine im Zweiten Weltkrieg in den USA entwickelte und zum ersten Mal im August 1945 gegen die japanischen Städte Hiroshima und Nagasaki eingesetzte Kernwaffe (angeblich um den mörderischen Krieg zu beenden, obwohl dieser bereits entschieden war!), erfahren. Ungeachtet dessen, wie viel Leid sie über unschuldige Menschen bringen mit schwersten Verbrennungen und das Erbgut schädigenden Folgen und Tod und Vertreibung in Kauf nehmend, setzten sie ihr Menschen verachtendes Treiben in Atombomben-Versuchen fort und zerstörten auch noch kostbaren Lebensraum für Mensch und Tier und Pflanzen im Pazifik. Eine im Jahre 1946 eingesetzte Kommission zur Kontrolle der Atom-Waffen scheiterte in ihren Bemühungen, wurde 1951 aufgelöst und durch einen Abrüstungsausschuss ersetzt. Im Jahre 1956 wurde dann eine Internationale Atomenergie-Organisation zur friedlichen (!) Nutzung von Kernenergie gegründet.

Doch nichts und niemand konnte die Un-Menschen des Atom-Zeitalters davon abhalten, der Schreckensherrschaft des Atoms ein Ende zu setzen. Die kriminellen menschlichen Energien fanden in der Atom-Energie ihren Höhepunkt: Kernkraftwerke wurden gebaut unter der Vorgabe, sie seien die »sauberste« Möglichkeit zur Energie-Gewinnung und die »schonendsten« Energiebringer im Hinblick auf die Umweltbelastung.

Demzufolge wäre es schon besser gewesen, allein wegen des Fortbestehens der »Krone der Schöpfung«, wenn die Spezies Mensch – wie ursprünglich von Gott geplant – **nicht** vom »Baum der Erkenntnis« gegessen hätte, angesichts der Entwicklung, die die Menschheit genommen hatte mit ihren Un-Menschen ohne ethisch-moralisches Verantwortungsbewusstsein, vor allem an der Spitze der Gesellschaft als Vorbilder, jedenfalls so lange, bis endlich **die Menschlichkeit die Herrschaft übernommen** hatte im Neuen Goldenen Zeitalter mit ihrer »**Goldenen Regel**« als Grund- und Lehrsatz.

»Erkenntnis ist der erste Weg zur Besserung« heißt es im Volksmund oder auch »Erkenne dich selbst«, ein Spruch, der bereits um 640 v. Chr. in der Vorhalle des Apollotempels von Delphi zu lesen war und von einem der »Sieben Weisen Griechenlands«, wahrscheinlich von Chilon (um 550 vor Christus) oder von Solon, einem athenischen Gesetzgeber und Dichter politischer Elegien (640–559 v. Chr.), stammen soll: Solon erhob sich gegen die Missstände der damaligen Herrschaft, schuf eine beschlussfassende Volksversammlung und hob die Schuldknechtschaft und die Hörigkeit der Bauern auf. Er hat sogar Goethe zu dem Rat veranlasst: »Wie kann man sich selbst kennen lernen? Durch Betrachten niemals, wohl aber durch Handeln. Versuche **deine Pflicht zu tun**, und **du weißt** gleich, **was an dir ist**.« Die Erkenntnistheorie umfasst die Erkenntnislehre, bei der zu aller Realerkenntnis Erfahrung gehört und die Zerlegung der Erfahrung in ihre Elemente, wie Empfindung, Anschauung und Denken. Die theologische Erkenntnistheorie ist in der katholischen Theologie eine übliche Bezeichnung für die systematische Besinnung der Theologie auf ihr **eigenes Tun**.

Wie auch immer der Eine oder der Andere den Begriff »Erkenntnis« auslegen mag, genützt hatte sie jedenfalls bei den unbelehrbaren Un-Menschen bislang nichts, und so kam es dann auch, dass einzig und allein der Zauberschlüssel und die Zauberformel mit ihrer **übernatürlichen** Kraft zum Erfolg führen konnten. Die allermeisten von der Verwandlung in Frösche Betroffenen waren verantwortungslos und menschenverachtend handelnde Politiker, die die Geschicke ihres »gemeinen Volkes« lenkten und es ins Verderben führten. Doch: Das »gemeine Volk« war kein Material wie beispielsweise Kanonenfutter, und es war auch kein Futtermittel, um die gierigen Hälse der profitgierigen, skrupellosen Hersteller zu stopfen, die immer mehr Fusionen, vorwiegend auch im Zuge der »modern« gewordenen Globalisierung, bildeten, während sie die Menschen, durch deren arbeitsreichen Einsatz die Unternehmen und deren überbezahlte Manager groß und reich geworden waren, »auf die Straße setzten«.

Als Folge von deren Miss-Management mussten – abgesehen von dem entwürdigenden Status eines in die Arbeitslosigkeit und die Sozialhilfe getriebenen Menschen – die ihrer Arbeit Beraubten auch noch die Position eines »Bittstellers« einnehmen, um fortan ein karges Fortleben, aus Steuermitteln finanziert, also aus Geldern, die von den noch »in Lohn und Brot« stehen »dürfenden« Menschen stammen, zu fristen. Auf diese Weise stiegen die Nebenkosten, die Ende des 20. und Anfang des 21. Jahrhunderts n. Chr. von einem Arbeitnehmer zu entrichten waren, inklusive Krankenversicherungs- und Pflegebeitrag, auf fast die Hälfte seines Einkommens! Hat nicht ein Staat im Gegenzug dafür Sorge zu tragen, die ihm zur Verfügung gestellten Gelder so zu verwalten, dass jedem sein Recht auf Arbeit, von der es bei **richtiger** Verteilung mehr als genug im eigenen Land gibt, gewährleistet ist? Und ist nicht auch der Anspruch auf Rente, und zwar auf eine gesetzliche Rente, die ein **menschenwürdiges** Weiterleben je nach den Lebensumständen ermöglicht, eine Selbstverständlichkeit? Rentner dürfen nicht zu »Bittstellern« herabgewürdigt werden, sie haben meist ein Leben lang in die Rentenkasse eingezahlt und sind durch den sogenannten Generationenvertrag abgesichert. Ein Vertrag kommt immer nur zustande, wenn mindestens zwei Parteien sich beteiligen, in diesem Fall der spätere Rentner und der Staat, dessen Aufgabe es ist, die Fremd-Gelder, die Steuergelder, vertrauenswürdig im Staatshaushalt zu verwalten, und zwar so zu verwalten, dass nicht jedes neugeborene Kind (das selbst noch gar keine Schulden bis zu seinem geschäftsfähigen Alter machen kann) mit soundso viel Euro Pro-Kopf-Verschuldung schon auf diese

Welt kommt, die den Menschen nur noch milliardenschwere Staatsschulden bis hin zur Zahlungsunfähigkeit aufbürdet. Und: Jeder Jugendliche und jeder (Noch-)Arbeitnehmer sollte bedenken, dass auch er – so Gott will – irgendwann einmal den Rentenstand und damit eine Zeit in seinem eigenen Leben erreichen wird, in der er nicht mehr arbeiten kann oder im schlimmsten Fall gar hilfsbedürftig oder pflegebedürftig wird. Und kein Mensch sollte vergessen, dass die »Alten« den »Jungen« ganz bestimmt immer ihr Bestes gegeben haben, vor allem die Mütter, je nach den ihnen zur Verfügung stehenden Mitteln und Möglichkeiten. Wenn der Staat, der sich in seine Anonymität flüchtet, und die in der Verpflichtung gegenüber ihren Bürgern stehenden hohen Staatsdiener, die sich die Schuld an den verursachten Missständen in Jugendpolitik und Frauenpolitik und Gesundheitspolitik und Verbraucherpolitik (insbesondere in den Angelegenheiten allein erziehender Mütter) gegenseitig zuschieben, versagen, so sind **nicht** die »Alten« schuld, die genauso wenig wie die »Jungen« genügend Einfluss auf die Gesetzgebung haben. Die »gewöhnlich Sterblichen« Deutschen haben bei ihren Landtags- und Bundestagswahlen nur die Wahl zwischen wenig oder gar nicht ethisch-moralisch gefestigten und mehr oder weniger dem Giganten Wirtschaft dienenden Politikern. Natürlich haben die Menschen auch die Möglichkeit, durch friedliche Demonstrationen ihrem Unmut Ausdruck zu verleihen, der zwar zur Kenntnis, aber nicht »ernst genommen« wird, womit alles beim Alten bleibt.

So war das jedenfalls damals im Atom-Zeitalter nach dem Zweiten Weltkrieg bis zum Beginn des Neuen Goldenen Zeitalters der Menschlichkeit, das etwa zu dem Zeitpunkt begann, als der legendäre Kalender der Mayas, einer der frühesten Hochkulturen Mittelamerikas, endete.

Mit anderen Worten:
Das Ende des Maya-Kalenders, der nach 13 aufeinander folgenden Zyklen, also Ende des Jahres 2012 beziehungsweise zu Beginn des Jahres 2013 n. Chr. endet, bedeutete demnach nicht – wie von vielen befürchtet – den

Weltuntergang. Sondern ganz im Gegenteil: Sein Ende war gleichzeitig der Beginn einer neuen Zeit, **einer neuen Zeit ohne Kriege.** Am 21.12.2012 feierten die Menschen den Beginn des »Neuen Goldenen Zeitalters der Menschlichkeit« und das allmähliche Ende der Wirtschafts- und Religionskriege, geführt von den Un-Menschen. Die Schuldenberge der Industrieländer mit ihrer jährlich ständig steigenden Wirtschaftswachstumsrate hatten sich aufge**türmt** gleich dem babylonischen Turm, der bis zum Himmel reichen sollte, dessen Ausführung aber Gott durch die »Babylonische Sprachverwirrung« vereitelte (1. Mos. 11). Verwirrung gestiftet hatten auch die vom Einsturz bedrohten, in Schieflage geratenen, für die »gewöhnlich sterblichen« Menschen unvorstellbaren milliardenschweren **Schulden-Türme** und deren »Erbauer«. Jedem Wachstum sind Grenzen gesetzt, auch den ständig wachsenden kriegerischen Auseinandersetzungen. Mit dem Ende des Maya-Kalenders sollten 2012 n. Chr. Jahre unzähliger verheerender Kriege und all das von ihnen verursachte menschliche Leid, und auch das Blutvergießen in vielen Jahrtausenden vor Christus, bis zum Beginn einer neuen Zeitrechnung vergessen sein. Und was das Mädchen ganz persönlich betrifft, sollten die Kriegs- und Nachkriegsjahre und all sein Leid ein für alle Mal (fast) vergessen sein.

Die Menschen waren jetzt im **Besitz der Formel**, die die Welt – rein mental – in ihrem innersten Menschheitsgefüge zusammenhält, der »Goldenen Regel«, zu der schon Jesus sagte, sie sei das »Gesetz und die Propheten«. Das Geheimnis um das Rätsel eines der ältesten Hochkulturvölker war mit dem Beginn einer Goldenen Zeit der Menschlichkeit gelöst. So hatte die Spezies Mensch einen Riesensprung in ihrer Entwicklungsstufe gemacht.

Das Mädchen wiederholte immer und immer wieder die 14 Wörter des Lehr- und Leitsatzes, die eine neue Welt in Frieden und ohne Kriege verhießen und garantierten bis ans Ende aller Zeiten:

>**»Was du nicht willst, das man dir tu',**
>**das füg auch keinem andern zu.«**

Es ist noch dazu die **einfachste Formel der Welt,** leichter zu erlernen als etwa 114 Suren oder 10 Gebote, und auch noch ganz leicht zu verstehen und zu beachten von jedem Menschen – und **sogar von jedem Un-Menschen** – gleich welcher Herkunft, welcher Rasse, welcher Hautfarbe, welcher Religion, welcher Kultur oder welcher Staatsform er angehört, ob Analphabet oder der lateinischen oder der kyrillischen Schrift oder jedweder anderen Sprache mächtig. Und das Allerwichtigste:

Diese einfache Formel ist sogar für alle Mächtigen auf der ganzen weiten Welt, ob mit oder ohne gute Bildung oder ob mit oder ohne Herzensbildung, verständlich und durchführbar, ja sogar erstrebenswert! Kein Staatsmann (den Begriff Staatsfrau gab es in jener Zeit vor unserer Goldenen Zeit noch gar nicht) will, dass ihn kriegerische »Barbaren« seiner Macht, seines Landes oder seines Besitzes berauben, ihm also etwas zufügen, **was er selbst nicht will.** Demzufolge wird er auch keinem anderen Staatsmann dasselbe zufügen, denn inzwischen hat die Menschheitsgeschichte hinreichend gelehrt, dass Kriege immer wieder neue Kriege gebären und Rache und Vergeltung erzeugen. Eine Erkenntnis, für welche die Menschen zwar zigtausende von Jahren gebraucht hatten, die aber gerade noch rechtzeitig und nur um Haaresbreite entfernt vor dem eigenen Untergang der Spezies Mensch errungen worden war. Die durch das Spielen mit der Atomkraft hervorgerufenen Katastrophen und die Verstrahlung ihrer Heimaterde hatten ihnen schließlich die Augen geöffnet. Die »Goldene Regel« befähigte die Menschen schließlich sogar, den Sinn ihres Daseins zu erkennen: Der Sinn besteht darin, in einem Mit-einander zu leben und in einem WIR-Gefühl zu denken und zu handeln; denn einer ist auf den anderen angewiesen und nur »gemeinsam geht die Welt zugrunde« (oder auch nicht). Und außerdem:

Die Spezies Mensch ist nur der Dritte im Bunde und eingebunden in die Natur, die sie mit zwei anderen Lebewesen teilt und auf die sie genauso angewiesen ist wie auf jeden Mit-Menschen: Das zweite Lebewesen ist das Tier, und der Erste im Bunde des Lebens, des »Seins«, ist die Pflanze. Wir, die sogenannte »Krone der Schöpfung«, rangieren erst an dritter Stelle, haben also einen geringeren Stellenwert in der Natur und können nur durch das Vorhandensein der zwei weiteren Lebewesen in unserem Bunde überhaupt bestehen, das heißt **da sein** bzw. unser Dasein, das »Sein«, leben oder anders: Ansonsten wären wir nicht und auch gar nicht existent. »Das Sein und das Nichts« (französisch: »L'être et le néant«) ist der Titel des Hauptwerks der existenzialistischen Philosophie von Jean-Paul Sartre (1905–1980 n. Chr.), das im Jahr 1943 erschien. Der Existenzialismus französischer Prägung fand in den 1950er Jahren vor allem unter den jüngeren Menschen Anklang, nicht zuletzt durch den zentralen Gedanken, dass der Mensch in seiner Freiheit dazu verurteilt ist, sein Leben zu entwerfen und **Verantwortung für sein Handeln** zu übernehmen. Das lässt auch die uneingeschränkte Wichtigkeit erkennen, die dem **Schutz** von Natur und Umwelt zukommt auf unserem Planeten und nicht etwa in erster Linie dem Wirtschaftswachstum mit seinem »Wirtschaftswachstumsbeschleunigungsgesetz« auf Kosten der Gesundheit oder gar des Lebens eines der drei Lebewesen in unserem Bunde von Leben.

Nachdem die damaligen Menschen am Anfang des 3. Jahrtausends **Sinn und Formel, die sie in ihrem Innersten zusammenhält**, erkannt hatten, brauchten sie sich nur noch die Formel, den 14 Worte zählenden Lehrsatz, einzuprägen und anzuwenden (anzuwenden vor allen Dingen!), um ihr neues »Goldenes Zeitalter« und ihr wiedergewonnenes Paradies auf Erden zu begrüßen und zu erleben. Wie sagte doch gleich Jesus zu dem Gedanken
»Was du nicht willst, das man dir tu', das füg auch keinem andern zu«?
Er sagte:
»Dieser Gedanke ist das Gesetz und die Propheten.«
So wie beispielsweise die Naturwissenschaften nicht ohne Gesetze, zusammengefasst in ihren symbolischen Formeln, funktionieren können, kann auch das **menschliche Zusammenleben** nicht ohne Gesetze und Regeln funktionieren. Das Gesetz der »Goldenen Regel« – das Mädchen erkannte in ihm sogar den Gottesfunken – hatte lediglich einer Renaissance im geistigen Bewusstsein der Menschen bedurft, um eine Revolution im Geheimnis menschlichen Zusammenlebens auszulösen. Die angebliche Entdeckung

des sogenannten »**Gottes-Teilchens**« beim Entstehen von ursprünglichem Leben hatte eine Revolution der bisherigen physikalischen Gesetze und der biblischen Schöpfungsgeschichte ausgelöst. Mitte des Jahres 2012 n. Chr. war mittels eines »Teilchen-Beschleunigers« das Entstehen von Materie und damit vermeintlich auch das Geheimnis um die »Krone der Schöpfung« gelüftet und um das, was lediglich **rein physikalisch** »die Welt im Innersten zusammenhält«. Die Wieder-Entdeckung der Bedeutung von H a r m o n i e ist das Geheimnis, ist das Gottes-Teilchen beim Entstehen friedlichen Zusammenlebens, ist das, was die Welt und die Menschen im Innersten zusammenhält.

Gesetze, die Unfrieden unter der Bevölkerung stiften, sind nicht von langer Dauer. Die Menschen haben ein gesundes Empfinden für Gerechtigkeit und Ungerechtigkeit. Das alte Mädchen hatte, das war damals im Jahre 2011, von einer »himmelschreienden Ungerechtigkeit« gehört, wonach reichste Unternehmer mithilfe von Schlupflöchern in der Steuergesetzgebung viel weniger oder gar keine Steuern abgaben. Einige vermögende Staatsbürger hätten sogar mehr in die Steuerkasse zahlen wollen, stattdessen sei die effektive Steuerlast der Super-Reichen gesunken und die Belastung der Niedrig-Verdiener überproportional gestiegen. Und was die Verursacher der Bankenkrise betraf, wurden diese mit einem unvorstellbar hohen Bonus noch belohnt und die kleinen Bankangestellten zu Anlage-Betrügereien ermuntert, um wieder neue Überschüsse zu erwirtschaften und wieder zu verzocken, während die Anleger ihre Ersparnisse bis hin zum finanziellen Ruin verloren. Den Anfang genommen hatte die weltweite Bankenkrise in den Vereinigten Staaten Nordamerikas, wo die Menschen weit über ihre Verhältnisse und auf Kreditkarte lebten und die Banken fahrlässig, ohne die Kreditwürdigkeit zu prüfen, ihnen Immobilien finanzierten. Sehr gerne und nicht ohne Stolz zeigten die US-Bürger auch noch ihre vielen Kreditkarten herum, je mehr einer von diesen Karten besaß, mit denen er auch die kleinsten Konsum-Einheiten begleichen konnte, umso stolzer war er. Das Mädchen war bei einer Amerikareise selbst einmal Zeugin einer solchen Verhaltensweise geworden. Im Jahre 2011 war dann dieses Land, das einst die größte Wirtschaftsmacht in der damaligen Welt der Korruption verkörperte, am Rande der Zahlungsunfähigkeit mit 40 Billionen Dollar Schulden, die nicht einmal mehr mit einem einzigen Goldbarren abgedeckt waren. Die Kriegsmaschinerie nach dem Zweiten Weltkrieg hatte nicht nur ihre Dollar und einstige Wirtschaftsmacht aufgefressen, sondern auch noch ihr Ansehen in der damaligen Welt, und sogar der Mittelstand hatte kaum noch etwas zu »fressen«!

Aber auch der viel gepriesene Euro, der die Europäer zusammenhalten und starkmachen sollte, geriet mehr und mehr in Misskredit und in den Verdacht einer Missgeburt, bis er endlich zum Scheitern verurteilt war. Er hatte die Menschen **nicht vereinen**, er hatte sie nur **gegeneinander** – bei aller Hilfsbereitschaft und Solidarität – aufwiegeln und Ungerechtigkeit schüren, ja sogar nationalistische Reflexe auslösen können. Es waren nur **mehr Un-Frieden** und noch mehr Armut entstanden und **nicht »mehr Europa«**. Es war in jener Zeit nur noch eine Schulden-Politik weltweiten Ausmaßes betrieben worden, die die europäische und die ganze Weltbevölkerung mehr und mehr in die Armut und die Jugend in die Perspektivlosigkeit und letztlich zur Gewaltanwendung in ihrer vermeintlichen Ohnmacht gegenüber den verantwortlichen Mächtigen und in die Inflation treiben sollte.

Es war kurzum: **eine verkehrte Welt!** Und es war allerhöchste Zeit, sie wieder in ihre richtigen Bahnen zu lenken. Glücklicherweise gab es in jener Zeit, dem Atom-Zeitalter, also **vor** dem Neuen Zeitalter der Menschlichkeit, auch Menschen, die die Zeichen der Zeit erkannten und nicht nur erkannt hatten, sondern auch etwas bewegten, um die aus ihren Fugen geratene Welt wieder in ihre Umlaufbahn und die in dieser Zeit lebenden Menschen in ihre richtige Bahn zu lenken. Sie wiedererkannten in der **geistigen Macht** von Ordnung, Maß und Einsicht das richtige Mittel zum Zweck, den Weg zu Harmonie und zum Rhythmus des Lebens. Schon die »alten Griechen« verehrten diese geistige, nur der Spezies Mensch eigene und himmlische

Macht in Apollo(n), dem sie in der Orakelstätte Delphi ein Denkmal setzten und den sie in der Marmorstatue im Belvedere des Vatikans verewigten. Den »ersten Schritt zur Besserung«, zur Besserung der Unzufriedenheit nämlich, die die immer größer werdende Kluft zwischen Armen und Reichen infolge der Miss-Wirtschaft von unfähigen Politikern hatte entstehen lassen, unternahmen dann endlich die sogenannten Reichen in ihrer längst überfälligen Erkenntnis von Solidarität. Nur sie, die Vermögenden, vermochten das, was die Politiker nicht vermochten, Gerechtigkeit und Frieden wiederherzustellen, darin waren sich **alle einig**, Arm und Reich. Und die **Einigkeit** ist die Grundlage für Frieden, ebenso wie **Recht** und **Freiheit**. »Einigkeit und Recht und Freiheit«, als nationales Erkennungszeichen auf den Rand der deutschen Zwei-Euro-Münze geprägt und viel besungen in der Nationalhymne des wiedervereinigten Deutschlands, heißt es im ersten Vers der dritten Strophe des »Liedes der Deutschen«, geschrieben von August Heinrich Hoffmann von Fallersleben (1798–1874 n. Chr.). Hoffmann von Fallersleben war von 1830–1842 Professor für deutsche Literatur in Breslau (Schlesien) und im Jahre 1842 wegen seiner freiheitlich-nationalen Gedichtesammlung »Unpolitische Lieder« seines Amtes enthoben worden. Er schrieb auch volkstümliche Lieder, wie »Alle Vögel sind schon da«, »Kuckuck, Kuckuck, ruft's aus dem Wald« und »Winter ade«. In seinen »Politischen Gedichten« ist der folgende Reim zu finden:

»Der größte Lump im ganzen Land,
Das ist und bleibt der Denunziant.«

Das Mädchen kann die Auffassung seines Stammesgenossen teilen, soweit es Denunzianten sind, die ganze Menschenleben und Existenzen wissentlich und absichtlich **aus niederen Beweggründen**, wie Neid, Rachsucht oder Eifersucht oder Vergeltungssucht, zerstören, also deren gute Taten sowie Tatsachen abwerten zum Zwecke der Erniedrigung.

Und Friedrich von Schiller schreibt in seinem Gedicht »Das Mädchen von Orleans«:

*»Es liebt die Welt, das Strahlende zu schwärzen
und das Erhab'ne in den Staub (bzw. Dreck) zu ziehen.«*

Was ist unter dem **Begriff Menschlichkeit**, der Bezeichnung und Charakteristik unseres Neuen Goldenen Zeitalters, überhaupt zu verstehen? Und warum hat das Mädchen unser Neues Zeitalter gerade mit diesem Begriff bezeichnet? Und warum hat es gerade diesen und keinen anderen Begriff gewählt? Das hat einen ganz einfachen Grund: Dem Mädchen war sogar die Qual der Wahl erspart geblieben. Denn die Bezeichnung »Neuzeit« war schon »vergeben«. Außerdem ist jedes Zeitalter gegenüber der vorherigen Zeit eine »**Neuzeit**«. Es kam also nur eine Bezeichnung nach einem **Zeit-Geist** in Betracht, genauer gesagt nach einer Geistesrichtung und einer **Geistes-Haltung**, die es in früheren Zeiten und vor allem noch immer nicht in der letzten Neuzeit bzw. der neuesten Neuzeit gegeben hatte: die »Menschlichkeit«. In die engere Wahl hätten nur noch Bezeichnungen wie »allerneueste Zeit« oder »allerallerneueste Zeit« oder »allerallerallerneueste Zeit nach der Neuzeit« oder so kommen können, was allerdings nicht gerade einfallsreich gewesen wäre.

Spätestens jetzt musste das Mädchen selbst lachen über seinen lustigen Einfall. Es lachte überhaupt sehr gerne und am liebsten über sich selbst und seine vielen lustigen Einfälle, nur selten über andere. Wahrscheinlich lachte das Mädchen deshalb so gern und so viel, weil es so wenig zu lachen gab in seinem Leben. Und es liebte die Humoristen und Komiker und Kabarettisten und verehrte und bewunderte sie auch, weil sie den **Mut** hatten und sich auch die Freiheit nahmen, öffentlich Kritik zu üben an allen Missständen in Gesellschaft und Politik und an deren Verursachern. Ganz besonders liebte es den ebenfalls in der Nähe von Breslau geborenen Kabarettisten Dieter Hildebrandt (1927–2013 n. Chr.) als Inbegriff **für das moralische Gewissen** der deutschen Nation mit dem Löwenmut eines Friedenshelden der Nachkriegszeit und seinem höchsten Intellekt in humoristischer Verpackung.

»Humor ist, wenn man trotzdem lacht«, das meinte auch der aus

Niederschlesien stammende Schriftsteller Otto Julius Bierbaum (1865–1910 n. Chr.).

Als »**Neuzeit**« wird in der Geschichtswissenschaft im Allgemeinen die Zeit seit etwa 1500 n. Chr., im Unterschied zu »Altertum« und »Mittelalter«, bezeichnet. Die Unterscheidung zwischen Mittelalter und Neuzeit wurde zuerst von den italienischen Humanisten gebraucht. Sie beruhte auf der Ansicht, dass der Humanismus mit der Anknüpfung an die Antike und die großen Entdeckungen, wie Amerika und dem Seeweg nach Indien, entscheidend für den Beginn einer neuen, modernen Kulturentwicklung seien. In Deutschland setzte man später den Beginn der Neuzeit mit der Reformation an.

»**Mittelalter**« ist in der Geschichtswissenschaft der von den Humanisten geprägte Begriff für den Zeitraum zwischen Altertum und Neuzeit. Anfang und Ende des Mittelalters wurden unterschiedlich angesetzt: Vom Beginn der Völkerwanderung (um 375) oder dem Untergang des Weströmischen Reiches (476) oder der Zeit Karls des Großen (um 800) bis zur Entdeckung Amerikas (1492) oder zur Reformation (1517) oder bis zur Erfindung des Buchdrucks (etwa 1450). Innerhalb dieses Zeitraums vollzog sich die für das Mittelalter wesensbestimmende Verschmelzung von Germanentum, Christentum und dem Erbe der Antike. Als mächtige Idee wirkte sich der Gedanke der Einheit des christlichen Abendlandes aus, der politisch wirksam wurde in der Italienpolitik der Kaiser seit dem Investiturstreit, aber auch in dem Anspruch des Papstes, in seiner Person diese Einheit darzustellen. Daraus folgten die schweren Kämpfe zwischen Papst und Kaiser, der höchsten geistlichen und der höchsten weltlichen Gewalt, durch die schließlich beider Stellung schwer erschüttert wurde. Tiefgreifende Wandlungen der gesellschaftlichen und wirtschaftlichen Struktur bestimmten weiterhin das Bild des Mittelalters: Von der Adels- und Grundherrschaft im Früh-Mittelalter über das aufblühende Rittertum und Lehnswesen im Hoch-Mittelalter bis zum erstarkenden Bürgertum im Spät-Mittelalter, was sich im Aufstieg der Städte und im Entstehen der Geldwirtschaft widerspiegelte. Wenn das Mittelalter dennoch das Bild einer durchaus eigenständigen Epoche bietet, so trug dazu in erster Linie die Kirche bei durch ihren bestimmenden Einfluss auf Kunst, Literatur und Wissenschaft. Übertragen wurde der Begriff auch für andere Kulturkreise verwendet.

Ein Zeitalter ist also ein größerer Zeitabschnitt, der von einem bestimmten geschichtlichen Ereignis oder einer Persönlichkeit oder einer bestimmten Idee geprägt wird. Bei der Namensfindung unseres Neuen Zeitalters, dem »**Zeitalter der Menschlichkeit**«, spielt genauso eine mächtige Idee eine Rolle (im Mittelalter war die mächtige Idee der **Gedanke der Einheit** des christlichen Abendlandes), nämlich der Gedanke der Einheit, der Einheit des christlichen Abendlandes, des Okzidents, mit dem Morgenland, dem Orient, **und der Einheit der ganzen Welt**; die Einheit ist in Zeiten der Globalisierung auch ein durchaus **zeitgemäßer Gedanke**, und zwar der **einzige** Gedanke, der in einer Globalisierung Sinn macht und die Gesinnung der ganzen Menschheit erfasst.

So wie damals im Zeitraum zwischen Altertum und Neuzeit der Gedanke der Einheit wirksam wurde durch den Einsatz der höchsten geistlichen und der höchsten weltlichen Gewalt, so war der Gedanke der Einheit der ganzen Menschheit in ihrem **gemeinsamen** Streben nach Menschlichkeit und Frieden wirksam geworden durch den Einsatz, den gewaltlosen und friedfertigen Einsatz, jedes einzelnen Menschen. Die nötige Hilfe hatten damals dann endlich weltliche Würdenträger mit höchsten ethisch-moralischen Grundsätzen sowie geistliche Würdenträger mit ihrem Oberhaupt geleistet.

Der Gedanke, nämlich eine Einheit herzustellen, war derselbe, nur die **Umsetzung des Gedankens** war eine ganz andere: Der Kampf war **nicht auf mehr Macht eines Individuums**, sondern auf **den Sieg eines Ideals**, des Ideals mit dem Namen »Menschenwürde« (eingeschlossen selbstverständlich auch die Würde eines jeden anderen Lebewesens auf unserem Planeten

Erde), ausgerichtet. Und auch die Kampf-Werkzeuge waren ganz andere; keine mörderischen Waffen waren zum Einsatz gekommen, nur ein kleiner Schlüssel mit dem wunderschönen Namen »Zauberschlüssel zum Frieden«. Er besaß die Zauberkraft (mit Unterstützung der Würdenträger aus Gesellschaft und Klerus), den friedliebenden Menschen ein menschen**würdiges** Dasein in Frieden, eine neue Kultur, die Kultur der Menschlichkeit, zu schenken und sogar die Herrschaft der **Un**-Menschlichkeit zu beenden.

Natürlich besaß der »Zauberschlüssel zum Frieden« auch die Kraft, **alle Un-Menschen** (das waren die Geschöpfe aus der Spezies Mensch, die der Bezeichnung »Mensch« bzw. »Krone der Schöpfung« **nicht würdig** waren) in Frösche zu verwandeln! Die friedliebenden Menschen trugen allesamt den Zauberschlüssel und natürlich auch andere ihnen heilige Symbole, wie ein Kreuz oder ein Herzchen, sei es aus Gold oder Silber oder auch als Tätowierung oder aufgedruckt auf T-Shirts etc. Nur: fehlen durfte das Schlüsselchen keinesfalls! Doch zur Beruhigung: Angst (Angst dient als Mittel zur Einschüchterung und Machtausübung) wollte der Zauberschlüssel nicht verbreiten! Es gab eine Klausel der Strafmilderung bei Reue: Bei Verstoß gegen die Goldene Regel durften die reumütigen Un-Menschen mit einem Wieder-Eingliederungsverfahren in die Gesellschaft der Menschlichkeit rechnen.

Die Globalisierung der Menschlichkeit im Gedanken der **Einheit** war selbstverständlich auch so weit gegangen, dass die Kirchen, ungeachtet aller Spaltungen, endlich eine Einheit der »einen heiligen Kirche« für jede religiöse Gemeinschaft geworden war. So wurden »Anders«-Gläubige nicht mehr in Kirchen verschiedener Zugehörigkeit und seelsorgerischer Betreuung aufgeteilt oder gar diskriminiert. Die Gläubigen der Welt waren zu **einer Einheit von Gläubigen** geworden. Alle Menschen glaubten ja an ein und dieselbe geheimnisvolle, die Grenzen rationaler Erkenntnis überschreitende übersinnliche Macht. So wie sich auch jeder Mensch nicht mehr als

»Ebenbild Gottes«, sondern als eigenständiges und einzigartiges Lebewesen mit Verantwortungsgefühl für sich selbst **und** seine Mit-Menschen **und für jedes andere Lebewesen** auf dem Planeten Erde erkannte.

So hatte auch bei einem Welt-Jugend-Treffen in Madrid die gemeinsame große Begeisterung der zahlreichen Jugendlichen aus aller Welt bewiesen, dass die Anteilnahme an ihren Sorgen um ihre Zukunft von Papst Benedikt XVI. ihnen offensichtlich wieder Mut und eine Perspektive in ihrer hoffnungslos scheinenden Lage gegeben und sie ermuntert hat, um Menschenrecht und mehr Menschlichkeit auf der Welt zu kämpfen, gewaltlos zu kämpfen, **selbstverständlich**. »Anteilnahme ist der goldene Schlüssel, der die Herzen anderer öffnet.« Die aussichtslose Lage, in der sich **jeder zweite Jugendliche** damals im Jahre 2012 n. Chr. in Griechenland und in Spanien und teilweise im übrigen Euro-Land und in anderen Ländern der Welt mit ähnlich hoher Arbeitslosigkeit befand, war nicht mehr zu verantworten, und es war keineswegs die Schuld der Jugendlichen, sondern ausschließlich die der unfähigen und macht- und geldgierigen Wirtschafts-, Banken- und Börsen-Monster mit Unterstützung von skrupellosen Politikern. Das Vertrauen der Bürger in ihren Staat und in ihre Geld-Anlagen hatten sie verspielt. Sie hatten die Menschen, die die Staatsgelder erwirtschafteten, als Spielzeug und deren erarbeitetes und erspartes Geld als Spielgeld für ihre eigenen Interessen und nicht zum Wohle **ihres** Volkes misswirtschaftlich verbraucht.

Was das alte Mädchen betraf, so hatte es im Laufe seines Lebens auch immer mehr und mehr gespürt und erkannt, dass gar nicht das jeweilige Glaubensbekenntnis bedeutsam ist im Leben, sondern vielmehr der Glaube an das, was heilig ist an einem Menschen, nämlich die Haltung und der gute Charakter eines Mit-Menschen, gleich welcher Herkunft oder welcher Hautfarbe oder welcher Religionszugehörigkeit. Die **Religions-Freiheit** ist **die höchste Stufe von Freiheit** und ein meist verfassungsmäßig verankertes Recht, sich zu einem »für richtig gehaltenen Glauben« zu bekennen und entsprechende Gebräuche auszuüben.

Bei der zunehmenden Bedeutung der **Globalisierung** in jener Zeit vor der Zeitenwende hatte der Gedanke an Freiheit und an Frieden im globalen Verständnis an Bedeutung gewonnen. **Freiheit** (so die Definition in »Das moderne Lexikon«, Aufl. 1971), allgemein Unabhängigkeit von äußeren Einflüssen, Selbstbestimmung, ist von mannigfaltiger Bedeutung je nach den Gebieten und Gegenständen, auf die der Begriff bezogen wird. In der Ontologie (Lehre vom Seiendsein) ist Freiheit so viel wie Selbständigkeit einer höheren Seinsstufe gegenüber der sie tragenden niederen Seinsstufe …

Einen eigenen Inhalt gewinnt der Freiheitsbegriff erst vom **Freiheitserlebnis** aus, d. h. als **Willensfreiheit**. Diese ist von schrankenloser »Willkür« zu unterscheiden, bedeutet nicht Ursachlosigkeit oder fehlende psychische Motivation, sondern Übereinstimmung der Handlung mit dem Grundstreben der handelnden Person. Der ethische Sinn der Willens-Freiheit, die sittliche oder innere Freiheit, liegt darin, dass das Freiheitserlebnis **zugleich** Werterlebnis ist bzw. dass alle Werte von unserer Zustimmung abhängen. Das metaphysische Problem der Freiheit besteht dann in der Frage, wie in einer materiellen Welt personale Freiheit möglich sei. Es überschneidet sich mit dem theologischen Freiheitsproblem, das einerseits den selbstverschuldeten Verlust seiner Freiheit (Sündenfall) andererseits die Freiheit in Gott bzw. die Schöpfung als freien Akt betrifft. Die politische Freiheit hat ebenfalls verschiedene Bedeutung: als Freiheit des Einzelnen im Staate bis zu dem Punkt der völligen Entmachtung des Staates. Was vor allem gilt, ist, die »Trotzmacht des Geistes« zu entwickeln, die Fähigkeit, im richtigen Augenblick »Nein« zu sagen.

So wie »Selbsterkenntnis der erste Weg zur Besserung ist«, ist »Freiheit der erste Weg zur Globalisierung des (Welt-)Friedens«.

»**Frieden**« ist (so die Definition »Das moderne Lexikon«, Aufl. 1971) (lateinisch pax, französisch paix, englisch peace, russisch mir) »ein auf Sitte und Recht begründeter **Zustand des Ausgleiches und der Harmonie unter den Menschen und zwischen den Völkern.** Der Erhaltung des inneren Friedens dienen staatliche Ordnungen, wie im Mittelalter der Königs-Frieden,

Markt-Frieden, Burg-Frieden, Gottes-Frieden und Land-Frieden, ferner verfassungsmäßige und gesetzliche Einrichtungen, die der Herrschaft des Faustrechts zunächst innerhalb eines Staates ein Ende machen (auch Anarchie, Bürgerkrieg). Schon die Vielzahl dieser Regelungen beweist, wie lang und schwierig der Weg zum innenpolitischen Frieden ist.

Den außenpolitischen Frieden suchen die Nationen durch gegenseitige Verträge, Bündnisse und durch Rüstungen (!?) zu sichern. Gegenüber den solchen Tendenzen militärischer Friedenssicherung innewohnenden Gefahren neuer Kriege propagieren die Pazifisten die radikale **Ablehnung aller kriegerischen Mittel zur Erhaltung des Friedens** bis zur Verweigerung aller Kriegsdienste … Auch wird in gewissen Ideologien die Auffassung vertreten, durch den **endgültigen letzten Krieg** den **endgültigen Frieden** herbeiführen zu können. Dabei setzt sich immer mehr die Erkenntnis durch, dass bei dem **weltumspannenden** Charakter moderner Kriege auch der **Frieden ein weltumfassender,** unteilbarer Frieden sein muss.«

V
Der neuartige »Heilige Krieg«

Der »Krieg der Frösche«

»Da ist er ja«, jubelte das alte Mädchen, »der endgültige und letzte und allerletzte ›Krieg‹!, der unblutige und gewaltlose Krieg, der ›Krieg der Frösche‹, ein Werte-Krieg also, der den endgültigen weltumfassenden Frieden herbeiführt, den Weltfrieden und die **Rückkehr ins Paradies auf Erden durch die Renaissance einer Zauberformel**. Da ist er ja, ein ganz neuartiger ›Heiliger Krieg‹!« Und es triumphierte: »Es gibt doch tatsächlich einen Krieg, der heilig ist!« Es ist ein Krieg für das Leben (nicht für das Töten!), für den heiligen Wert allen Lebens, aller Lebewesen auf Erden und für die unantastbare Würde, begründet auf der der Macht des Gedankens der Goldenen Regel«: Was du nicht willst, das man dir (an-)tut, das tu auch keinem anderen (an), beziehungsweise in der folgenden Version:

Worüber ihr zürnt, wenn ihr es von anderen erleidet, das tut den anderen nicht.

Es geht also letztlich nur um das Vermeiden von Leid (und nicht das Ertragen von Leid!). So geht es in diesem letzten aller Kriege, in diesem Heiligen Werte-Krieg, nicht etwa um sogenanntes »wertes oder unwertes Leben« wie etwa in dem menschenverachtenden Zweiten Weltkrieg des Hitler-Regimes. Es geht (ganz im Gegenteil!) um den Wert der Menschlichkeit, um menschliche Größe des Einzelnen gemessen am Gewicht seiner Empathie-Fähigkeit und seiner Menschenwürde.

Die Zauberkraft der Goldenen Regel liegt in der Erlangung der **eigenen** menschlichen **Würde** durch die **Erkenntnisfähigkeit des eigenen gerechten (beziehungsweise ungerechten) Handelns**. Würde entsteht durch ein

Leben nach den Grundsätzen von Menschlichkeit, die in den Menschenrechten verankert sind und zu den Grundrechten des Grundgesetzes der Bundesrepublik Deutschland zählen: Menschenwürde ist das Recht auf Entfaltung der Persönlichkeit, Gleichheit vor dem Gesetz und Gleichberechtigung, Religions- und Gewissensfreiheit, Meinungs-, Presse-, Informations- und Lehrfreiheit, Versammlungs- und Vereinigungsfreiheit, Freizügigkeit, Berufs- und Arbeitsfreiheit, Unverletzlichkeit der Wohnung, Garantie des Eigentums sowie das Asyl- und Petitionsrecht. Ein Teil dieser Grundrechte gilt für »jedermann«, ein Teil nur für Deutsche. Die Sicherung der Menschenwürde steht unter der Unabänderlichkeitsklausel des Art. 79 Abs. 3, während die anderen Bestimmungen zwar geändert werden können, doch darf dabei das betreffende Grundrecht in seinem Wesensgehalt nicht angetastet werden. Außer der Grundrechtssicherung gibt es auch völkerrechtlich vereinbarte Garantien der Menschenrechte und Grundfreiheiten. »So würde letztlich auch nur ein gewaltfreier Werte-Krieg mit dem Ziel des Sieges der Menschlichkeit über die Un-Menschlichkeit dem Flüchtlingsdrama der Jahre 2014/15 ein Ende machen können«, überlegte das Mädchen.

Menschlichkeit bzw. auch **Humanität** (lateinisch humanitas) heißt im eigentlichen Sinne das **Menschsein** oder die Tatsache, Mensch zu sein, mit der Auszeichnung durch Freiheit und Sprache.
　Verbrechen gegen die Menschlichkeit, wie in jedem herkömmlichen Krieg in der Menschheitsgeschichte gang und gäbe, auch Ausrottung, Versklavung, Zwangsverschleppung und Folterung der Zivilbevölkerung sowie die Verfolgung aus politischen, rassistischen oder religiösen Gründen, gehörten dann endlich der Vergangenheit an. So wurden dann auch **Verdienste um »mehr Menschlichkeit«** im Neuen Zeitalter der Menschlichkeit mit den höchsten Auszeichnungen gewürdigt. Dadurch waren humanitäre Einrichtungen, wie karitative und sozialpolitische Institutionen, die der Linderung der Not, besonders dort, wo der Staat versagt hatte, zu größtem Ansehen gekommen.

So war beispielsweise ein Sozialverband mit dem Leitsatz »für mehr Menschlichkeit«, der VDK, der hauptsächlich in Bayern und Deutschland Mitglieder hatte, erst europaweit und dann sogar weltweit expandiert und setzte sich nun für die Menschenrechte überall auf der Welt ein und erlangte größte Bedeutung für den Wandel des neuen Zeitgeistes und den Wandel der Zeiten.

»Frieden wahren zu Hause im Heimatland und für Frieden sorgen in anderen Ländern der Welt« hieß die neue Devise. Mehr Verantwortung übernehmen bei der Mobilmachung für den neuartigen Heiligen Krieg (und nicht für den nächsten »Kalten Krieg«!), Aufrüstung und Exporte mit der neuartigen Waffe, dem Zauberschlüssel zum Frieden (und nicht mit zerstörerischen Waffen!). Und siehe da: Alsbald hatte ein Wettlauf um die Marktführung beim Vertrieb des Zauberschlüssels und der zugehörigen »Goldenen Regel« begonnen. Der Siegeszug führte kreuz und quer durch die ganze damalige Welt Anfang des 21. Jahrhunderts n. Chr. und machte nicht einmal Halt in Syrien.

Die Heiligsprechung

Größte Verdienste hatte sich auch der bis zum Jahre 2013 amtierende Oberste Hirte, Papst Benedikt XVI., erworben. Er erlangte ausnahmsweise noch zu seinen Lebzeiten die Seligsprechung. Normalerweise mussten bei einem vorangegangenen Seligsprechungsprozess der rechte Glaube, ein heroisches christliches Leben und das Vorhandensein von **zwei Wundern** festgestellt sein. Die Seligsprechung bildet die Vorstufe zur Heiligsprechung. Das endgültige Urteil, dann auch zusätzlich noch heiliggesprochen zu werden, hatte nicht (wie sonst üblich) ein Papst, sondern das ganze Volk gefällt in seiner Einigkeit über dessen Heiligkeit. Den Nachweis von zwei Wundern hatte der revolutionäre Papst auch schon erbracht:

Das 1. Wunder:
die Heilung der **Un-Menschen** von der **Macht-Gier** (als Folge seines **vorbildlichen freiwilligen** Rücktritts von einem mächtigen Amt).

Das 2. Wunder:
die Heilung der **Un-Menschen** von der **Geld-Gier** (als Folge seines **vorbildlichen Rückzugs** aus einem mit dem Makel der Geldwäsche behafteten Vatikan).

Und Papst Benedikt XVI. war es auch, der als äußeres Zeichen der Verbundenheit zu allen Erden-Menschen als erster Mensch den **Friedensschlüssel** trug, den er gegen seinen Petrus-Schlüssel ausgetauscht hatte.

Papst Benedikt XVI. war so zum Wegbereiter für das neue märchenhafte Zeitalter, das »Zeitalter der Menschlichkeit«, geworden. Und so kam es dann auch, wie es kommen musste: Der einst zum Apostel-Fürsten Erwählte war auf wundersame Weise zum größten Friedens-Fürsten aller Zeiten und erstmals in der Kirchen- und Menschheitsgeschichte (endlich, endlich nach 2000 Jahren des Hoffens und des Wartens) aufgestiegen und hatte der Menschheit den ewigen Frieden im sogenannten Diesseits gebracht. Die grundlegende Veränderung war auch ganz im »Sinne Gottes«. In der Bibel heißt es: »Ist Gott für uns, wer kann wider uns sein?« (Röm. 8, 31). Dieses biblische Wort hatte schon der Pfarrer des Mädchens ganz persönlich bei seiner Konfirmation als Leitspruch für seinen Lebensweg abgestimmt, indem er ihn folgendermaßen abgewandelt hatte: »Ist Gott für dich, wer mag wider dich sein!«.

Was die Ansicht von Kaiser Lothar I. (795–855 n. Chr.) betrifft, der gesagt haben soll: »Alles ändert sich, und wir uns mit ihm«, und den im Volksmund gebrauchten Spruch: »Die Zeiten ändern sich«, konnte das Mädchen diese Auffassung nur bedingt teilen. Die Veränderung der Zeiten stützt sich nicht allein und nicht unbedingt zuerst auf die kosmische Geologie, die die geologischen Kräfte sowie die Erde als kosmischen Körper behandelt, sondern eine neue Epoche wird auch bestimmt von einem neuen, einem grundlegend anderen epochalen Zeitgeist. Klima-Wandel oder Gesinnungs-Wandel beziehungsweise manchmal auch beide zusammen, wie Anfang des 21. Jahrhunderts geschehen, bewirken eine Veränderung in der Menschheits- und Erd-Geschichte. Der Klima-Wandel wurde gemessen am Anstieg der Temperatur und des Meeresspiegels infolge der zunehmenden Gletscherschmelze. Die geologischen Veränderungen waren leicht zu messen. Bei der Messung der Veränderung des Zeit-Geistes musste schon die Ursachen-Forschung angewendet werden, also ein Verfahren, um festzustellen, ob zwischen den beobachteten Tatbeständen oder Vorgängen Zusammenhänge bestehen und ob diese Zusammenhänge ursächlichen Charakter haben. Ursache ist im allgemeinen Sprachgebrauch der Real-Grund einer Sache, im philosophischen Verständnis ist »Ursache« die Sache, deren Existenz die Bedingung für die Existenz eines anderen Sachverhalts ist. Oder der Vorgang, der mit Notwendigkeit einen anderen Sachverhalt bewirkt. Daraus folgt der funktionelle Begriff der Ursache als einer Veränderung, die eine Veränderung bewirkt, und der Begriff der Kausalkette, in der jede Ursache zugleich als »Wirkung« aufzufassen ist.

Die Veränderung des Zeit-Geistes war jedoch auch nicht schwieriger als die Klima-Veränderung zu messen: Die Wirkung war leicht zu erkennen am Maß der zunehmenden gewalttätigen Ausschreitungen der Bevölkerung, vor allem im jugendlichen Alter. Die Ursache zu erkennen, war eigentlich auch nicht schwieriger. Nur: Diejenigen, die für die Zunahme der Gewalt unter den Jugendlichen verantwortlich waren, nämlich die schlechten Vorbilder in Wirtschaft, Kirche und Politik ohne Skrupel und ohne Ethik und Moral, die eigentlich Strafe verdient hätten – und nicht auch noch Boni oder die Wiederwahl – für ihre Unfähigkeit, hatten das Strafmaß für die jugendlichen Täter auch noch erhöht: Selbstverständlich verdient die Anwendung von Gewalt kein Lob, jedoch die Strafen zu verschärfen, anstatt sich überhaupt nur Gedanken zu machen über die bescheidenen Bedürfnisse und

Perspektiven von jungen Menschen, war weder das richtige Mittel noch eine Lösung. Die Gewaltausschreitungen von Jugendlichen in den Metropolen Europas und die empfindlichen Strafen des englischen Premierministers beispielsweise, die im Sommer des Jahres 2011 gegen aufbegehrende junge Leute verhängt worden waren, waren nicht ein Zeichen von menschlicher Stärke. Sie waren vielmehr ein Zeichen dafür, wie Politik – und das in einer Demokratie – in jener Zeit von Un-Menschen gemacht worden war. So war auch der im Jahre 1986 von der sogenannten englischen »Eisernen Lady« begründete »Casino-Kapitalismus« Ursache für die monströsen Auswüchse im Börsen- und Geldhandel der globalen Krisen.

Die Theaterbühne

Was **ist** »Politik« überhaupt? Das Wort kommt aus dem Griechischen und heißt in die deutsche Sprache übersetzt Staats**kunst**. Diese Frage hatte das Mädchen im jugendlichen Alter auch seinem Vater gestellt; dessen Antwort lautete: »Politik ist eine Hure«. Da registrierte das Mädchen zwar, was Politik war, doch zu dem Wort »Hure« bestand erst einmal Erklärungsbedarf. Schließlich verstand das Mädchen dann endlich, was da getan wurde, doch **warum** so etwas getan wurde, war dem Mädchen zeitlebens ein Rätsel geblieben. Die **Politik als Wissenschaft**, die Politologie, also die wissenschaftliche Beschäftigung mit den Erscheinungen des politischen Lebens, ihre Deutung und Einordnung in ein System wissenschaftlicher Kategorien zu betrachten, ist auch eine Möglichkeit. Gegenstand der politischen Wissenschaft ist der dynamische Prozess des Erwerbs, des Gebrauches, der Verteilung, der Konzentration und des Verlustes politischer Macht, der seinen Ausdruck im Ringen unterschiedlicher Geistesströmungen, Wirtschaftsinteressen, Rechtsanschauungen und Glaubensbekenntnissen findet, ausgetragen von Einzelnen und Gruppen, die ihre Ordnungsvorstellungen durchsetzen wollen.

Dazu meinte beispielsweise Otto von Bismarck (1815–1898 n. Chr.):

»Die Politik ist keine Wissenschaft, sondern eine Kunst.« Rudolf Virchow (1821–1902), ein nicht nur als Arzt anerkannter, sondern auch als Politiker tätiger Gegner Otto von Bismarcks, sah in der Politik einen »Kulturkampf« und hielt es für notwendig, »die Regierung in einem Kampfe zu unterstützen, der mit jedem Tag mehr den Charakter eines großen Kulturkampfes der Menschheit annimmt«.

»Politik verdirbt den Charakter« schrieb der Verleger Bernhard Brigl (1831–1892 n. Chr.) im Jahre 1881 in der Berliner Zeitung. In Gustav Freytags Lustspiel »Die Journalisten« (1853) heißt es: »Rauchen Sie Tabak, mein Gemahl, so viel Sie wollen, es verdirbt höchstens die Tapeten, aber unterstehen Sie sich nicht, jemals eine Zeitung anzusehen, das verdirbt Ihren Charakter.« Und ein Spruch aus Deutschland besagt: »Politiker sind wie Tauben: Sind sie unten, fressen sie uns aus der Hand. Sind sie oben, bescheißen sie uns.«

»Politik ist nur der **Spielraum**, den die Wirtschaft ihr lässt«, sagte der berühmteste deutsche Kabarettist und Satiriker in seiner Fernsehsendung »Scheibenwischer« Dieter Hildebrandt. Ob »Politik« nun Wissenschaft oder Kunst ist, darüber gehen die Meinungen auseinander. Sicher ist, dass die **Kunst der Verführung** eine dominante Rolle spielt. Kunst ist die Ausübung angeborener oder erworbener Fähigkeit in hoch entwickelter, spezialisierter Form als Können oder Kunstfertigkeit. Schauplatz der Kunstfertigkeit in der Politik ist die politische Theaterbühne mit hochrangigen Schauspielern, die Zuschauer sind Kunst-Interessierte aus dem Wahl-Volk. Doch die Theaterstücke, die in der Zeit bis zur »Stunde null« beziehungsweise bis zum Ausbruch des »Krieges der Frösche« aufgeführt wurden, entsprachen nicht mehr dem Zeitgeschmack. Die Steuer zahlenden Zuschauer applaudierten nicht mehr und wollten gar ihr »Eintritts«-Geld zurück für die miserablen Aufführungen der unethisch-unmoralischen Stücke, die ihnen geboten wurden. Die »Buh-Rufe« nahmen mehr und mehr zu und wurden lauter und lauter, bis sie die Lautstärke **eines Schreies** annahmen. Die Gesichter der Zuschauer ähnelten mehr und mehr dem Bildnis »Der Schrei« von dem norwegischen Maler Edvard Munch (1863–1944 n. Chr.), einem einflussreichen Wegbereiter des Expressionismus (sein Frühwerk entwickelte sich zu einem

Stil, der die Ausdruckskraft der Linie zu sog- und strudelartiger Wirkung steigerte, der Farbe symbolischen Aussagewert verlieh und thematisch um Einsamkeit, Tod und Geschlechterfeindschaft kreiste).

Eines Tages hatten die betrogenen Zuschauer beschlossen, der »**Theaterbühne der Politik ohne jede Moral**« ganz fernzubleiben. Sie wollten und konnten nicht länger Zeugen der Schlachtfelder korrupter Schauspieler sein, die ihre Machtkämpfe schamlos auf niedrigstem Niveau vor den Augen und Ohren der Theaterbesucher austrugen. Sie wollten und konnten auch nicht länger ihre Kinder und Jugendlichen den Verführungskünsten hochrangiger »Schlächter« von Ethik und Moral aussetzen. Sie wollten, dass aus ihren Kindern, dem teuersten und beschützenswertesten Gut, einmal **Menschen mit guten Charaktereigenschaften** und nicht Un-Menschen werden sollten. Und so waren sie denn auch gezwungen, den Un-Menschen das böse Handwerk zu legen: Immer unter dem Gesichtspunkt »Was moralisch falsch ist, kann nicht politisch richtig sein« (William Ewart Gladstone, 1809 – 1898 n. Chr., englischer Politiker, der sich einem Liberalismus zuwandte, dessen humanitäre Ausrichtung jegliche Gewaltanwendung ablehnte).

Eigentlich hätte sich niemand auf der ganzen Welt Sorgen machen müssen um die damalige Jugend des 21. Jahrhunderts n. Chr. beziehungsweise des 1. Jahrhunderts nach Kriegen. »Die heutige Jugend« ist nicht besser und nicht schlechter als jede andere frühere Jugend, so die weitläufige Meinung jeder früheren Menschheitsgeneration. Manche glaubten gar – angesichts der zunehmenden Gewalt unter den Jugendlichen – die »heutige Jugend« wäre schlechter, als sie es jemals war. Doch gerade das wollte das alte Mädchen **nicht** glauben. Es glaubte an die Jugend und deren friedfertiges Ziel, die Menschlichkeit auf Erden »regieren« zu lassen und die Korruption der Mächtigen jener Zeit aus der Welt zu schaffen. Und vor allem: Die Jugendlichen **wollten gar keine Gewalt** anwenden, sie hatten nur in ihrer (vermeintlichen) Ohnmacht keinen anderen Weg von ihren so genannten »Vorbildern« an der Spitze der Gesellschaft und von ihren Vorfahren bis dato erfahren!

Und das alte Mädchen wusste gar, dass »die heutige Jugend« nicht nur besser war als die Generationen vor ihr, sondern auch noch viel klüger als alle ihre Vorfahren in der ganzen Geschichte der Menschheit! Auch hielten die Jungen stand gegen die Verführungskünste der »Schauspieler« auf der politischen Welt-Bühne. Sie waren gewappnet gegen Lügen und Manipulationen und hätten auch das »Zeug« bzw. das »Teufelszeug« zur Zerstörung zur Verfügung gehabt: den Computer mit seinen globalen Internet-Verbindungen. Dieses Teufelszeug (so die Bezeichnung des alten Mädchens für dieses fragwürdige Werkzeug) war ihnen von den Wirtschafts-Mächtigen zum Zwecke des Wirtschafts-Wachstums schon im Schulunterricht und von Kindesbeinen an als Spielzeug in die Hand gegeben worden, ungeachtet dessen, dass diese Maschinen eher der Lernverhinderung und Verschwendung der Gehirne im Bereich des Denkvermögens dienten, ganz abgesehen davon, dass Kontaktfähigkeit und sozialer Gemeinschafts-Sinn verloren gingen. Zwar hatten die Jugendlichen des damaligen Computer- und Atom-Zeitalters gewusst, dass sie, dank ihrer Fähigkeiten an diesem modernen Gerät, mit einem »Maus-Klick« die ganze skrupellose Welt- und Finanz-Wirtschaft mit ihren Wirtschaftswachstumsquoten und Wirtschaftswachstumsbeschleunigungsgesetzen hätten zum Erliegen bringen können. **Doch**: Dank ihres angeborenen Instinkts für »Gut und Böse« leisteten sie Widerstand gegen die kriminelle Verführungskunst dieser modernen Waffe. Das Internet gab auch die Chance der medialen Transparenz bei der Aufklärung gegen autoritäre Mächte, denen dieses Medium Angst einjagte. Was das Mädchen betraf, so hatte es wohl wieder eine Vorahnung gehabt, dass sich diese »heiß geliebte« neue technische Erfindung – genauso wie alle ursprünglich »zum Wohle« der Menschheit eroberten Neuheiten – letztlich zum Tummelplatz und Spielplatz krimineller Energien entwickeln würde. Der Computer, der das Mädchen im Alter von Mitte 50 bei seiner geliebten jahrzehntelangen Schreibtisch-Arbeit unterstützen sollte, war jedenfalls – entgegen der Vermutung seines damaligen Vorgesetzten – nie sein »Freund« geworden. Auch wenn das Mädchen den Nutz-Effekt dieses »Flimmerkastens« zu schätzen wusste, hat der gesundheitliche Schaden-Effekt für seine äußerst lichtempfindlichen Augen mit der Folge zunehmender schwerster Migräneattacken den vermeintlichen Freund schnell zum »Feind« gemacht.

Inzwischen hatten immer mehr und mehr Kreaturen mit niedriger, verabscheuungswürdiger Gesinnung ein neues kriminelles Betätigungsfeld gefunden und ihre Verführungskünste bei den besonders leicht manipulierbaren unschuldigen jungen Menschen versucht. Auch vor Werbe-Lügen und Etiketten-Schwindel und sogar vor Alkohol-Panschereien schreckten die Profit-Gierigen jener Zeit nicht zurück, die Unerfahrenheit der Jugendlichen auszunützen.

Doch: Die Un-Menschen jener Zeit bis zum geistigen Zeiten-Wandel hatten sich geirrt! Die jungen Menschen hatten nur ein Ziel vor Augen: »mehr Menschlichkeit« und ihr Neues Zeitalter. Sie ließen sich durch nichts und niemanden beirren, ihr Ziel, das folgerichtig den Frieden auf ihrer Welt und ausschließlich Freunde (und keine Feinde) schaffen würde, **ohne** Gewaltanwendung und ohne auch nur einen Tropfen Blut zu vergießen, zu verfolgen. Alle hatten sowieso schon erkannt, dass allein die **Anwendung der Goldenen Regel** die Anwendung von Gewalt ausschließt, denn: »Was du nicht willst, das man dir tu', das füg auch keinem andern zu« beinhaltet alle **Gesetze und Regeln** für ein **friedliches Miteinander**. Es war vor allem die Jugend auf der damaligen un-menschlichen Welt im Atom-Zeitalter des »Plastik-Planeten« Erde, die größte Bewunderung und Anerkennung verdiente bei ihrem beharrlichen Einsatz für »mehr Menschlichkeit und Demokratie«. Mit friedlichen Demonstrationen hatten die jungen Menschen begonnen, ihre friedliche Welt ohne Despoten, zuerst in der arabischen Welt und schließlich in allen Teilen der damaligen Welt zu schaffen. Die Jugendlichen Anfang des 21. Jahrhunderts waren klug genug, um sich nicht mehr – wie im 20. Jahrhundert geschehen – von einem Un-Menschen, wie beispielsweise dem Diktator Adolf Hitler, manipulieren und täuschen zu lassen wie damals die »Hitler-Jugend« im Nazi-Deutschland. Der Mut und die Standhaftigkeit der Jugend zu Beginn des 21. Jahrhunderts in Zeiten hoher

Jugend-Arbeitslosigkeit verdienten mit einer besseren Zukunft belohnt zu werden, als sie die »für dumm verkauften« Menschen früherer Epochen erfahren hatten. Als die Jungen dann auch noch die verheerende Mensch und Natur vernichtende Macht der vielen Atom-Kraftwerke der damaligen Welt brachen und die Atom-Bomben und die unzähligen Waffen-Arsenale abschafften, konnten sie endlich in eine bessere Zukunft, in **ihre Zukunft** und die ihrer Nachkommen blicken. Und: Sie wollten damit den Ausspruch des Komikers Karl Valentin widerlegen, der meinte: »Die Zukunft war früher auch besser!« Und vor allem: Sie hatten verstanden, wie diese, ihre verkehrte Welt in die umgekehrte, einzig richtige Richtung zu lenken war. Sie hatten verstanden, sich gar nicht erst sogenannte Feinde zu schaffen! Das Mittel: der Tauschhandel, eine neue Art des Handels und zugleich des Handelns: der Austausch von Gütern, wie Erd-Schätze gegen Wissensschätze, gegen Know-how also. Die Menschen hatten also doch noch gelernt aus den schlechten Erfahrungen ihrer 14 000 Jahre währenden Geschichte der Völkerschlachten und unzähligen Kriege auf Kosten von Menschenleben und Menschenwürde. Das größenwahnsinnige Trachten nach mehr Macht über Mensch und Natur, nach mehr Glaubensanhängern, nach mehr Ressourcen wie Erdöl und Erdgas und nach ethnischer »Säuberung« hat nur Leid und Elend gebracht über die »gewöhnlich Sterblichen«. Und die Zeilen aus Friedrich von Schillers »Lied von der Glocke« hatten sich bewahrheitet:

> *»Gefährlich ist's, den Leu zu wecken,*
> *Verderblich ist des Tigers Zahn;*
> *Jedoch der Schrecklichste der Schrecken,*
> *Das ist der Mensch in seinem Wahn.«*

VI
Die neue Welt der Menschlichkeit

Die Paradoxa

Doch es bleibt ein großer Trost: All die **gierigen Sterblichen** können nichts in das sogenannte Jenseits mitnehmen. Der Vater des Mädchens pflegte zu sagen: »Das letzte Hemd hat keine Taschen.« Selbst die Pharaonen, die in ihrem Aberglauben meinten, mit den irdischen Reichtümern, die sie in die Grabkammern ihrer Pyramiden mitnahmen, ewig weiterleben zu können, mussten sicherlich eine große Enttäuschung erfahren haben: Zu jener Zeit vor 4000 bis 5000 Jahren waren die einfachsten physikalischen Gesetzmäßigkeiten noch nicht erforscht. Die Menschen fanden keine Erklärung für die vielfältigen Naturerscheinungen und Naturphänomene auf ihrem Planeten Erde und deuteten sie als »Wunder«. Im Volksglauben, den volkstümlichen Glaubensvorstellungen im Bereich des Religiösen und Magischen, waren häufig Reste verdrängter alter religiöser und wissenschaftlicher Vorstellungen noch bis ins 21. Jahrhundert n. Chr. erhalten geblieben. Allerdings ist von Anbeginn bis zum Lebensende die Spezies Mensch ein Opfer ihrer Sinnestäuschungen geblieben. Die einfachste Form der Sinnestäuschung ist die optische Täuschung.

Nur die **Vernunft** (Ratio), das Erkenntnisvermögen also, begreift das jeweilige Ganze oder den totalen Zusammenhang der Erscheinungen. Der **Verstand** ist die allgemeine Fähigkeit, sinnliche oder gedankliche Inhalte im **Denken** aufzunehmen, zu entwickeln oder zu beurteilen. Dem Verstand (auch Intellekt) sind **Vernunft und Geist** untergeordnet. Der Geist (lateinisch: spiritus) ist die Bezeichnung für etwas zunächst Übersinnliches und daher Unfassbares, aber den Menschen Ergreifendes und Begeisterndes. Damit gewinnt der Geist zwei Bedeutungen: Erstens ist er das allgemein belebende, beseelende, übersinnliche Prinzip im Menschen und in allen Dingen, zweitens ist er im Unterschied zur Seele eine besondere unsichtbare Substanz beziehungsweise eine besondere Seins-Stufe. In diesem Falle wird die Seele als Inbegriff der inneren Zustände bestimmt und der Geist als eine höhere Wirklichkeit, die die Seele gewinnt, indem sie erkennt, wertet und die Welt zum Gegenstand des Erkennens macht. Dieser Begriff des Geistes hat drei verschiedene Existenzformen: erstens als individueller Geist der Einzelperson, zweitens als überindividueller Geist der sozialen Gemeinschaft und drittens als absoluter Geist der göttlichen Persönlichkeit.

Zu Beginn des 21. Jahrhunderts n. Chr. war von einem **neuen Zeitgeist** die Rede. **Der neue Geist war endlich der Geist, der erkennt und wertet und die Welt zum »Gegenstand des Erkennens« macht.** 14 000 Jahre lang befanden sich die Menschen auf einer anderen niedrigeren Seins-Stufe und glaubten, dass Kriege zum menschlichen Dasein gehören würden. Doch endlich, endlich dann im 21. Jahrhundert, hatten sie erkannt, was »die Welt im Innersten zusammenhält«, nämlich: der Frieden beziehungsweise Welt-Frieden, das will heißen: eine **Welt-Ordnung ohne Kriege!** Und an Bedeutung gewann plötzlich auch die **Gefühlsmoral**, die ethische Theorie, nach der einzig das Gefühl Kriterium für die Sittlichkeit der Gesinnung sowie die Beurteilung des Handelns darstellt. Der englische Philosoph Anthony Ashley-Cooper, 3. Earl of Shaftesbury (1671–1713 n. Chr.), entwickelte eine Lehre von der Sittlichkeit, die bestimmt ist vom **Glauben an die Harmonie des Weltganzen.** Sittlichkeit wird zur Entfaltung ursprünglicher Naturanlagen des Menschen, das Gefühl zur Erkenntnisquelle und die Religion zu einem inneren Erleben der Weltharmonie. Der irisch-schottische Moralphilosoph und Ästhetiker Francis Hutcheson (1694–1747 n. Chr.) entwickelt, von Shaftesbury ausgehend, die Lehre vom moralischen Sinn, nämlich dass wir ein **angeborenes** – also **genetisch bedingtes** – **Beurteilungsvermögen** für sittliche und unsittliche Handlungen hätten und Egoismus verurteilten, ebenso gäbe es ein **angeborenes ästhetisches Wertgefühl**.

Das Wort »Zeitgeist« taucht angeblich zum ersten Mal in der Schrift von Johann Gottfried Herder (1744–1803 n. Chr.) »Betrachtungen, die Wissenschaft und Kunst des Schönen betreffend« auf, die er im Jahr 1767 veröffentlichte. Mit dem Begriff Zeitgeist wird eine für eine bestimmte Epoche vorherrschende geistige Strömung oder Gesinnung bezeichnet. In Johann Wolfgang von Goethes »Faust I« sprechen sowohl Faust als auch dessen Famulus Wagner vom »Geist der Zeiten« hinsichtlich der **Begrenztheit menschlicher Erkenntnisfähigkeit**.

Das alte Mädchen, das sich zeitlebens mit »Gott und der Welt« beschäftigte, stellte sich auch die Frage: »Was **ist** ein ›Mensch‹?« Und vor allem: »Was zeichnet ihn überhaupt aus, sich als sogenannte ›Krone der Schöpfung‹ über andere Lebewesen zu erheben?« Im Lexikon wird »**Mensch**« so definiert:

In der **Biologie** ist der Homo sapiens eine Säugetierart mit stärkster Entwicklung des Gehirns, insbesondere der Großhirnrinde; die übrigen Organe des Körpers sind dagegen wenig spezialisiert. ... Systematisch gehört der Mensch innerhalb der Herrentiere (Primates) zu den Altwelt- oder Schmalnasenaffen (Catarrhina), innerhalb dieser zum Verwandtschaftsbereich der Menschenaffen (Anthropidea). Biologisch ist der Mensch von den übrigen Tieren nicht verschieden, doch befähigt ihn die starke Entwicklung seines Gehirns im Verein mit einigen anderen Körpereigentümlichkeiten zur Begriffsbildung und zum abstrakten Denken, zur artikulierten Sprache und zum Werkzeuggebrauch; **all diese Fähigkeiten zusammen** heben den Menschen über das übrige Tierreich hinaus und sind die Ursache seiner beherrschenden Rolle in der Natur.

In der **Philosophie** ist die Frage nach dem Wesen des Menschen so alt wie die nach dem Wesen Gottes und der Welt ... Bereits in der Antike wird geltend gemacht, dass der Nus (Geist) übersinnlichen Ursprungs, Träger aller höheren menschlichen Funktionen, besonders der **Erkenntnis**, und von der Seele trennbar ist. Daraus ergibt sich eine Zwei- bzw. Dreiteilung des Menschen in Leib, Seele und Geist. Zugleich entsteht aber auch die Frage nach dem **Zusammenwirken** dieser substantiellen Elemente und nach der Einheit des menschlichen Wesens. Das sog. Psychophysische Problem, d. h. die Frage nach dem Zusammenhang von Leib und Seele bzw. Bewusstsein und Körper, ist hiervon nur ein Teilproblem. Man kann das Wesen des Menschen auch vom (objektiven) Geist aus zu bestimmen suchen: von der Sprache als Grundlage der menschlichen Kultur und von den für den Menschen spezifischen Vergesellschaftungsformen aus.

Zumeist gilt der Mensch als die Krone der Schöpfung, das vollkommenste irdische Wesen, mithin das Endziel der Entwicklung bzw. der Endzweck der Geschichte. In dieser Richtung liegen die zahlreichen Ansätze zu einer Selbstvergottung des Menschen. Dem steht die Auffassung von der Gebrochenheit, Nichtigkeit, dem Elend des Menschen gegenüber. Beide Auffassungen lassen sich aus dem Christentum entwickeln und überschneiden sich besonders in der heutigen Existenzphilosophie.

Das Mädchen war wieder einmal ins Grübeln und dabei zu dem Ergebnis gekommen, dass nur dem Menschen über und durch seine »**spezifischen Fähigkeiten zur Erkenntnis**« ein höherer Rang unter allen anderen Lebewesen zukommt. Der Weg **beginnt** bei der sogenannten **Selbsterkenntnis von Verantwortung** für sich selbst und der Verantwortung für die Lebewesen ohne Erkenntnisfähigkeit. Den Leitfaden bildet das **Wissen zusammen** mit dem **Ge-Wissen**. Den höchsten Rang nimmt dabei die Ethik ein. »Ethik ist ins grenzenlose erweiterte Verantwortung für alles, was lebt«, sagte der evangelische Theologe, Mediziner und Philosoph und Friedensnobelpreisträger Albert Schweitzer (1875–1965 n. Chr.). Die Botschaften und Leitsprüche der Göttin Pythia, des Orakels von Delphi, lauten: »Erkenne dich selbst«, und: »Betrachte und verstehe dich immer selbst im Verhältnis zu anderen«, und: »Nichts im Übermaß«. Was die Menschen zu Beginn des 21. Jahrhunderts

n. Chr. erkannt hatten, war, dass es **so** nicht weitergehen konnte. Mit »so« waren alle Missstände in Politik, Wirtschaft und Religion gemeint. Und was die Menschen jener Zeit brauchten, war mehr Menschlichkeit, viel, viel mehr Menschlichkeit. Die Verbrechen gegen die Menschlichkeit hatten in einem unerträglichen Maße zugenommen, auch in den europäischen Ländern, wobei Deutschland keine Ausnahme bildete. Die Sklaverei beispielsweise, hatte man gemeint, wäre längst ausgestorben gewesen, doch genau das Gegenteil war der Fall. Noch nie in der Geschichte der Menschheit hatte es so viele sogenannte »Sklaven« gegeben, wie eine Untersuchung gezeigt hatte. Menschen aus wirtschaftsschwachen Ländern, die keinen oder nur einen geringen Rechtsschutz genossen, wurden als Arbeits-Sklaven für das Wirtschaftswachstum missbraucht im Vereinten Europa. Die Sklaverei hatte schon einmal, das war damals im 16. Jahrhundert n. Chr., einen neuen Aufschwung genommen, als schwarzhäutige afrikanische Menschen von ihrem Kontinent verschleppt wurden, um sie für die Arbeit auf den Zuckerrohr- und Baumwollplantagen Amerikas einzusetzen. Die Sklaverei war entstanden in der Antike durch den Einsatz von Kriegsgefangenen, die die Wirtschaftsgrundlage und damit die Voraussetzung für die Kulturhöhe von Ägypten, Griechenland, Rom und Babylonien bildeten. Nach römischem Recht stand dem Herrn das Recht über Freilassung, Leben und Tod seiner Sklaven zu.

Und noch nie in der Menschheitsgeschichte hatte es so viele hungernde Kinder und den Hungertod sterbende Menschen gegeben. Die Existenz der wenigen Urwaldbewohner, die es zu jener Zeit noch gab, war durch das Abholzen von jährlich 13 Millionen Hektar Wald durch die Industrieländer ebenso in Gefahr wie althergebrachte Lebensformen. Zu Beginn des 21. Jahrhunderts, einer Zeit, da die Vorherrschaft im Weltraum und auch schon auf anderen Planeten des Universums erstrebt wurde, verfügten die Menschen längst über genügend **Wissen**, das es ermöglicht hätte, die Bevölkerung des Planeten Erde ausreichend mit dem Notwendigen für ein menschenwürdiges Dasein zu versorgen. Doch: Woran es den Verantwortlichen fehlte, war das **Ge-Wissen**, das als moral-psychologisches Phänomen bei bestimmten Handlungen auftretende Gefühl der Schuld oder der Zufriedenheit. Das Gewissen ist wesentlich das Vernunft-Urteil und entscheidet über Wert und Unwert des eigenen Tuns. Ein Gewissens-Konflikt bedeutet einen **Wertkonflikt** beziehungsweise Widerstreit zwischen gleich berechtigten Forderungen, deren eine sich nur auf Kosten der anderen realisieren lässt. Ein »**gutes**« Gewissen ist nur ein Gefühl der Zufriedenheit mit der **eigenen** Entscheidung, die Freude an einer dem egoistischen Interesse abgerungenen Entscheidung. Das kann sachlich ebenso illusorisch sein wie das »**schlechte**« Gewissen, trifft aber **nicht** wie dieses den **Kern unserer Existenz**.

Eines Tages, es war genau der 13. September des Jahres 2011, hatte ein Ereignis von weltweiter Bedeutung das Herz des alten Mädchens höherschlagen lassen: Die Vertreter aller Welt-Religionen trafen sich zum gemeinsamen Dialog in der bayerischen Hauptstadt und beteten gemeinsam zur gleichen Stunde für den Welt-Frieden. Es war eine Sternstunde der Religionsgeschichte und der Anfang der Übernahme von moralischer Verantwortung für die in jener Zeit immer noch wütenden Glaubenskriege. Dem Mädchen fiel bei dieser Gelegenheit unwillkürlich der Satz ein, den der US-Astronaut Neil Armstrong (1939–2012 n. Chr.) am 21. Juli 1969 sprach, als er die Mondfähre verlassen und als erster Mensch seinen Fuß auf den Boden des Mondes gesetzt hatte:
»Dies ist ein kleiner Schritt für einen Menschen, aber ein riesiger Sprung für die Menschheit.«
Diese Meinung konnte »die Menschheit« vier Jahrzehnte später angesichts der verheerenden Zustände auf dem Planeten Erde allerdings nicht teilen. Ihr Planet befand sich im Atom-Zeitalter nach dem Zweiten Weltkrieg in einem unwürdigen und geschundenen Zustand wie seine Menschheit selbst, die auf ihm ihren Kampf ums Dasein führte.

Die Welt war seinerzeit aus den Fugen geraten. Dann endlich erwachte die sogenannte »Menschheit« aus ihrem Jahrtausende währenden Dornröschenschlaf. Die Menschen überall auf der Welt gingen auf die Straßen und begannen sich in friedlicher Absicht und ohne Anwendung jeglicher Gewalt zu wehren gegen Unterdrückung und die Misswirtschaft verantwortlicher Politiker.

»Die Menschheit« ließ sich nicht mehr »für dumm verkaufen«, und sie war nicht mehr dumm und blind, wie Heinrich Heine in einem seiner Gedichte meinte: »Die Welt ist dumm, die Welt ist blind, wird täglich abgeschmackter«. In seiner Romanze »Die Grenadiere« in seinem »Buch der Lieder« taucht gar ein Vers auf wie:

»Was schert mich Weib, was schert mich Kind?
Lass sie betteln gehen, wenn sie hungrig sind!«

Die Welt im **Neuen Zeitalter der Menschlichkeit wollte** nicht mehr betrogen werden, entgegen der Aussage eines Sebastian Brant (Satiriker, Jurist und Stadtschreiber, 1457–1521 n. Chr.) in seiner Satire »Das Narrenschiff« (1494): »Die Welt will betrogen sein.« Der katholische Priester Sebastian Franck (1499–1542 n. Chr.) äußerte gar in seiner »Paradoxa« (1533):
»Die Welt will betrogen und belogen sein
Und nur mit Wahn geäfft und regiert werden.«
Oder:
»Die Welt will betrogen werden, also soll sie betrogen werden.«

Für derlei Ansichten war im Neuen Zeitalter kein Raum mehr, ebenso wenig für die Un-Menschen, die sie vertraten. Die Menschen stellten sich Fragen wie: »Brauchen wir einen Papst?« oder »Brauchen wir Politik?« Oder: »Was brauchen wir überhaupt?« Was die Menschen jener Zeit in erster Linie brauchten, war: **endlich Frieden in Politik und Religion.** Sie brauchten endlich: **»Einigkeit und Recht und Freiheit«** (aus der Nationalhymne des wiedervereinigten Deutschland). Und was sie vor allem brauchten: würdige »Vertreter« in Politik und Religion, die ihre Hausaufgaben machten für das Haus Europa, für das Haus Gottes und für das große Gebäude »Welt«, das aus seinen Fugen geraten war. Die Hausaufgaben hatten ein gemeinsames

Motto: »**Mit-einander** und **Für-einander**«. Sie hatten auch einen gemeinsamen Lehrsatz: »Was du nicht willst, das man dir tu', das füg auch keinem andern zu«, und ihre Hausaufgaben waren zu erfüllen mit der Fähigkeit zur Erkenntnis der Bedeutung und Aussagekraft des Satzes »Stärker als das, was uns unterscheidet, ist das, **was uns vereint**«. Was auch bedeutet »Gemeinsamkeiten in den Vordergrund stellen«.

Kaum wahrnehmbar und langsam, sehr langsam, aber sicher hatte die Welt Fortschritte gemacht in Sachen »Menschlichkeit«. Den Anstoß gegeben hatte mit Sicherheit der außergewöhnliche Rücktritt des Papstes. Seine Gründe waren wohl, »die Rettung der Welt« aus ihrem moralischen Untergang voranzutreiben und als Vorbild im Kampf gegen die herrschende Macht-Gier voranzugehen, ein Rettersyndrom also, davon war das Mädchen überzeugt. Es hatte schon lange auf Unterstützung in seinem »**Rettersyndrom**« gehofft, denn klar war natürlich, dass es die Welt nicht würde alleine retten können! Damals – am Tag des Papstrücktritts – hatte es wie elektrisiert dem Geschehen auf dem Bildschirm zugeschaut und sich von Zeit zu Zeit die Augen gerieben, um zu prüfen, ob das, was es da zu sehen bekam, nicht etwa ein Faschingsscherz am Rosenmontag war, der auf den 11. Februar 2013 fiel. Doch es war Wirklichkeit! Was sich dort vor den Augen des Mädchens abgespielt hatte, deutete es als Sternstunde – vielleicht sogar als »Wink« Gottes (?!) – und der Schritt des Papstes, anstelle des Petrus-Schlüssels den Zauberschlüssel zum Frieden zu tragen, versetzte es in Begeisterung und auch in Erleichterung: Denn, es war nicht mehr alleine mit seinem Zauberschlüssel zum Frieden, und der Friedensprozess konnte sich nun endgültig Bahn brechen.

Papst Benedikt XVI. hatte es schon einmal fertiggebracht, das Mädchen zu überraschen und zu verzaubern. Was war es, das solchen Zauber ausübte, hatte sich das Mädchen damals voller Erstaunen gefragt. Bestimmt war es der »Zauberschlüssel« als Symbol der Binde- und Lösegewalt für den **Frieden auf Erden** unter seinem Talar. Darin war sich das Mädchen ganz sicher. Sicher war es sich allerdings nicht, ob die Politiker, ohne in die niedrigere

Seins-Stufe eines Frosch-Lebens katapultiert werden zu müssen, so einfach »davonkommen« würden. Angesichts des pubertären und respektlosen Verhaltens einiger Politiker beim Auftreten des Papstes im Parlament des »Wirtschaftswunder-Landes« damals am 22. September 2011 erschienen sie dem Mädchen ganz und gar nicht würdig, auch ihre Wähler mit Respekt und der ihnen zukommenden Würde zu vertreten. Die Argumente für das Fernbleiben zahlreicher Abgeordneter im Bundestag beim Besuch eines höchsten Würdenträgers waren nicht akzeptabel. Ihre Kritik am Umgang der Kirche mit den Opfern von Missbrauch war zwar berechtigt, doch stand sie in keinem Verhältnis zum gebührenden Anstand gegenüber dem Besuch. Der Umgang mit ihren eigenen Opfern, den Wählern nämlich, die sie mit Lügen und Verachtung straften, gaben ihnen nicht das Recht, die einfachsten Anstands-Regeln gegenüber einem Gast, der die Politiker zu mehr **Moral und Verantwortung** aufrief, zu missachten, zumal ihre Moralität, also ihre Gesinnungsethik, die Übereinstimmung einer Handlung mit dem Sittengesetz mehr und mehr zu wünschen übrig ließ.

Denn wie sagte William Ewart Gladstone noch?

*»Was moralisch falsch ist,
kann nicht politisch richtig sein.«*

Die Parlamentarier hatten die Wertigkeit des Papstbesuches unterschätzt, weil sie auch den Wert von Moral in der Politik unterschätzten und damit auch das neue Werte-Gefühl im neuen Zeitgeist des Zeitalters der Menschlichkeit. Manche werteten die Ansprache des Papstes im Bundestag nur als »Philosophie-Stunde« und erkannten schon damals nicht, dass es eine **Sternstunde** in der Geschichte der Kirche und der Menschheit war und ein Aufbruchssignal für die Gesellschaft. Sie erkannten auch nicht die neuen Impulse für **Gerechtigkeit** und **Verantwortung** und für das **Gewissen** als Maßstab ihres politischen Handelns. Der Gerechtigkeit dienen, heißt dem Frieden dienen. Was das Mädchen betraf, so genoss es, mit anzusehen, wie die Politiker still dasaßen wie Schulbuben und den mit Intellekt und auch mit Humor formulierten Mahnungen ihres Besuches zuhörten und einmal nicht aus egoistischen Interessen herumstritten. Und das Mädchen war heilfroh, dass es bei der Aufgabe, »die Welt zu retten«, der Papst übernommen hatte, die schwierigste Gruppe, nämlich die Politiker, »ins Gebet« zu nehmen. Es war sowieso schon viel zu sehr beschäftigt mit seinem »Märchen-Buch« vom Neuen Zeitalter der Menschlichkeit und musste mit seinen verbliebenen Energien gut haushalten. Außerdem, dachte es, hätten sowieso die Politiker dem Mädchen kein Ohr geschenkt, hätte es selbst im Bundestag den Parlamentariern die Leviten lesen wollen. Auch wäre seine Erziehung zur Ehrlichkeit dem Mädchen ein zu großes Hindernis gewesen, so vielen Lügnern »Aug in Aug« gegenüberzutreten. Nie konnte es beispielsweise vergessen, was Walter Ulbricht (1893–1973 n. Chr.) als Vorsitzender des Staatsrates der DDR auf die Frage nach dem Mauerbau ungerührt geantwortet hat: »Niemand hat die Absicht, eine Mauer zu errichten.« Das geschah in einer denkwürdigen Pressekonferenz am 15. Juni 1961, nachdem die Pläne zur Teilung Deutschlands wegen der immerfort ansteigenden Zahl der Flüchtlinge aus der damaligen DDR bekannt geworden waren. »Die Bauarbeiter unserer Hauptstadt beschäftigen sich hauptsächlich mit Wohnungsbau, und ihre Arbeitskraft wird voll dafür eingesetzt«, so hatte er die Korrespondentin der Frankfurter Rundschau und die ganze Welt angelogen. Knapp zwei Monate später begann in der Nacht vom 12. auf den 13. August 1961 am Brandenburger Tor in Berlin der **Mauerbau**. Doch selbst die dicksten Mauern hatten die gewaltlose Wiedervereinigung Deutschlands am 3. Oktober 1990 nicht verhindern können.

Es war vor langer Zeit, damals im Jahre 2011 n. Chr., als das **vereinte Europa** ins Wanken geriet: Die einheitliche Währung, der Euro, hatte die einst wirtschaftlich konkurrenzfähigen europäischen Länder zu Schuldenländern und deren Bürger allesamt generationenübergreifend zu Schuldnern gemacht. Die Solidarität der Nachbarländer war bewundernswert groß, doch sie endete im Bewusstsein der Ungerechtigkeit. Ungerechtigkeit empfanden die »gewöhnlich sterblichen Menschen« im Vereinten Europa, weil sie an der

Zahlungsunfähigkeit ihrer »heruntergewirtschafteten« Nachbarn keinerlei Schuld traf. Die negative Entwicklung einer **gemeinsamen** Währung wäre allein durch die Erkenntnis der Bedeutung **unterschiedlicher** klimatischer und mentaler **Wurzeln** der Menschen im Nord-/Süd-Gefälle (wie auch im Ost-/West-Gefälle) vorauszusehen gewesen. Was die Menschen, die europäischen und **alle** Menschen **vereint**, ist das Streben nach **Gerechtigkeit**! **Ungerechtigkeit schafft Unfrieden!** Doch gerade Unfrieden war es nicht, was die Europäer wollten, diesen hatten sie lange genug in ihrer gemeinsamen Geschichte mit kriegerischen Auseinandersetzungen erlitten. Was sie wollten – und das zu Recht –, war, dass die für die Wirtschaftskrisen und die Euro-Krise Verantwortlichen in Finanzwelt, Wirtschaft und Politik zur Rechenschaft gezogen würden. Nicht die einzelnen Bürger und Steuerzahler durften für die un-ethisch handelnden Investment-Banker und die unfähigen Staatsoberhäupter in der Haushaltspolitik »bluten«. Nur **die Verursacher** der gigantischen Schuldenberge haben naturgemäß – aus eigenen Mitteln – die Finanzmärkte wieder in Ordnung zu bringen und bei sich selbst Sparmaßnahmen zu ergreifen und neue Regeln und Kontrollen im Banken- und Börsen-System und in der Staats-Haushalts-Verwaltung aufzustellen und vor allem durchzusetzen.

Ausschließlich die Finanzmärkte zu beruhigen und **deren** Vertrauen wiederzugewinnen, war das einzige Ziel der Krisen-Manager. Das Vertrauen der Bevölkerung allerdings hatten sie für immer »verspielt«. Die verantwortlichen Politiker glaubten gar, sie könnten mit neuen »Regeln und Kontrollen« im Finanzsystem die moralisch-ethischen Entgleisungen der Börsen-Makler und Banker zügeln. Auch an die einfachste Regel, wie die für alle und jeden geltende »**Goldene Regel**«, würden sich diese Un-Menschen nicht halten wollen, weil es ihnen an Gewissen und am Bewusstsein für Verantwortung und Gerechtigkeit fehlte. Wie Gerechtigkeit, die Grundlage der Gemeinschaftsordnung, fälschlich verstanden wird, hat der Lyriker und Humorist Eugen Roth (1895–1976 n. Chr.) treffend in einem seiner Verse formuliert:

»*Gerechtigkeit*

Ein Mensch sieht hundert Menschen harren:
Sie stellen an sich um Zigarren.
Doch öffnet ihm ein Sesam-Wörtchen
Ein sehr bequemes Hinterpförtchen.
Doch jetzt vorm Bäcker – welche lange,
Und giftgeschwollene Anstehschlange!
Der Mensch, verbindungslos hier ganz,
Stellt seufzend sich an ihren Schwanz.
Schlüpft da nicht wer ins Nebenhaus?
»Ha!« grollt der Mensch, die Welt entpuppt
Doch täglich neu sich als korrupt«
Und bringt, damit dies würde rochen,
Des Volkes Seele wild zum Kochen,
So dass Beleidigungen tödlich,
Den treffen, der so eigenbrötlich.
Der Mensch, der fast schon in Gefahr,
Dass er ein Unmensch würde, war,
Besinnt sich noch zur rechten Zeit
Der höheren Gerechtigkeit:
Nur müssen es die eignen sein!«

In jener Zeit der Schulden-Politik hatte es zum Glück dann doch noch Menschen mit der Erkenntnisfähigkeit zur Rettung der Euro-Länder gegeben, sie begriffen nämlich, dass ein sogenannter »Rettungs-Schirm« nicht würde zu neuer Wettbewerbs-Fähigkeit verhelfen können. Denn: Eine einmal in Gang gesetzte Rettung, beginnend mit Griechenland, der Wiege der Demokratie, hätte die Wirkung eines Perpetuum mobile, einer dauernd laufenden Maschinerie also, zur Folge, die einen nach dem anderen rettet, so lange, bis für den allerletzten Retter kein weiterer Retter mehr vorhanden wäre. Und vor allem wurden der Bevölkerung übermenschliche

Anstrengungen aufgebürdet, deren alleinige Erfüllung weder gerechtfertigt noch einem Wirtschaftswachstum durch »zu Tode sparen« förderlich waren. In jener Zeit hatte es glücklicherweise auch Menschen gegeben, die den besagten Schirm nicht als Geld-Segen, sondern als einen Segen der Erleuchtung und ein Symbol des Feigenbaumes betrachten konnten, unter dem Buddha seine Erleuchtung erlangt haben soll.

Bei der Abarbeitung der astronomischen Schuldenberge hatte ein bislang unbescholtener Bürger des Euro-Landes Deutschland, seines Zeichens Steuerberater, der **Zweifel an der Rechtmäßigkeit der Bürgschaften** hegte, die durch geltenden Vertrag zwischen den Ländern ausgeschlossen waren, eine sittlich verwerfliche Maßnahme ergriffen: Er stellte so lange seine Steuerzahlungen an den Staat ein, bis dieser die Steuermittel für sein **eigenes Land** und das **Wohl der eigenen Bevölkerung** zweckmäßig und gewissenhaft verwenden würde. Er ließ seine Steuerabgaben von einer Treuhand-Gesellschaft verwalten, wo er sein erarbeitetes Geld verantwortungsvoller aufbewahrt wusste. Ihm gefolgt waren damals allerdings nicht seine Mit-Menschen mit Sinn für Recht und Gerechtigkeit. Der größte »Retter« im Euroraum, ein selbst bereits verschuldetes Land, konnte beispielsweise nicht einmal Steuergelder für hygienisch zumutbare Toiletten und einigermaßen gesundes Essen an öffentlichen Schulen zur Verfügung stellen, noch einen eigenen schuldenfreien Staatshaushalt, noch eine Renten-Formel ohne Absturz in die Armut zustande bringen. Ökonomisch wichtige Subventionen abbauen und für falsche, Mensch und Natur schädigende Förderungen einsetzen und Staatsschulden aufnehmen, das war damals die Devise. Ein Rettungsschirm nach dem anderen und Bürgschaften für die Verursacher der weltweiten Finanzkrise, die in den Vereinigten Staaten von Amerika ihren Anfang genommen hatte, sollten die Finanzwelt wieder in Ordnung bringen, anstatt den Spekulanten durch Gesetzesmaßnahmen das Handwerk zu legen.

Die Verderbtheit der Gesellschafts- und Dienstmoral hatte Anfang des 21. Jahrhunderts n. Chr. ihren Höhepunkt erreicht und dem »gemeinen Volk«

unmenschliche Sparmaßnahmen zur Rettung der **Un**-Menschen zugemutet.

Doch zum großen Glück war dann **im Neuen Goldenen Zeitalter** der Menschlichkeit ja endlich der Schlüssel zur Gerechtigkeit, der Zauberschlüssel zum Frieden, erfunden und auf den Markt gekommen und bestimmte fortan auch die Marktwirtschaft: Er besaß die Kraft und auch die Macht, »Menschen« von »Un-Menschen« zu unterscheiden und das Böse aus der Welt zu schaffen, wenn auch immer Vorsicht geboten war. So sollte die Warnung der Schriftstellerin Gisela Solms-Wildenfels keinesfalls in den Wind geschlagen werden.

»Vorsicht, ein Loch!
Stürz' ja nicht hinein,
das Böse schläft nie
und stellt dir ein Bein;
drum sei auf der Hut,
stets umsichtig sein,
das Böse schläft nie,
es ruht nur zum Schein!

Und so war dann schließlich aus dem gewaltlos vereinten Deutschland ein gewaltlos, in Gerechtigkeit vereintes Europa und dann auch eine gewaltlos, in Gerechtigkeit vereinte Welt geworden, vereint im gewaltlosen und märchenhaften »Krieg der Frösche« gegen die Un-Menschlichkeit. Der »Schlüssel zum Frieden«, der Zauberschlüssel, hatte reißenden Absatz gefunden, während alle anderen Produkte erst nach Prüfung auf ihre einwandfreie Herkunft, faire Herstellung und Wirksamkeit untersucht werden mussten. Handys beispielsweise, deren Mobilfunk-Unternehmen das zur Herstellung erforderliche Mineral Coltan für die Elektronik nicht auf **faire** und legale Weise in Australien kauften, fanden keine Abnahme mehr. Damit war dem Coltan-Abbau in ungesicherten Stollen durch versklavte Menschen im Kongo, die die Profitgier brutaler Kapitalisten mit ihrem Leben und ihrer Gesundheit bezahlten, Einhalt geboten. Und ein Ende fand dann auch der bereits 15 Jahre währende Krieg im Kongo, der vorwiegend durch die »preiswerte« Handy-Herstellung sozial verantwortungsloser Mobilfunk-Unternehmen finanziert worden war. Endlich war eine Fairtrade-Kampagne für einen gerechten und die Menschenwürde achtenden Handel, auch in der Nahrungsmittel- und Bekleidungsindustrie, ins Rollen gekommen.

Den vielen Rettungsschirmen waren infolge übermäßigen Strapazierens inzwischen alle Speichen gebrochen, und alle Unionen, die sich Schulden-Unionen genannt hatten, waren vor einem endgültigen Auseinanderbrechen nur noch durch einen gegenseitigen Schuldenerlass (und nicht etwa eine »Vergemeinschaftung« von Schulden!) gerettet worden. Schulden-Politik zu betreiben, war dann endlich un-modern geworden. Und überhaupt alles, was einmal an unsinnigen Neuerungen modern war, war plötzlich unmodern geworden. Die verkehrte, aus der Bahn geratene Welt wurde wieder in ihre richtigen Umlaufbahnen gerückt. Die unfähigen Staatsmänner waren zur Einsicht gekommen und räumten freiwillig ihren Stuhl nach maximal einem einzigen Jahr, wenn sie den Staatshaushalt nicht zur Zufriedenheit ihres eigenen Volkes in Ordnung halten konnten, denn ihnen war schon sehr bald der Klebstoff für ihre Stühle ausgegangen, auf denen sie klebten. Den »Stoff« für ihre Träume hatten gleichgesinnte Spezl (hochdeutsch: Günstlinge) geliefert, die in ethisch-moralischer Verantwortungslosigkeit Mensch und Natur »bewirtschafteten«. Im Zeiten-Wandel hatte auch ein Sinnes-Wandel stattgefunden. Die Menschen wandten sich Menschen und Einrichtungen zu, die ihre einfachen Bedürfnisse nach einem **menschenwürdigen** Leben mit der Fähigkeit zu Verantwortung erfüllen konnten.

Einigkeit im Streben nach mehr Menschlichkeit und Gerechtigkeit und damit dem Frieden war der Kitt, der die Menschen im Neuen Zeitalter zusammenhalten und die aus den Fugen geratene Welt hatte reparieren können und nicht etwa eine gemeinsame Währung. »Geld macht nicht glücklich, aber beruhigt die Nerven« hatte es einmal geheißen, doch dann hatte selbst das »liebe Geld« die Nerven nicht mehr beruhigen können, weil »Geld« den »Nerv der Zeit« nicht mehr traf und aus »Geld« »Schulden« geworden waren. Der einstige Spruch »Geld regiert die Welt« war abgewandelt worden und lautete nun »Schulden regieren die Welt«, und das Geld hatte damit seinen Stellenwert verloren. Von Bedeutung für das Leben von Mensch und Natur war nur noch der Umgang mit moralischer **Verantwortung** für die Würde allen Lebens. Das Geld war vordem in dunkle Kanäle geflossen und infolge dunkler Geschäfte in Sekundenschnelle per globalem Internet in Börsenhandel und Bankenhandel vernichtet und spurlos verschwunden. Einstmals hatte auch der Umgang mit Schulden und Schuldnern die fähigsten »Schulden-Manager« hervorgebracht und der Staat hatte das größte Ansehen genossen, der die wenigsten Schulden »erwirtschaftete« und die niedrigste Schuldenwachstums-Quote vorzuweisen hatte und so den Rang des Staates mit der größten Wirtschaftswachstums-Quote einnahm.

Es war einmal eine verkehrte Welt, die einen grundlegenden Wandel erfahren sollte in jener Zeit zu Beginn des 21. Jahrhunderts. Erst hatte sich ein Klima-Wandel vollzogen, dann ein Wandel der Menschen, die auf dem Planeten Erde lebten. Ein neuer Zeit-Geist erfasste die Erdenbürger und verwandelte sie in verantwortungsbewusste Lebewesen, ganz neue Wertevorstellungen drückten sich in altbekannten Redewendungen wie »Leben und leben lassen«, »vivre et laisser vivre«, aus, Worte wie **Mensch-Sein** und **Da-Sein** hatten einen Bedeutungswandel erfahren. Die Menschen erkannten, dass nur ein Miteinander auch den eigenen ganz **persönlichen Erfolg** gewährleistet und Gewinn bringt. Schon Johann Gottfried Herder schrieb 1787: »Eine schöne Menschenseele finden, ist Gewinn«. Und ein Gewinn für einen Staat konnten auch nicht Staatsbürger sein, die er mit übermenschlichen Sparmaßnahmen zur Arbeit bis zum Rand der Erschöpfung zwang und arbeitsunfähig machte, abgesehen davon, dass das kontraproduktiv war. Ein Gewinn für den Staat sind weder erschöpfte noch kranke Menschen.

Gesundheitsfördernde Maßnahmen und **Prävention am Arbeitsplatz schützen** den einzelnen Menschen und den Staat (der Staat, das sind WIR: »Wir sind der Staat«) und wir tragen in der Solidargemeinschaft die Kosten für unsere kranken Mitmenschen mit unseren stetig steigenden Krankenversicherungsbeiträgen. WIR müssen uns also schützen vor krank machenden Einflüssen jeglicher Art. **Und:** Maschinen müssen dazu dienen, den Menschen die Arbeit zu erleichtern und nicht dazu, deren Arbeit zu ersetzen. **Und:** Steuergelder müssen gerecht erhoben und verteilt und vorrangig in Bildung und Gesundheit investiert werden.

»Wir müssen uns helfen lassen« und »Rette sich, wer (und die Welt) kann«, dachten die Menschen im Wandel der Zeit. Plötzlich breitete sich das Rettersyndrom, das das Mädchen schon lange befallen hatte, auch unter seinen Mitmenschen weltweit aus. Und sogar sein Sprachfehler – jedes zweite Wort lautete bei ihm »Frieden« – und sein Schreibfehler – automatisch notierte seine Schreibhand zwischen geschriebenen Zeilen beständig das Wort »Frieden« – übertrug sich auf alle Menschen. »Frieden können wir schaffen, wenn wir für Gerechtigkeit sorgen und Gerechtigkeit können wir schaffen, wenn wir für Menschlichkeit sorgen«, so dachten die »neuen« Menschen und stellten endlich ihre **Gemeinsamkeiten** in den Vordergrund allen Handelns.

Als das Mädchen sich im Alter von 70 Jahren bei der Rettung eines alten, vom Abriss bedrohten kleinen Hauses so sehr übernommen hatte, dass es krankenhausreif geworden war, war sein Rettersyndrom noch einmal voll zum Ausbruch gekommen: Während eines mehrwöchigen Krankenhausaufenthalts teilte es einmal sein Zimmer mit einer alten Dame. Sie rief des Nachts jede Stunde »Hilfe« und weinte gar bitterlich. Jedes Mal, wenn die Hilferufe ertönten, nahm das Mädchen einen Stuhl und setzte sich ans Krankenbett seiner Mitpatientin, um die Ursache für ihre ganz offensichtlich verzweifelte Lage zu erforschen und vielleicht helfen zu können. Wie sich herausstellte, sollte die alte Dame dasselbe Schicksal ereilen, wie so viele alte Menschen jener Zeit: Ihre Tochter wollte sie in ein Alten- und Pflegeheim »abschieben« und das Haus ihrer Mutter nach eigenen Interessen gewinnbringend aus- und umbauen. Den bescheidenen Bedürfnissen der alten Dame nach ein wenig Hilfsbereitschaft und häuslicher Geborgenheit hatte »ihr eigen Fleisch und Blut« keine Beachtung schenken und auch nichts von der ihm zuteilgewordenen Mutterliebe zurückgeben wollen.

Zur »Endstation« der alten, geistig durchaus nicht verfallenen, auf Ordnung und Hygiene bedachten Dame, gehörte auch ein Rollstuhl mit »Klo«, auf dem sie »ihr Geschäft« verrichten sollte. Die Dame wehrte sich mit Händen und Füßen gegen diese unwürdige Behandlung, doch die Pflegeschwestern im Krankenhaus hatten keine Zeit, sie ein paar Schritte auf die Toilette zu begleiten, und zwangen sie, auch ihr »großes Geschäft« auf diesem Folterstuhl – so bezeichneten die alte Dame und das Mädchen dieses Sitzgerät – zu verrichten. Als nach etwa einer geschlagenen Stunde das Frühstück ins Zimmer gebracht wurde, war die stinkende Schüssel immer noch nicht ausgeleert! Das Mädchen hatte sich angesichts dieser Essens-»Kultur« erbrechen müssen; daraufhin half es der alten Dame auf einen »normalen« Stuhl am Esstisch und schob kurzerhand den Folterstuhl vor die Tür des Krankenzimmers, der nie mehr gebraucht wurde, solange das Mädchen diesen seinen Mitmenschen im Krankenhaus betreute. Fortan führte das Mädchen trotz seiner Arthroseschmerzen in den Gelenken die Dame zur Toilette, half ihr ein wenig beim Ankleiden, beim Zubereiten der Brotscheiben in mundgerechte Stücke und beim Flechten ihres Zopfes. Die Dame wurde von Stunde zu Stunde selbständiger und selbstbewusster, bedurfte kaum noch der Hilfe und hatte sogar wieder das Lachen gelernt. Nur das Mädchen musste eine Rüge des Krankenhauspersonals einstecken, das meinte, das Mädchen wäre »auffällig« geworden und solle sich nicht um die Mitpatienten kümmern. Doch gerade das war es, was das Mädchen nicht fertiggebracht hatte, nämlich der unwürdigen Behandlung einer im Alter hilfsbedürftigen Frau, die ein Leben lang gearbeitet und gesorgt hatte, untätig zuzuschauen. Wie menschenunwürdig ein in der Gesellschaft vermeintlich ethisch hochstehender

Mensch, ein Arzt, einen seiner operierten Patienten behandelte, musste das Mädchen zu seinem Leidwesen auch noch mit ansehen: Es war im Krankenhaus Zeugin eines »Gesprächs« zwischen dem Chirurgen und einem an den Rollstuhl »gefesselten« frisch operierten Patienten geworden; dieser bekam auf seine Frage nach einem Wechseln des Verbandes zur Antwort: Sicher sei nur, dass wir sterben müssten, aber nicht, dass sein Verband heute noch – nach inzwischen verstrichenen drei (!) Tagen – gewechselt würde.

Tief erschüttert entfernte sich das Mädchen und beschloss, den ihm bei seiner Krankenhausaufnahme ausgehändigten »Fragebogen für unsere Patientinnen und Patienten« sorgfältig und pflichtbewusst auszufüllen. Darin hieß es nämlich: »Wir sind bemüht, die Betreuung und Versorgung an den Bedürfnissen unserer Patienten auszurichten und unsere Qualität kontinuierlich zu verbessern. Wir sind daher auf Ihre Mithilfe angewiesen.« Selbstverständlich wollte das alte Mädchen zur Qualitätsverbesserung beitragen und merkte sogleich, dass ein paar »Kreuzchen« auf dem Fragebogen nichts ausrichten würden können. Es opferte viele Stunden, um seine Verbesserungsvorschläge zu Papier und »an den Mann« zu bringen. Bei dem »Mann« handelte es sich um den **Qualitäts-Manager** der Klinik – wie er sich nannte. Das Mädchen hatte ihn während seines Krankenhausaufenthaltes persönlich aufgesucht und erfahren müssen, dass er sehr wohl um die dringend nötigen Verbesserungen wisse, jedoch die hierfür erforderlichen Mittel gar nicht im Budget der Krankenkassen vorhanden seien. Hierbei stellte sich die Frage nach der Notwendigkeit der Beschäftigung eines hoch dotierten Qualitäts-Managers und der Aushändigung eines Fragebogens für die Patienten, während der Mangel an Hygiene-Ärzten und Krankenhaus-Personal zu steigenden Infektionserkrankungen infolge von Krankenhauskeimen führte. In der oberbayerischen Landeshauptstadt mussten sogar wegen mangelnder Hygiene im Jahre 2010 mehrere Krankenhäuser geschlossen werden. Wo doch schon eine – preiswerte – Voruntersuchung auf mögliche eingeschleppte Keime durch Isolierung neu angekommener Patienten – wie bereits in Schweden erfolgreich praktiziert – kostenintensive

Folgebehandlungen verhindern könnte! Das Mädchen selbst hätte »um ein Haar« wegen einer solchen schweren eitrigen Krankenhausinfektion, die beim Entfernen von Lymphknoten entstanden war, sein Leben lassen müssen. Wie durch ein »Wunder« hatte der Eiter nicht den Weg in die Blutbahn, sondern nach außen gesucht und so eine tödliche Sepsis verhindert, nicht aber die schier unerträglichen Schmerzen. Waren denn nicht Infektiosität in Krankenhäusern und die erforderlichen Schutzmaßnahmen schon seit Ignaz Semmelweis (1818–1865 n. Chr.) bekannt? Und es waren nicht nur die Krankenhaus-Keime, die sich eines hohen Wachstums erfreuten, es waren auch die Kosten für die Krankenhaus-Gebäude, die Versicherungs-Gebäude und -Beiträge, die Verwaltungs-Gebäude und der aufgeblähte Verwaltungsapparat wie das gesamte Gesundheitssystem, das Auswüchse eines unbeherrschbaren Monsters zeigte. Auswüchse zeigte auch die steigende Anzahl der chirurgischen Eingriffe, den kostenintensivsten medizinischen Maßnahmen, besonders bei Rücken- und Gelenkerkrankungen, von denen lediglich 10 Prozent (!) gerechtfertigt waren, wie es hieß.

Und Auswüchse zeigte neben dem Waffen- und Menschenhandel auch der sogenannte Menschen-Organ-Handel. Er erlebte seinerzeit seine Blütezeit. Zum Zwecke des Organ-Handels war sogar extra ein **neuer Tod erfunden** worden: der sogenannte Gehirn-Tod. Die Spendenbereitschaft und Spendenfreude der damaligen Menschen war so weit gegangen, dass sie sich – oder gar ihre Kinder – im Falle eines solchen »Todes« bei lebendigem Leibe »ausschlachten« ließen für geeignete Empfänger ihrer Organe. Die Warteliste für Spenderorgane war so lang, dass die Politiker erwogen, jeden Menschen **gesetzlich** zu verpflichten, sich als Organspender zur Verfügung zu halten, solange er nicht selbst tätig und Widerspruch einlegen würde. Damit wäre jedes neugeborene Menschlein – obwohl die Unversehrtheit eines Kindes in den Menschenrechten gesichert war – zum potentiellen Organspender per Gesetz abgestempelt, bevor sich die Frage nach seiner ganz **persönlichen Entscheidung** aus ethischen oder religiösen Erwägungen überhaupt stellte. Aus moralischen Vorbehalten zum einen, weil »Eltern für ihre

Kinder haften und an ihrer Stelle entscheiden müssen«, und zum andern, weil in der Zeit Anfang des 21. Jahrhunderts gar nicht bewiesen war, ob nicht der »ein bisschen Tote«, insbesondere der Unfallverletzte, auch Schmerzen erleiden müsse bei der Organentnahme. Die Ärzte jener Zeit standen der Art und Weise der Verpflanzungen äußerst skeptisch gegenüber, resultierend aus ihren praktischen Erfahrungen in den Krankenhäusern. Es war sogar zu Organspende-Skandalen gekommen infolge betrügerischer Manipulationen in den Wartelisten. Ein Arzt beispielsweise, der sich zum Organspender erklärt hatte, machte für die Entnahme eines seiner Organe nach dem erklärten Gehirn-Tod eine totale Schmerzbetäubung zur Bedingung. Auch ließ ein Fall alle Menschen aufhorchen, bei dem bekannt geworden war, dass eine schwangere Frau, deren Gehirntod bereits festgestellt worden war, ihren Fötus noch drei Monate lang mit allem Lebensnotwendigem hatte versorgen können. Skepsis an der Experimentierfreudigkeit mit menschlichem Leben hatte einen weiteren Arzt dazu bewogen, seinen während des Medizinstudiums gefassten Entschluss, sich für eine Organspende zu entscheiden, aufgrund seiner Erfahrungen bei den angewandten Praktiken zu revidieren. Außerdem war in jener Zeit gar nicht erforscht, ob und wie und wann sich die Gehirnzellen eines sogenannten Gehirn-Toten möglicherweise wieder von selbst regenerieren können.

Ein Artikel in der Oktober-Ausgabe des Jahres 2011 der »Apotheken Umschau« zur Definition von »Leben und Tod« aus Forschung & Wissen konnte die Zweifel des alten Mädchens in Bezug auf die unsicheren Grenzen des tatsächlichen und endgültigen Eintretens eines Todes bestärken:
»Kein Ende in Sicht – Medizinhistorie
Wann ist ein Mensch tot? Der Zeitpunkt wurde im Lauf der Geschichte **immer wieder neu definiert.**

Das Herz schlägt, der Mensch lebt. Das Herz hört auf zu schlagen, der Mensch ist tot. Über den längsten Zeitraum der Menschheitsgeschichte dominierte diese Sichtweise, die von einem Bild des Körpers ausgeht, in dessen Zentrum das pochende Herz das Leben versinnbildlicht. – Doch in

Zeiten von Organtransplantationen reicht diese Definition für Leben und Tod längst nicht mehr aus. Hierfür ist eine eindeutige Antwort nötig auf die Frage, wann genau ein Organ entnommen werden darf – wann also ein Mensch unwiderruflich tot ist. Bricht der Herz-Kreislauf zusammen und setzt die Atmung aus, sterben nach fünf bis zehn Minuten zuerst die Nervenzellen im Gehirn ab. Fällt der Hirnstamm aus, ist eine selbständige Atmung des Körpers unmöglich, und im Anschluss versagen nacheinander die anderen Organe. Demnach gilt: Das Gehirn ist durchblutet, also lebt der Mensch. Das Blut hat aufgehört, durch den Kopf zu fließen, also ist der Mensch tot, hirntot zumindest – zwischen Hier und Jenseits –.

›Bei einer Transplantation wird der Hirntod mit dem Ableben des ganzen Organismus gleichgesetzt, obwohl das Herz noch schlägt und die Organe durchblutet werden. Denn die Organe müssen frisch sein‹, so sagt ein Medizinhistoriker. ›Dieses Körperbild widerspricht aber unserem Empfinden. Man muss **für tot erklären**, was noch lebendig erscheint.‹

Von den antiken Hochkulturen der Ägypter über die Griechen und Römer bis ins Mittelalter war vor allem die Frage entscheidend, wie die Seele eines Menschen gut in das Jenseits hinübergleitet. Wann genau sich die **immaterielle** Seele vom Körper löst, darüber hatte die Religion zu entscheiden – und nicht die Medizin. Zu den Aufgaben des Arztes gehörte es, den drohenden Tod zu prognostizieren, nicht aber den bereits eingetretenen festzustellen. Letzte Sicherheit gab es nur, wenn ein Körper anfing zu verwesen. Entsprechend war es bis in unsere Zeit üblich, einen Leichnam einige Tage lang öffentlich im Leichenschauhaus aufzubahren, um so auszuschließen, dass ein vermeintlich Toter beerdigt wurde. Im 18. und 19. Jahrhundert verband oft eine Schnur mit einem Glöckchen den Sarg mit der Oberfläche – damit der Begrabene sich im Notfall bemerkbar machen konnte.

Die Angst vor dem Scheintod trieb die Medizin voran, den Lebenszusammenhang der verschiedenen Organe und die Abläufe des Sterbens zu erforschen. Mit dem Zeitalter der Aufklärung verlor die Religion zunehmend an Bedeutung. ›Die naturwissenschaftlich fundierte Medizin beansprucht durch ihre Erfolge heute wie selbstverständlich, dass ihr die Grenzdefinition von Leben und Tod übertragen wird‹, sagt ein Medizinethiker.

– Unsichere Grenzen –

Mit der modernen Intensivmedizin wird es möglich, einen scheinbar toten Körper wiederzubeleben und notfalls künstlich zu beatmen. Die Grenzen des Todes verschieben sich und werden zunehmend verschwommener. Einen eindeutigen Zeitpunkt festzulegen, an dem die Grenze zwischen Leben und Tod unumkehrbar überschritten ist, stellt auch eine normative Frage dar. Darüber gibt es unterschiedliche Auffassungen, die mit guten Argumenten alle vertretbar sind.«

So überrascht der Vatikan mit einer ganz eigenen Sichtweise. Traditionell schlägt der ärztliche Kämmerer einem eben verstorbenen Papst mit einem silbernen Hämmerchen dreimal auf die Stirn und spricht ihn mit seinem Geburtsnamen an. Kommt keine Antwort, wird das Kirchenoberhaupt für tot erklärt. Eine pathologische Untersuchung findet in den päpstlichen Gemächern bis heute nicht statt.

Nach Auffassung des Mädchens ist – wie auch immer die Meinungen auseinandergehen mögen – ein Mensch weder ein Ersatzteil-Lager noch ein Versuchs-Tier, wie beispielsweise eine kleine arme Maus, abgesehen davon, dass die medizinischen Erkenntnisse nicht ohne weiteres auf die menschliche Spezies übertragbar sind. Dass ein Tier Schmerzen fühlt, war jedenfalls zu jener Zeit Anfang des 21. Jahrhunderts n. Chr. längst bewiesen, während sich die Un-Menschen über den Leitsatz »Quäle nie ein Tier zum Scherz, denn es fühlt genau wie du den Schmerz« hinwegsetzten. Auch gleicht ein Mensch nicht einem auszuschlachtenden Auto mit Ersatzteilen, und er ist auch nicht nur ein »Material«.

An dieser Stelle schweiften die Gedanken des Mädchens unwillkürlich zur biblischen Erzählung im Buch Genesis ab, nach der Gott Adam eine Rippe entnahm, woraus er Eva schuf. Nur als nachgeordnete »Zweite« in der Rangfolge der Schöpfung betrachteten auch zu Anfang des 21. Jahrhunderts noch immer zahlreiche Männer die Frauen. Und ältere Männer benutzten junge, schöne Frauen neben ihrem schnellen Auto gern als Statussymbol. Und manchmal galt in jener alten Zeit die Gleichberechtigung nicht einmal vor dem geltenden Gesetz.

Erst mehr als 50 Jahre nach Inkrafttreten des »Gesetzes über die Gleichberechtigung von Mann und Frau auf dem Gebiete des bürgerlichen Rechts«, nachdem die Gleichberechtigung durch Art. 3 des Grundgesetzes der Bundesrepublik Deutschland gewährleistet sein sollte, war über eine sogenannte »Frauenquote« überhaupt erst nachgedacht worden. Dabei ging es doch im Grunde nur um die Herstellung von Gleichgewicht und Harmonie und eine gerechte Lasten-Verteilung bei der Rollen-Verteilung und nicht um Geschlechter-Kampf. Die Gewaltbereitschaft und der herrische Pessimismus des Maskulinen kommen auch in der Gedankendichtung »Also sprach Zarathustra« des Philosophen Friedrich Nietzsche (1844–1900 n. Chr.) deutlich zum Ausdruck, wo es heißt: »Du gehst zu Frauen? Vergiss die Peitsche nicht!« Welche Art von Frauen mochte dieser Mann wohl gekannt haben, fragte sich das Mädchen erstaunt. Eine Spruchweisheit besagt, dass der so genannte Frauenkenner meistens nur Frauen kennt, die er besser nicht kennen würde, und daraus auf Frauen schließt, die er nie kennen wird. Für mehr Einfluss der Frauen in der Politik – der endlich im »Zeitalter der Neuen Menschlichkeit« Wirklichkeit werden sollte – plädierte hingegen zu seiner Zeit schon der irische Schriftsteller Oscar Wilde (1854–1900 n. Chr.), der meinte: »Der wachsende Einfluss der Frauen ist das einzig Beruhigende an unserem politischen Leben.«

Der kategorische Imperativ

»Einigkeit und **Recht** und Freiheit«, wie es im ersten Vers der dritten Strophe der Nationalhymne des wiedervereinigten Deutschlands heißt, gewährleisten weder Gerechtigkeit noch Menschlichkeit eines Staates. Nach der Lehre des Sozialpädagogen Johann Heinrich Pestalozzi (1746–1827 n. Chr.)

ist der bürgerliche Zustand eines Staates notwendige Vor- und Durchgangsstufe zum **sittlichen** Zustand, in dem der Mensch um seiner Veredlung willen handelt. Vernunft, Gefühl und Willen sollen gleichermaßen und im Einklang miteinander gebildet werden als Methode des Unterrichts: »Wir wollen nicht die Verstaatlichung des Menschen, sondern die Vermenschlichung des Staates.«

»Der Lehrsatz von Pestalozzi ist ja ein wertvoller Beitrag zum Neuen Zeitalter der Menschlichkeit«, überlegte das alte Mädchen, »und genauso wertvoll und **grundlegend** wie meine wiederentdeckte Goldene Regel oder die Formel für das Sittengesetz des Philosophen Immanuel Kant!«

»Handle so, dass die Maxime deines Willens jederzeit zugleich als Prinzip einer allgemeinen Gesetzgebung gelten könne.«

Welche Ähnlichkeit hatte diese Formel eines Philosophen des 18. Jahrhunderts in der Grundaussage doch mit der »Goldenen Regel«!

Und schon im 4. Jahrhundert v. Chr. sagte der griechische Redner Isokrates Ähnliches.

Isokrates war ein Verehrer des griechischen Philosophen Sokrates. Sokrates beschränkte sich bei seiner Suche nach Wahrheit im Allgemeinen auf Fragen der **Ethik**. In der Überzeugung, dass niemand **gegen seine bessere Einsicht** handeln könne (»Tugend ist Wissen«), hielt er die Tugend für **lehrbar**.

In der konkreten Anwendung dieses Wissens berief sich Sokrates auf eine warnende und tadelnde innere Stimme. Sein Bemühen war es, die Menschen vom Scheinwissen zu echtem Wissensbemühen zu bringen: »Ich weiß, dass ich nichts weiß«. In der Einheit von Lehre und Leben wirkt Sokrates heute noch als Mahner. Um den Gleichmut ihres philosophischen Mannes hervorzuheben, musste seine zänkische Frau Xanthippe sogar ihren Vornamen für einen weiblichen Zankteufel hergeben. »Tugend ist zu Energie gewordene Vernunft«, meinte der Schriftsteller und Philosoph Friedrich Schlegel (1772 – 1829 n. Chr.).

Je älter das Mädchen wurde, umso mehr nahm auch seine Bewunderung zu für die alten Philosophen und den bestirnten Himmel und das moralische Gesetz. Dem Mädchen war es genauso ergangen wie offensichtlich schon vor mehr als 200 Jahren dem Philosophen Immanuel Kant: Je öfter und anhaltender er über den »bestirnten Himmel« und das »moralische Gesetz« nachdachte, umso mehr erfüllten diese zwei Dinge sein Gemüt. Immanuel Kant brachte seine Erkenntnis im »**Beschluss**« seines Werkes »Kritik der praktischen Vernunft« (1788) zum Ausdruck:

> *»Zwei Dinge erfüllen das Gemüt mit immer*
> *neuer zunehmender Bewunderung und*
> *Ehrfurcht, je öfter und anhaltender sich*
> *das Nachdenken damit beschäftigt:*
> *Der bestirnte Himmel über mir und das moralische Gesetz in mir.«*

Das häufige und anhaltende und »lebenslängliche« Nachdenken über »Gott und die Welt« beziehungsweise über den »bestirnten Himmel und das moralische Gesetz« führte dann auch das Mädchen zu seinem eigenen Entschluss gegen alle Vernunft und zu seinem ganz unerwarteten Beschluss: Als sich ganz unverhofft dem Mädchen die Chance eröffnete, dem »bestirnten Himmel« 200 Höhenmeter näher zu sein und obendrein in aller Stille und in Einklang mit der Natur seine Ideale in seinem »**zweiten Leben**« (wie es sein Leben nach überstandener Krebsoperation zu bezeichnen pflegte) zu verwirklichen, ergriff es die Gelegenheit: Es »verpflanzte« sich in sein »gelobtes Land«, wo tatsächlich noch »Milch und Honig flossen«, um im Alter von 70 Jahren dort noch einmal neue Wurzeln zu schlagen. »Einen alten Baum soll man nicht verpflanzen«, heißt es zwar, doch wenn er nicht den richtigen Standort hat und zunehmend krank und vom Absterben bedroht ist, gibt es keine andere Wahl. Das zweite Leben des Mädchens hatte 68

Jahre und 10 Monate und 27 Tage nach seiner Geburt begonnen. Als es das zweite Mal das Licht der Welt erblickte, herrschten ganz andere Umstände in seiner kleinen und in der großen weiten Welt: Weder seine Eltern noch seine Großeltern empfingen es mit strahlenden Augen wie damals bei seiner »ersten Geburt«. Sie waren schon alle verstorben: sein Vater, seine Großmutter und eine Tante, alle an einem Krebsleiden. Sein zweites Leben hatte auch nicht in einer Wiege begonnen, sondern im Krankenbett einer onkologischen Abteilung.

Und das Krankenbett stand auch nicht da, wo seine Wiege einst stand, es stand in einer neuen Heimat. Und die »strahlenden Augen«, in die das alte Mädchen nach dem Aufwachen aus der Narkose nach der Krebsoperation blickte, waren das »strahlende Fernseh-Auge« in einer »strahlenden« zunehmend atomar verseuchten Umwelt. Das herrschende Monster, das bei seiner ersten Geburt »Hitler« hieß und den Zweiten Weltkrieg entfacht hatte, nannte sich bei seiner zweiten Geburt »Banken« und hatte den Bankenkrieg entfacht. Die erste Krise war im Jahre 2008 ausgebrochen und löste nach nur drei Jahren eine zweite Finanzkrise weltweit aus. Die Industrialisierung der **Arbeitswelt**, beginnend Mitte des 19. Jahrhunderts n. Chr. in der Textilbranche, ausgehend von englischen Unternehmern, endete in der Hoch-Industrialisierung und in der Kapitalisierung der **Finanzwelt**. Zu den ersten Opfern der Industrialisierung hatten die schlesischen Weber gehört. Von dem Aufschrei der schlesischen Weber gegen die Ausbeutung ihrer Arbeitskraft hat einst der Dichter Heinrich Heine in seinem Gedicht »Die schlesischen Weber« Zeugnis gegeben. Bei der Kapitalisierung geht es ebenfalls um Ausbeutung, jedoch um eine Ausbeutung anderer Art, nämlich um die Plünderung der Ersparnisse und Geldanlagen der »gewöhnlich Sterblichen« durch die Zocker an den Börsen und Banken.

Das Mädchen hatte noch Zeiten erlebt, in denen die Menschen zum Leben und zu ihrer Identifizierung weder eines Bankkontos noch einer Datenbank noch anderer unzähliger Nummern bedurften und damit selbst zu einer Nummer geworden waren. Der Arbeitslohn war in dieser längst vergangenen Zeit persönlich in einer Lohntüte ausgehändigt worden, ohne die »Hilfe« der Banken in Anspruch nehmen oder Kreditkarten in den Schlitz eines Geldautomaten stecken zu müssen.

Der Pleitegeier

Der **erste Schrei**, den das Mädchen bei seiner **zweiten** Geburt hörte, war nicht der sogenannte Geburtsschrei, es war der Schrei nach einem **Schirm**. Noch benommen von der Narkose, sah das Mädchen, dass es gar nicht regnete, und fragte sich, weshalb wohl die Menschen nach einem »Schirm« riefen. Es stellte sich heraus, dass sie nach einem **Rettungsschirm** schrien und auf die Straßen gingen in der Hoffnung, der Rettungsschirm könnte sie aus ihrer Geldkrise retten. Doch als ihnen klar geworden war, dass die Rettung den Banken dienen sollte und auch ihre Schreie nach »mehr Demokratie« ungehört blieben, arteten ihre Schreie in ein Kriegsgeschrei aus. Die Menschen wollten den »Krieg der Frösche«, den letzten, den **allerletzten** »Krieg« in der Geschichte der Menschheit, einen märchenhaften Krieg der Menschen **gegen die Un-Menschen** jener Zeit, einen gewaltlosen und unblutigen Krieg **selbstverständlich**, mit ihrer harmlosen Waffe, dem kleinen »Zauberschlüssel zum Frieden« am Halsband. Die Menschen wollten endlich Frieden und Gerechtigkeit und eine **weltweite Nachkriegszeit**, nicht die sogenannte Nachkriegszeit der Deutschen und Europäer, die geprägt war von Vertreibung, Korruption und Geldgier. Sie wollten auch kein zweites »Wirtschafts-Wunder« und keine Wunder-Heilung des »**Euro**«, der erst zum »**Teuro**« (diese Bezeichnung wurde im Jahre 2002 zum »Wort des Jahres« gewählt) und dann zum »**Pleito**« geworden war. Sie wollten eine Heilung der Menschen von ihrer schlimmer und immer schlimmer werdenden Krankheit mit der Bezeichnung **Angst**, Angst vor Arbeitslosigkeit, die in Europa bis auf 40 Prozent gestiegen war in der Zeit Anfang des 21.

Jahrhunderts n. Chr., Angst vor Inflation, Angst vor Terror, ausgelöst durch kriegerische Einsätze Amerikas, Angst vor Krankheiten durch die zunehmende gewissenlose Verunreinigung von Lebensmitteln und Atemluft mit einem Mix aus Chemikalien. Je größer das Angstsyndrom jener Zeit geworden war, umso größer war aber auch das Rettersyndrom geworden. Lebensretter wurden zwar zu Recht mit einer Medaille ausgezeichnet, Umweltretter bzw. Umweltschützer, die nicht nur einen einzelnen Menschen, sondern die ganze Menschheit mit ihrem aktiven Einsatz gegen die Mafia bei der illegalen Abholzung der Regenwälder oder bei anderen korrupten Machenschaften oder bei der Verschmutzung der Meere retten wollten, mussten hingegen sogar oft um ihr Leben fürchten.

Die Kanzlerin der Bundesrepublik Deutschland ermahnte damals die Menschen ihres Landes – das war im Oktober des Jahres 2011 – zur »Verantwortung für Europa und zur finanziellen Beteiligung am inzwischen erweiterten Rettungsschirm«. Selbstverständlich fühlten sich die deutschen Menschen mit den anderen Menschen der Euroländer genauso solidarisch wie umgekehrt jeder Mensch in den anderen Euro-Ländern mit den deutschen Menschen. Doch keiner dieser Menschen war verantwortlich für den »Pleito« und die Schuldenwirtschaft der sogenannten Krisenländer: Die Verantwortung für die monströsen Schuldenberge und damit auch deren Abtragung hätte allein **den Verursachern der Krisen** zugestanden, den Investment-Banken und den gesetzgebenden Staatsregierungen, die es aus Kurzsichtigkeit versäumt hatten, bei der Einführung der einheitlichen Währung Gesetze zu erlassen für den Fall der Insolvenz eines Euro-Landes.

Den »Pleito« ausgerechnet mit dem Aufspannen eines Schirmes retten zu wollen, war keine Lösung, den **Pleite-Geier** zu vertreiben: Geier sind Raubvögel und lassen sich nicht von einem »Schirm« in ihrem Fressverhalten aufhalten. Ein aufgespannter Schirm kann nur vor dem Nasswerden bei einem Regen-Fall (nicht aber bei einem Insolvenz-Fall) schützen. Ursprünglich fand ein »Schirm« nur Verwendung zum Schutz gegen Sonnenbestrahlung in asiatischen Ländern sowie in altägyptischen und babylonischen Kulturen als Ehrenzeichen und als **Herrscher-Attribut**. Schutz vom »Schutzpatron Europas«, dem Heiligen Benedikt von Nursia (um 480 n. Chr.), zu erhoffen, wäre vielleicht eine – wenn auch fragwürdige – Option gewesen.

Seinen letzten »Pleito« steckte das alte Mädchen in seinen ganz persönlichen Rettungsschirm, nämlich sozusagen das Hausdach seines kleinen renovierungsbedürftigen Hauses in »seinem« Ort, wo noch »Milch und Honig flossen« und der den Sternen 200 Höhenmeter näher war. Die Sterne strahlten dort viel heller als am alten Wohnort und das Firmament über ihm schien zum Greifen nahe zu sein. Ehrfurcht hatte das Mädchen ergriffen und es in seinem »Beschluss gegen alle Vernunft«, aus einer Millionenstadt zu flüchten und in Einklang mit der Natur sein zweites Leben zu vollenden, bestärkt. Dort – und nur dort – würde es einen **Neuanfang seines zweiten Lebens** – im Alter von 70 Jahren – wagen. Und nur dort würde es die »zwei Dinge, die sein Gemüt mit immer neuer zunehmender Bewunderung und Ehrfurcht erfüllten: der bestirnte Himmel über ihm und das moralische Gesetz in ihm« (frei nach Kant), idealisieren können. Nur dort und nirgendwo anders – das spürte das alte Mädchen ganz deutlich – würde es wieder reine Luft zum Atmen und alle Voraussetzungen finden, die »zwei Dinge«, seine Ideale, auch in seinem »Buch der Bücher«, in seiner neuen kleinen Bibel für das 21. Jahrhundert und alle folgenden Jahrhunderte und Jahrtausende der Menschheitsgeschichte niederschreiben können. Die »zwei Dinge« also, die »sein Gemüt immer mehr erfüllten«, waren nun endlich erreichbar geworden.

Damit fand die Meinung des römischen Philosophen Seneca des Jüngeren (4–65 v. Chr.) seine Bestätigung:

»Nicht weil Dinge unerreichbar sind, wagen wir sie nicht –
weil wir sie nicht wagen, bleiben sie unerreichbar.«

Die ländliche Umgebung in einem kleinen Winkel des oberbayerischen Voralpenlandes, dem Pfaffenwinkel, entsprach genau dem Naturell des Mädchens und konnte ihm das seit der Vertreibung seiner Familie schmerzlich vermisste Gefühl von Heimat, nicht nur einer »neuen« Heimat, sondern im Unterschied dazu von einer »zweiten« Heimat geben. Die Bedürfnisse des Mädchens waren mit zunehmendem Alter immer kleiner geworden: Nicht, dass es hätte gleich in einer Tonne leben wollen wie der griechische Philosoph Diogenes von Sinope (ca. 412 – 323 v. Chr.), der seine Gleichgültigkeit gegen alle äußeren Kulturgüter dadurch bekundete. Und hier in der kleinen, 1700 Seelen zählenden Gemeinde fand es auch »ohne Laterne« noch »Menschen«. Diogenes hatte sich nach Überlieferung »auf der Suche nach Menschen« am Tage eine Laterne anzünden und umhergehen müssen mit den Worten: »Ich suche einen Menschen«. Und hier war es auch, wo das Mädchen eine Antwort auf die Frage nach dem Sinn seines Lebens finden und verwirklichen konnte. »Das Leben hat keinen Sinn – außer dem, den wir ihm geben«, meinte der Schriftsteller Thornton Wilder (1897 – 1975 n. Chr.), der im Jahr 1957 den Friedenspreis des Deutschen Buchhandels erhielt. Jedes Leben, und sei es das von mikroskopisch kleinen Bakterien, die im Kreislauf des Lebens von größter Bedeutung für jedes Lebewesen auf Erden und sogar am widerstandsfähigsten gegen alle veränderten Einflüsse der Umwelt sind, hat einen Sinn. In jener Zeit wurden Algen entdeckt, die sich von dem hochgiftigen Arsen ernährten und Bakterien, die infolge immer neuer unvorhersehbarer **Teilungen** sich den Veränderungen ihrer Umwelt immer wieder neu anzupassen verstanden. Der Sinn des Lebens besteht im harmonischen Mit-einander in einer gemeinsamen Welt mit allem verschiedenen Leben und nicht in der Teilung der Erde nach Gut und Geld. Und deshalb, überlegte das Mädchen, hat bei der »Teilung der Erde« das größte Stück der Welt doch der Poet (wie in Schillers Gedicht »Die Teilung der Erde«) abbekommen, dem »nur« noch die **Harmonie** übrig geblieben war.

Die Teilung der Erde

»Nehmt hin die Welt!« rief Zeus von seinen Höhen
Den Menschen zu. *»Nehmt, sie soll euer sein!*

Euch schenk ich sie zum Erb und ewgen Lehen –
Doch teilt auch brüderlich darein!«

Da eilt, was Hände hat, sich einzurichten,
Es regte sich geschäftig jung und alt.
Der Ackermann griff nach des Feldes Früchten,
Der Junker birschte durch den Wald.

Der Kaufmann nimmt, was seine Speicher fassen,
Der Abt wählt sich den edeln Firnewein,
Der König sperrt die Brücken und die Straßen
Und sprach: »Der Zehente ist mein.«

Ganz spät, nachdem die Teilung längst geschehen,
Naht der Poet, er kam aus weiter Fern –
Ach! Da war überall nichts mehr zu sehen,
Und alles hatte seinen Herrn!

»Weh mir! So soll denn ich allein von allen
Vergessen sein, ich, dein getreuster Sohn«;
So ließ er laut der Klage Ruf erschallen
Und warf sich hin vor Jovis Thron.

»Wenn du im Land der Träume dich verweilet«,
Versetzt der Gott, »so hadre nicht mit mir.
Wo warst du denn, als man die Welt geteilet?«
»Ich war«, sprach der Poet, »bei dir.

Mein Auge hing an deinem Angesichte,
An deines Himmels Harmonie mein Ohr –
Verzeih dem Geiste, der, von deinem Lichte
Berauscht, das Irdische verlor!«

»Was tun?« spricht Zeus, »die Welt ist weggegeben,
Der Herbst, die Jagd, der Markt ist nicht mehr mein.
Willst du in meinem Himmel mit mir leben –
So oft du kommst, er soll dir offen sein.«

Das Stückchen Erde, das bei der »Teilung der Erde« für das alte Mädchen übrig geblieben war, betrug genau 240 Quadratmeter. Das war nicht gerade viel von der großen weiten Welt, doch es war mehr als genug von **dieser** Welt. Und vor allem: Es war eine **andere**, ganz neue Welt. Dem alten Mädchen kamen wieder einige Worte aus seinem »ersten« Leben in den Sinn. Es waren die Worte seines Internisten, die dieser bei der Diagnose der schweren Migräneerkrankung des Mädchens immer und immer wieder gebrauchte: »Sie sind viel zu gut für diese Welt.« »Diese Welt« nämlich war die Welt des Atomzeitalters nach dem Zweiten Weltkrieg in einer sogenannten »Ellbogengesellschaft«, ein Wort, das im Jahre 1982 zum »Wort des Jahres« erkoren worden war. Und das war eine kranke Welt damals, eine Welt, in der die **Population der Un-Menschen** in Wirtschaft und Politik von der unheilbaren **Krankheit mit der Bezeichnung Gier** befallen war. Gegen diese Krankheit schien »kein Kraut gewachsen« zu sein, so glaubten die unterdrückten, betrogenen und gedemütigten und hungernden Menschen jener Zeit. Und an Wunder, wie in Zeiten des Mittelalters, hat auch kein Mensch mehr geglaubt. Doch: War diese Krankheit, die sich »Gier« nannte, wirklich unheilbar? Zuerst waren es vor allem die jungen Menschen, die standhaft und zukunftsorientiert den skrupellosen und unethisch-unmoralischen Anschlägen auf ihre Gesundheit und ihr Wohlergehen trotzten. Sie hatten das Heilkraut nach langem Suchen gefunden: »Warum in die Ferne schweifen? Das Gute liegt so nah!« heißt es im Volksmund. Und tatsächlich: Das Wundermittel war weder ein teures Medikament, an dem die mächtigen Pharmakonzerne der damaligen Zeit sich eine »goldene Nase« hätten verdienen können. Das Wundermittel war auch nicht eines der unzähligen Fitnessstudios jener Zeit, die wie Pilze aus dem Boden schossen, es waren auch nicht die Billigflüge bis ans andere Ende der Welt, um »seine Seele baumeln« zu lassen. Und leider! Auch das Wundermittel »Lächeln«, das das Mädchen schon so oft ausprobiert hatte, schien nicht wirklich zu wirken, versprach allerdings einen Teilerfolg.

Die Heilung der Gier

Das Wundermittel gegen die neue Volkskrankheit war ein Heilverfahren, das in der Homöopathie Anwendung findet und auf der Ähnlichkeitsregel aufbaut: Das Krankheitsbild »die Gier« konnte erhalten bleiben und musste nicht einmal mit einem neuen Namen bezeichnet werden, nur das **Objekt** der Begierde musste ein anderes werden: **Sogar die Gier nach Reichtum und Besitz** blieb dabei als Symptom bestehen. Nur das **Verständnis** von »Reichtum« und »Besitz«, das, was der an der Gier Erkrankte darunter verstand, musste sich ändern. Die Wunderheilung trat augenblicklich ein, sobald der an Gier Erkrankte seinen Blickwinkel veränderte und sein Augenmerk nicht mehr auf die Bedeutung des Materiellen, sondern auf die Bedeutung des Immateriellen richtete, also **den Geist**. Zumal in jener Zeit am Anfang des 21. Jahrhunderts n. Chr. sowieso das »Geld« nicht mehr »die Welt regieren« konnte, weil es inzwischen keines mehr gab oder hatte neu gedruckt werden müssen.

Stattdessen beherrschte in jener Zeit der **Geist der Angst** die Menschen. Zu ihren alten Ängsten waren immer noch neue dazugekommen: die Angst vor dem Atom-Müll, dem Computer-Mobbing, der Entwicklung neuartiger Waffen für eine neue Art von Kriegen, und schließlich die Angst vor den Drohnen-Kriegen auf dem »Blauen Planeten der Waffen«. Die in Gang gesetzte Reduzierung von Soldaten in einstigen Kriegsgebieten und die Verringerung der Zahl von Atombomben und Atomkraftwerken erfüllte die friedliebenden Menschen zwar mit Genugtuung, doch was sich »hinter den Kulissen der politischen Weltbühne« abspielte, war der Mehrheit der Menschen weitgehend unbekannt und ungeheuerlich: Es war damals im Jahre 2011 n. Chr. – das Mädchen war inzwischen 71 Jahre alt geworden –, als es von der eifrigen Produktion einer neuen Waffe im »Land der unbegrenzten Möglichkeiten« hörte. Und es staunte: Sogenannte »Kampfdrohnen« drohten nun gegen die Menschheit auszuschwärmen! Als Drohnen werden in der Zoologie die **männlichen Bienen** bezeichnet. Von sogenannten neuartigen Killer-Bienen hatte das Mädchen, das eine Liebhaberin von echtem Imkerhonig war, schon gehört. Doch diese neuzeitlichen Kampf-Flugkörper mit der Bezeichnung Drohnen als Kriegswaffen waren ihm und wohl auch vielen seiner Mitmenschen bis dato ungeläufig. Diese Waffe hatte wohl gerade noch gefehlt in der Waffen-Sammlung auf dem ohnehin schon waffenstarrenden Blauen Planeten, vergleichbar der »Blauen Mauritius« in der Sammlung eines Briefmarkensammlers. Diese »Drohnen« sollten von größter Reichweite und Zielsicherheit sein und – die Gefahr von Opfern unter der Zivilbevölkerung missachtend (!) – von einem Computer aus mit einem Mausklick zu bedienen sein. Der Computer war einfach einzuschalten und das Verantwortungsbewusstsein und auch die Hemmschwelle des kriegführenden »Soldaten« genauso einfach auszuschalten. Die verantwortlichen Zerstörer blieben auf diese Weise in ihrer Anonymität und hinter ihrem Computer verschanzt. Im Zweiten Weltkrieg hatte der Tyrann Hitler die »**Wolfs**«-Schanze (welch treffender Name aus dem Tierreich für die Entwicklungsstufe dieses Un-Menschen in der Evolution der Lebewesen!) als militärischen Stützpunkt der Feldbefestigung »auserwählt«. Wie konnte sich nur ein Computer-Arbeiter bereit erklären, sein Arbeitsgerät – eigentlich zur Erleichterung menschlicher Arbeit und menschlichen Lebens gedacht – zu einem Vernichtungsgerät menschlichen Lebens umzufunktionieren?

Die Menschen jener Zeit vor Beginn des »Neuen Zeitalters der Menschlichkeit« waren immer mehr **in Abhängigkeit** der Hochtechnologien wie der Computertechnologie geraten. Das Mädchen hatte gar vom »Computerzeitalter« oder »Digitalzeitalter« sprechen hören. Sogar in den Schulen waren schon die Computer als Lernmittel und Ersatz für Schulbücher zur Vorbereitung auf das Wirtschaftsleben zum Einsatz gekommen.

Dem Mädchen selbst hatte der Einsatz dieses neuen Arbeitsgeräts keinen Segen gebracht. Das Geflimmer auf dem Bildschirm hatte ihm Kopfschmerzen und das Festkleben auf dem Stuhl Rücken- und Gelenkschmerzen bereitet, was die Ursache für sein zu frühes Ausscheiden aus dem Berufsleben war. Seine Migräneattacken, begleitet von stundenlangem nächtlichem Erbrechen, hatten an Häufigkeit und Stärke in einem unerträglichen Maße zugenommen wie auch die Krankheitstage und das Unverständnis der von Krankheiten nicht Betroffenen in seiner Umgebung. Selbstverständlich können nur die Menschen, die selbst solche Schmerzen erleiden müssen, die Auswirkungen auf Psyche und Lebensqualität begreifen. So hat sich beispielsweise eine Mitarbeiterin des Mädchens nach einigen Jahren seiner Erwerbsunfähigkeit bei einem Besuch mit den Worten verabschiedet, sie nähme sich jetzt auch ihre freien (?!) Tage. Und erneut erinnerte sich das Mädchen an den denkwürdigen Rat des ihn seinerzeit behandelnden Arztes: Die beste Therapie bei der Heilung, so meinte dieser, sei es, die Ursache der Erkrankung zu bekämpfen und die läge wohl in seinen Genen. Die Schwierigkeit bei der Heilung bedeutete eine Kampfansage: Aber wie sollte das kleine, nur 1,55 Meter große Mädchen dieser offensichtlich zu schlechten großen Welt den Kampf ansagen? Zum einen war es viel zu klein und ja nur ein bisschen Sternenstaub im großen Universum, zum anderen war es viel zu schwach und auch nicht kampfeslustig genug, um gegen den herrschenden Egoismus in der großen weiten Welt zu Felde zu ziehen, ohne auch nur die geringste Chance auf einen Sieg zu haben.

Und doch: Es hatte die größten Chancen! Sie lagen in der Anwendung der Homöopathie, dem auf der Ähnlichkeitsregel aufgebauten Heilverfahren, jedoch nicht etwa in Form von Tropfen oder Kügelchen, eines **Materials** also, sondern vielmehr eines **Ideals**. Das Ideal des Mädchens trug zwar denselben Wesenszug, der die damaligen Menschen und die Welt krank machte:

die »**Gier**«. Die Gier hatte sich zur hoch ansteckenden Pandemie weltweit ausgebreitet und hatte auch das Mädchen befallen, allerdings war das **Objekt der Begierde nicht Geld, sondern Geist**, also ganz konträr geartet. Die Un-Menschen jener Zeit hatten ihre Gier auf das »Geld« ausgerichtet, die Menschen jener Zeit auf den »Geist«. Die gierigen Un-Menschen trieben die Inflation voran und den frischen Druck von mehr neuem Geld, die verantwortungsvollen Menschen hingegen verstärkten den Druck für mehr neuen Zeit-Geist und neue andere Werte. Der neue Zeit-Geist war die Menschlichkeit, und die neue Gier war auch auf ein »**Mehr**«, aber auf ein »Mehr an Menschlichkeit« gerichtet. Der neue Reichtum beziehungsweise das neue Verständnis für »reich sein« und »mehr haben« und »neureich sein« war, ein »Mehr an Menschlichkeit« zu haben. Hab-Gier, so scheint es, liegt in der Natur der Spezies Mensch. »Haben« ist deshalb wohl auch eines der ersten Wörter, das ein kleines Menschlein in seinen Wortschatz aufnimmt, wobei es das »Haben! Haben! Haben!« schon im frühen Lebensalter auf einen Gegenstand, ein Spielzeug, also ein Material, bezieht.

Die Hab-Gier im Zeitalter, die dem »Neuen Zeitalter der Menschlichkeit« vorausging, war so weit fortgeschritten, dass sie sogar eine neue Spezies Mensch hervorgebracht hatte: den sogenannten »Messie«. Dieser war von einer Sammelleidenschaft für alle **materiellen** Gegenstände, wohlgemerkt ausschließlich zu deren **Besitz** (und nicht zu deren Pflege und Restaurierung zum Erhalt alter und wertvoller Dinge für die Nachwelt) befallen. Die Anhäufung von Müll infolge verantwortungslosen Umgangs mit allem Gegenständlichen und infolge der trickreichen List der Hersteller, die angeblich immer »Moderneres« produzierten, und der Anfall von immer noch modernerem Elektroschrott, für den es keine Ersatzteile gab, hatte die Gesellschaft zu einer sogenannten »Wegwerf-Gesellschaft« und die Menschen zu »Umwelt-Verschmutzern« gemacht. Aus dem Blauen Planeten mitsamt allem Leben über der Erde und unter der Erde war – von Müll und Giften verschmutzt – auf ewige Zeiten ein Planet namens »Plastik-Planet« geworden. Wir erinnern uns: Allein das frei gewordene Plutonium bei

Atom-Reaktor-Unfällen war noch in mehr als 20 000 Jahren (in Worten: zwanzigtausend Jahren) in der Erde nachweisbar!

Vergiftet war nicht nur die Erde, vergiftet worden war auch der edle Geist der Erdenbewohner, zumindest waren ihnen ihre Sinne für die fundamentalen Werte des Lebens geraubt worden, geraubt von unwürdigen, den »Lebenslauf« beeinflussenden und bestimmenden macht- und profitgierigen Un-Menschen. Mit homöopathischen Mitteln allein hatten allerdings die Un-Menschen nicht zur Raison gebracht werden können. Einen Ausweg aus dem Dilemma bot nur noch die Anwendung eines Gegengiftes. Und als **Gift** für einen »**Un-Menschen**« konnte ausschließlich ebenfalls ein »**Mensch**«, und zwar ein verächtlich auch als »Gut-Mensch« bezeichneter Mensch, fungieren – mit dem größten Potential an Menschlichkeit, an ethischen und moralischen Grundsätzen und mit der größten Gier nach Erfolg, Erfolg bei seinem missionarischen, **gewaltlosen** Einsatz als Geburtshelferin bzw. Geburtshelfer bei der **Geburt des Neuen Zeitalters nach Kriegen**, eines Nachkriegszeitalters auf ewige Zeiten. Und vor allen Dingen durfte nie der Zauberschlüssel beim Verlassen der Wohnung als Zeichen seiner kollektiven Gesinnung und als Türöffner zum Herzen der Mit-Menschen vergessen werden. Das Beharren darauf, die Hoffnung auf die **Lernfähigkeit** der Un-Menschen nicht aufzugeben, denn »die Hoffnung stirbt zuletzt«, wie es heißt, und den Glauben an die **Lehr**barkeit von Tugend nicht zu verlieren (denn »die Tugend ist lehrbar«, meint der Philosoph Sokrates), führten letztlich auf die richtige Spur.

Spätestens an dieser Stelle war dem Mädchen aufgefallen, dass bei seiner Geschichte das Erzählerische irgendwie zu kurz gekommen war, während der belehrende Aspekt zu sehr in den Vordergrund zu treten drohte. Doch: Wenn – siehe oben – Sokrates meinte, dass sogar die Tugend »lehrbar« sei, »warum«, dachte das Mädchen, »warum eigentlich könnte dann nicht auch **Frieden lehrbar** sein und somit der Weg, wie Frieden geht, erlernbar?« Von Kindesbeinen an hatte es den Lehrberuf in die engere Wahl gezogen: Und ist nicht auch die »Goldene Regel« ein **Lehr**-Satz?

Der Phönix aus der Asche

Aufgeschreckt kreisten in jener Zeit plötzlich eines Tages unzählige Vögel über der Menschheit: Allen voran der (Pleite-)Geier und andere Raubvögel, der Bienenfresser aus der Familie der Rackenvögel, der Rabenvogel, darunter die Aaskrähe, und mit ihnen eine riesige unüberschaubare Vogelschar unterschiedlichster Arten. Das Mädchen musste unwillkürlich an ein Volkslied denken, das es in seiner Kinderzeit oft gesungen hatte: »Alle Vögel sind schon da …« Doch zuletzt bemerkte es auch Schwärme einer ihm bis dahin völlig unbekannten Vogelart, diese zogen in besonders großen Scharen über die Köpfe der Menschen. Diese Vögel sahen bunt und prächtig aus und sie schienen die Oberhoheit am Himmel errungen zu haben. »Das muss wohl der Phönix sein, der sich aus der Asche erhoben hat«, dachte das Mädchen. Der Phönix ist ein sagenhafter Vogel, der den Ägyptern heilig war, das Sinnbild einer Auferstehung, ursprünglich als Bachstelze dargestellt, später als Reiher oder auch als Adler mit rotem und goldenem Gefieder. Schon Herodot (484–428 v. Chr.), der Vater der Geschichtsschreibung, erzählt von ihm: Der Phönix komme alle 500 Jahre, wenn sein Vater gestorben sei, aus seiner Heimat Arabien nach Ägypten, um dort den Leichnam seines Vaters zu begraben. Bei dem antiken Versdichter Ovid (43 v. Chr.–18 n. Chr.) findet sich die Sage in der bekannten Form: Jedes Mal wenn der Phönix – dessen Name nach Ovid von den Assyrern stammt – ein hohes Alter erreicht hatte, verbrannte er sich selbst auf einem Scheiterhaufen und stieg aus seiner Asche verjüngt hervor. Im späten Altertum nannte man als Heimat des Vogels Indien. Das Motiv der Selbstverbrennung wurde von den Kirchenvätern und Dichtern des frühen Christentums auf Christus und dessen Auferstehung übertragen.

Auf welche Raubzüge der Pleite-Geier, der Bienenfresser und der diebische Rabe aus waren, wusste das Mädchen. Doch welche Mission hatte der Phönix zu erfüllen, der in einer unvorstellbar großen Zahl von Artgenossen am Horizont kreiste? Das Mädchen freute sich sehr angesichts der vielen Vögel in den Zeiten des Artensterbens. Gerade Vögel liebte es ganz besonders unter den Tieren. Einer war darunter, der hörte sich an, als würde er ein paar Silben sprechen; er war am Fenster des Krankenhauses zu der Zeit, als sein geliebter Vater starb. Damals glaubte das Mädchen, ihn sprechen gehört und verstanden zu haben. Doch jetzt, angesichts der unübersehbaren Vogelscharen (es war mitten im Sommer und die Zeit des Vogelzugs gen Süden war noch längst nicht heran!), die fast den Himmel verdunkelten und nach Herzenslust zwitscherten, sangen, piepsten und tirilierten, »verstand es die Welt nicht mehr«. War denn aus der alten Welt eine ganz andere, eine neue Welt geworden? Sollte etwa die Welt sich verändert haben? Sollte die Welt sich gar »wie Phönix aus der Asche« verjüngt haben und neu auferstanden sein? Schon zwei lange Jahre hatte das alte Mädchen von seinem Schreibtisch nicht mehr aufgeblickt, vertieft in die Abfassung seines »Buches der Bücher«. Es hatte auch nicht wahrgenommen, wie die Population der Frösche auf der Welt in einem unbeschreiblichen Ausmaß zugenommen hatte. Aufgefallen war dem Mädchen nur, dass die Froschkonzerte, die es liebte und anfangs nur als leises Gequake an dem nahe gelegenen Weiher hören konnte, jetzt offenbar auch in seiner unmittelbaren Nähe und verstärkt durch viel mehr quakende Sänger aufgeführt wurden.

Sollte etwa noch einmal eine Plage biblischen Ausmaßes über die Menschen gekommen sein nach der im Alten Testament erwähnten außergewöhnlichen Heuschreckenplage? Oder sollten gar die magischen Kräfte des Zauberschlüssels zum Frieden – so wie es sich das Mädchen erträumt hatte – bereits so viele Un-Menschen in Frösche verwandelt haben? Und war nun der Phönix gekommen, um das alte Zeitalter zu begraben und ein neues anzukündigen? Es bot sich jedenfalls ein Naturschauspiel von nie da gewesener Größe und Dramatik!

Was dem Mädchen noch aufgefallen war bei einem Blick aus dem Fenster, waren die vielen weißen Tauben und die zahlreichen Störche, die eifrig umherflogen, darunter manche Arten, die eigentlich in dieser Gegend gar nicht heimisch waren. Die Lieblingsnahrung der Störche waren die Frösche, und der Storch galt als Götterbote und als Symbol der Fruchtbarkeit und des Glücks und des Wohlstands. So viel wusste das Mädchen. Doch warum flatterten so viele weiße Tauben kreuz und quer am Himmel? Waren es Brief-Tauben? Nein, es waren Friedens-Tauben, die den »Zauberschlüssel zum Frieden« um die Welt transportierten. Das größte Transportunternehmen aller Zeiten!

Was war geschehen? Es musste etwas geschehen sein, etwas Großartiges, etwas **Weltbewegendes**! So viel jedenfalls war sicher. Kurz entschlossen schaltete das Mädchen den Fernseher ein, um die neuesten Nachrichten zu hören und zu sehen. Schon zwei Jahre lang hatte es den Einschaltknopf nicht mehr betätigt: Es hatte einfach nicht mehr ertragen können, wie eine Schreckensnachricht die andere jagte, eine kriegerische Gewalttat auf die nächste folgte, eine von Menschen verursachte Katastrophe eine weitere nach sich zog, ein Missbrauchsskandal nach dem anderen aufgedeckt wurde, ein Vergehen nach dem anderen ans Licht kam, und wie Mensch und Tier und Pflanze nach Hilfe schrien. Angesichts des Hungers auf der Welt war dem Mädchen zuerst nur jeder Bissen im Halse stecken geblieben. Doch schließlich vermochte es angesichts der täglichen schrecklichen Bilder gar nichts mehr zu essen.

»Wer betrügt, fliegt«

Sollte es zur Abwechslung einmal **gute** Nachrichten geben? Neugierig schaltete das Mädchen zwischen den verschiedenen Fernsehkanälen hin und her. Doch alle Sender boten ähnliche Bilder. Auf allen Raketenstützpunkten und Weltraumstationen des Planeten Erde herrschte ein geschäftiges Treiben. Was hatte denn das zu bedeuten?! Wollte denn die ganze Menschheit zum Mars oder zum Mond fliegen? Hatte etwa neben der Goldenen Regel auch noch der einst zu einem ganz anderen Zweck erdachte und in die Welt gesetzte Spruch »Wer betrügt, der fliegt« seine Wirkmacht bewiesen und eine Auswirkung dieser ungeheuerlichen Dimension? Doch! Tatsächlich! Alle Betrüger, jedenfalls die größten Betrüger, hatten ihr Schwarzgeld zusammengerafft, um zusammen, sozusagen »reif für die Insel«, eine Insel der seligen Betrüger, auf den Planeten Mars zu fliegen mit dem Ziel der Kolonisation. Verantwortliche aus der Waffen-Industrie, aus der Automobil-Industrie, aus der Sport- und Fußball-Industrie und aus der Lebensmittel- und der Bekleidungs-Industrie und viele Industrie-Hörige aus den Kreisen der Politik gingen an Bord. So war dann auch das einst von den Verfassern des Slogans »Wer betrügt, der fliegt« nicht durchdachte Problem gelöst, wohin derjenige fliegt, der betrügt. Und sogar die von den Betrügern betrogenen Menschen empfanden Freude oder jedenfalls eine Art Genugtuung darüber, dass die ihnen gestohlenen Gelder letztendlich doch noch einem guten Zweck dienten. Besser hätten sie ihre veruntreuten Gelder gar nicht anlegen können, erkannten sie.

Das Mädchen war angesichts der Nachrichten und der neuesten Geschehnisse in größte Verwunderung, ja mehr noch, in eine Art Weltfremdheit geraten. War es etwa **noch einmal vertrieben** worden aus einer ihm vertrauten Welt wie damals nach dem Zweiten Weltkrieg in die Fremde? Es war jedenfalls eine ganz andere, ungewohnte und eine neue und einzigartige märchenhafte Welt, deren Abbilder da auf dem Bildschirm »flackerten«. Wie elektrisiert blickte das Mädchen aus dem Fenster und spitzte die Ohren, um sich zu vergewissern, ob es nicht etwa nur träumte, als zwei ins Gespräch vertiefte Menschen an seinem Haus vorbeigingen. Zum Glück konnte es so erkennen, dass es immer noch in seiner geliebten zweiten Heimat, seiner kleinen Heimatgemeinde im oberbayerischen Pfaffenwinkel, weilte, denn es vernahm den vertrauten heimeligen Dialekt.

Von Herzen erleichtert, genoss das Mädchen Stunde für Stunde und Tag für Tag sein kleines Paradies in Harmonie mit Mensch und Natur. Herz und Augen waren ihm hier aufgegangen, und endlich konnte es fühlen und sehen, was »Glück« ist und das, was es darunter verstand. Ähnlich muss der Schriftsteller Johannes Trojan (1837–1915 n. Chr.) empfunden haben, der die folgenden Zeilen verfasste:

> *»So viel gibt's, was beglücken kann,*
> *und Freude macht entstehen;*
> *es kommt auf Herz und Augen an,*
> *dass sie, was Glück ist, sehen.«*

Lange, sehr lange, fast zu lange hatte es gedauert, bis das Mädchen **sein** Glück, sein ganz persönliches Glück, gefunden hatte. Glück ist ein Gefühl im Gegensatz zum Verstand. Das Geheimnis des Glücks ist nicht etwa der »glückliche Zufall«, sondern ein erhebendes subjektives Erleben. Ein mehr oder weniger dauerhafter Glückszustand hängt von der Häufigkeit des erlebten Glücksgefühls ab, das individuell ganz unterschiedlich sein kann. Jeder muss für sich selbst herausfinden, was ihn glücklich macht. Es sind meist die kleinen Dinge der großen Wunderwelt.

Und was das Mädchen als **»Unglück«** in seinem an Schicksalsschlägen reichen Leben erfahren musste, konnte es endlich jetzt und hier rückblickend als **sein »Glück«** erkennen. Was der einzelne Mensch als sein Glück ansieht, hängt nicht zuletzt von seiner ganz persönlichen Auffassung von Reichtum ab. Das Blickfeld ist »ein weites Feld« und die Blickrichtung lässt sich lenken, also die Sicht auf die Dinge, worin die Ursache für die facettenreiche Auffassung der Begriffe »Liebe«, »Reichtum« oder »Glück« liegt. Diese Erkenntnis fasst der Lyriker und Humorist Eugen Roth kurz und knapp in einem Vers der Sammlung »Mensch und Unmensch« zusammen:

> *»Vieldeutung*
>
> *Ein Mensch schaut in die Zeit zurück*
> *Und sieht: Sein Unglück war sein Glück.«*

Und auch darüber, wie seltsam manche Dinge und das Leben sein können, macht er sich Gedanken. Wie es um die »Menschlichkeit« manchmal bestellt ist, verrät dieser Vers:

»Seltsam genug

Ein Mensch erlebt den krassen Fall,
Es menschelt deutlich, überall –
Und trotzdem merkt man, weit und breit,
oft nicht die Spur von Menschlichkeit.«

Seltsam genug waren auch die Wege, die das Mädchen gehen musste, bis es an seinem Ziel angekommen war. Sein Weg hatte zuerst durch die Enge des Geburtskanals in eine Welt des Krieges, des Zweiten Weltkrieges, geführt. Danach hatte es nach Überwinden von gefährlichen Klippen und Irrwegen, gesäumt von Wegelagerern in Hinterhalten, den Weg in eine neue, seine zweite Heimat gefunden. Und ganz am Ende war es an einem paradiesischen Ort und in einer Welt des Friedens angekommen. Ungläubig und mehr als erstaunt stellte das Mädchen fest, dass die einstigen Prophezeiungen einer Wahrsagerin doch noch – jetzt und hier – in Erfüllung gegangen waren. Neugierig auf sein Leben, hatte es einmal in einer verzweifelten Situation »Lebenshilfe« gesucht. Das war zu einem Zeitpunkt, als es nach seinem Studium der französischen Sprache (es liebte diese Sprache der Diplomatie mit seiner anspruchsvollen Grammatik) aus Paris nach München zurückgekommen war und im Alter von 23 Jahren mit seinem Diplom in der Tasche noch immer alleine sein Leben hatte meistern müssen. Die Aussichtslosigkeit des Gelingens einer glücklichen Familie mit dem auserkorenen Mann konnte das Mädchen angesichts seiner Unerfahrenheit mit Männern damals nicht erkennen. Trotz der Warnungen seiner Eltern und eines von seiner ersten Schwiegermutter ausgesprochenen Satzes: »Mei Bua braucht mehra Weiba und a koan arma Flüchtling« (auf Hochdeutsch: »Mein Sohn braucht mehrere Frauen und auch keinen armen Flüchtling«), ehelichte das Mädchen nach fast 8 Jahren treuen Wartens einen zur Ehe unwürdigen und untauglichen Menschen, den leiblichen Vater seiner Tochter. Und es kam dann auch, wie es kommen musste: Nach knapp drei Jahren musste die »Spreu vom Weizen« getrennt werden.

Die Wahrsagerin

Die Wahrsagerin hatte sich damals bei der Beantwortung der Frage nach dem Ausgang dieser Jugendbeziehung zurückhaltend geäußert, wie auch zu dem Lebensverlauf des jungen Mädchens. Aber sie sagte schon damals dem Mädchen in ihrer vollen Überzeugung »ein Haus und Reichtum im Alter« voraus. Doch das war es gar nicht, was das Mädchen in seinem jugendlichen Alter interessiert hatte: In seinen Augen war es nämlich schon damals weder ein Haus noch der sogenannte Reichtum im herkömmlichen Sinn, was die Erfüllung eines Lebens ausmacht.

Umso mehr war das Mädchen überrascht, als es dann im Alter von 70 Jahren doch noch zu einem Haus und Reichtum gekommen war: Das »Haus« war zwar eher ein Häuschen – allerdings in den Augen des Mädchens das schönste Haus der Welt – und der »Reichtum«, den ihm die Wahrsagerin prophezeit hatte, lag nicht – wie in jener Zeit vor dem Zeitalter der Menschlichkeit üblich – in materiellem Besitz, sondern vielmehr im Besitz eines **ideellen Wertes**. Die Verwirklichung des prophezeiten Reichtums hatte das Mädchen weder erwartet noch erhofft. Es besaß den allergrößten Schatz der Welt und das größte Vermögen, das ein Mensch in seinem Leben anreichern kann: das **Erkenntnis-Vermögen**. Dass es die Befähigung besaß, aus diesem Vermögen auch noch »Kapital schlagen« und alle Verluste wieder wettmachen zu können, hatte das Vorstellungsvermögen des Mädchens allerdings weit übertroffen. Und dass es einmal in der Lage sein könnte, jemals auf seinen Irrwegen auf der Suche nach Frieden und Selbstverwirklichung an seinem Ziel anzukommen und sein Kapital, sein Erkenntnisvermögen, großzügig unter den Menschen verteilen zu können, war das größte Geschenk in seinem Leben. Seine neue kleine Welt und eine lebenswerte Welt für alle Menschen in seiner zauberhaften kleinen Schöpfungsgeschichte niederzuschreiben, war keine Illusion geblieben.

Ungläubig blickte das alte Mädchen immer und immer wieder um sich, sah alles an, was es »geschaffen« hatte, »und sah, dass es gut war«. Den siebzigsten Geburtstag seines Lebens erklärte das Mädchen deshalb »für heilig«, weil es der Tag war, an dem es beschloss, paradiesische Zustände in seiner kleinen Welt und in der großen Welt schaffen zu wollen und dass sich allein schon der Versuch lohnen würde. Dass es dazu lange 70 Jahre – und nicht wie Gott nur 7 Tage – gebraucht hatte, lag daran, dass es eben »auch nur ein Mensch war«. Allerdings »vom Baum der Erkenntnis gegessen« zu haben, bereute es nicht, und es befürchtete auch nicht, »aus seinem kleinen Paradies«, das es sich geschaffen hatte, vertrieben zu werden. Vorsichtshalber hatte es aber statt eines Apfelbaumes einen kleinen Kirschbaum in seinem Gärtchen angepflanzt, um auch ganz sicherzugehen, nicht aus dem »Land, wo Milch und Honig floss«, wieder verjagt zu werden. Schließlich war der Weg bis hierher steinig genug gewesen und hatte das Mädchen viel Herzblut gekostet. Doch das Wichtigste war, dass die Blutung noch kurz vor dem Aushauchen seines Lebens zum Stillstand gekommen und sein Herzschlag noch zu hören war. Der Blutkreislauf funktionierte noch und der Blutzoll, den das Mädchen für sein Erkenntnis-Vermögen hatte an den Zoll-Stationen seines Weges zahlen müssen, erwies sich nach Abwägen nicht als zu hoch. Mitenthalten waren ja auch die Studiengebühren für sein lebenslanges Studium von »Gott und der Welt«.

In diesem Punkt Ungehorsam geleistet und »vom Baum der Erkenntnis von Gut und Böse« gegessen zu haben, hatte das alte Mädchen jedenfalls nicht bereut, selbst auf die Gefahr hin, dass »es dann **sterben** würde« (wie es im Buch Genesis heißt). Diese Drohung steht sowieso im Widerspruch zur Mahnung, »die Weisheit zu suchen« (aus dem spätesten Buch des Alten Testaments, dem **Buch der Weisheit**), dachte das Mädchen. In der »Aufforderung zu einem Leben nach der Weisheit«, 6, 12, steht geschrieben: »Strahlend und unvergänglich ist die Weisheit, wer sie liebt, erblickt sie schnell, und wer sie sucht, findet sie.« Und dort steht auch geschrieben: »Hört also, ihr Könige, ihr Herrscher der Massen, die ihr stolz seid auf Völkerscharen! … Schnell und furchtbar wird er kommen und euch bestrafen; denn über die Großen ergeht ein strenges Gericht. Der Geringe erfährt Nachsicht und Erbarmen, doch die Mächtigen werden gerichtet mit Macht.«

Was das Mädchen nach lebenslangem Selbststudium erkannt hatte, war jedenfalls, dass Verantwortungslosigkeit und Oberflächlichkeit im Umgang mit den Mit-Menschen die Ursache sind für Ungerechtigkeiten, genauso wie die Unfähigkeit zum Differenzieren und Nachdenken über Ursache und Wirkung und über **die Tiefe der Dinge**. Zu Letzterer äußert sich Eugen Roth in einem der Verse der Sammlung »Mensch und Unmensch« auf humorvolle Art:

Der Weise

Ein Mensch, den wüst ein Unmensch quälte,
Der lang und breit ihm was erzählte,
Und der drauf, zu erfahren, zielte,
Was er, der Mensch, wohl davon hielte,
Sprach, kratzend sich am Unterkiefer:
»Ich glaub, die Dinge liegen tiefer!«
Gestürzt in einen Streit, verworrn
Der, nutzlos, anhub stets von vorn,
Bat er, sich räuspernd, zu erwägen,

Ob nicht die Dinge tiefer lägen.
Ja, selbst den Redner auf der Bühne
Trieb, zwischenrufend dieser Kühne
Vor seines Geistes scharfe Klinge:
»Es liegen tiefer wohl die Dinge!«
Der Mensch hat, ohne je den Leuten
Die Tiefen auch nur anzudeuten,
Es nur durch dieses Wortes Macht
Zum Ruhm des Weisen längst gebracht.

Schließlich hat der Ausruf: »Wage es, weise zu sein!«, den Immanuel Kant zu seinem Wahlspruch der Aufklärung erhob, zur Erkenntnisfähigkeit beigetragen. Im Jahre 1784 schrieb er: »Habe Mut, dich deines eigenen Verstandes zu bedienen! Zur Aufklärung wird nichts erfordert als Freiheit, und zwar die unschädlichste unter allem, was nur Freiheit heißen mag, nämlich die, von seiner Vernunft in allen Stücken Gebrauch zu machen.«

Wo war »der Mut, sich seines Verstandes zu bedienen«, geblieben in der sogenannten **Nachkriegszeit**, die alles andere war als **eine Zeit nach Kriegen**, eine Zeit, die an Brutalität kaum eingebüßt und die auch noch eine neue Art von Kriegen, die Finanzwirtschafts-Kriege, hervorgebracht hatte? Noch immer, viele Jahrzehnte nach Ende des Zweiten Weltkrieges, lagen scharfe Bomben unter Städten, Äckern und am Grund von Flüssen und Weltmeeren. Und unter der durch den bisher größten militärischen Konflikt der Menschheit blutgetränkten Erde der Welt liegen 55 Millionen Menschen, die sogenannten Kriegshelden und unschuldige Frauen und Kinder, verscharrt. Und das Mädchen musste noch am Ende seines Lebens zu seinem Schrecken und Entsetzen erfahren, wie Neo-Nazis mit ihrer menschenverachtenden Ideologie aus dem Untergrund hervorgekrochen waren, um ihr gewalttätiges, mörderisches Gedankengut aus dem braunen Sumpf ihrer niederen Gesinnung zu verbreiten. Ihr Zusammenschluss in einer Partei war nicht nur geduldet, sondern – so unglaublich das klingen mag – von einem aus Steuergeldern finanzierten **Sicherheitsorgan**, dem Verfassungs**schutz**, unterstützt und gefördert worden, wie sich herausstellen sollte. Das alte Mädchen dachte, dass damit wohl bewiesen war, wie die sogenannte »Wiederauferstehung« »geht«: Der Leib der Spezies Mensch ist der Verwesung preisgegeben nach physikalischem Gesetz, doch sein Geist ist unsterblich. Der Tyrann Hitler hat seinem schäbigen Leben 1945 durch Selbstmord ein Ende gesetzt, doch sein kranker Geist hatte fortgelebt in kranken Gehirnen.

Terror, Terror, Terror und auch noch Finanz-Terror in »aller Herren Länder« und in aller Munde. Gesprochen wurde viel, auch von Sicherheit, Überwachung, Kontrolle und Schutz, doch getan worden war wenig. Effektivität und Wirksamkeit der getroffenen und kostspieligen Maßnahmen waren nicht im Geringsten gewährleistet. Die Frage, die entscheidende Frage war nur, wie es so weit hatte kommen und all die mafiösen Zustände hatten eintreten können!

Der Rettungsschirm

Der einstmals wunderbare Gedanke der Demokratie, der Staatsform einer »Volksherrschaft«, in der die Staatsgewalt vom Volke ausgeht nach dem Grundsatz der Herrschaft der Mehrheit, war zu einer Oligarchie, also einer »Herrschaft Weniger«, entartet. Von Aristoteles wurde diese Staatsform als Zerrform der Aristokratie bezeichnet, die Machtausübung nicht im Gemein-, sondern im Gruppen-Interesse. Der Begriff wurde später zur Kennzeichnung der Herrschaft von Gruppen und Cliquen in größeren Gremien (Verbände, politische Parteien, Bürokratie) verwendet. Aristoteles ist der Fort- und Umbildner des platonischen Idealismus und die größte geistige Potenz der abendländischen Geistesgeschichte; seine Begriffsbildung dient noch der Wissenschaft der Gegenwart. Der Geist einer Oligarchie hatte auch schon im »gemeinsamen Haus Europa« (der Begriff stammt aus Michail Gorbatschows Buch »Perestroika und neues Denken für unser Land und die ganze Welt«, 1987) unter den 18 ungleichen Euro-Ländern gespukt und mit der »Erfindung« der gemeinsamen Währung, dem Euro, dieses Haus in ein »gemeinsames Armenhaus Europa« und in ein Geisterhaus des Unrechts und des Unfriedens verwandelt. In diesem Zusammenhang fiel dem alten Mädchen unwillkürlich die Ballade des deutschen Klassikers Johann Wolfgang von Goethe ein (in seiner schriftstellerischen Geistesfreiheit ersetzte es einige Wörter durch »zeitgemäße« Begriffe und aus »Besen« wurde »Kobold« bzw. »Stock« und »Rettungsschirm«, aus »Wasser« und »Guss« der »Euro«):

Der Zauberlehrling

Hat der alte Hexenmeister
Sich doch einmal wegbegeben!
Und nun sollen seine Geister
Auch nach meinem Willen leben.
Seine Wort' und Werke
Merkt' ich und den Brauch,
Und mit Geistesstärke
Tu' ich Wunder auch.
Walle! Walle
Manche Strecke
»Euro« fließe
Und mit reichem, vollem Schwalle
Zu dem Bade sich ergieße.

Und nun komm, du alter »Rettungsschirm«!
Nimm die schlechten Lumpenhüllen;
Bist schon lange Knecht gewesen;

Nun erfülle meinen Willen!
Auf zwei Beinen stehe,
Oben sei ein Kopf,
Eile nun und gehe
Mit dem »Euro«-Topf!
Walle! Walle
Manche Strecke,
Daß zum Zwecke
»Euro« fließen
Und mit reichem, vollem Schwalle
Zu dem Bade sich ergieße.

Seht, er läuft zum Ufer nieder;
Wahrlich! Ist schon an dem Flusse,
Und mit Blitzesschnelle wieder
Ist er hier mit raschem »Euro«.
Schon zum zweiten Male!
Wie das Becken schwillt!
Wie sich jede Schale
Voll mit »Euros« füllt!
Stehe! Stehe!
Denn wir haben deiner Gaben
Vollgemessen! –
Ach, ich merk' es! Wehe! Wehe!
Hab' ich doch das Wort vergessen!
Ach! Das Wort, worauf am Ende
Er das wird, was er gewesen.
Ach, er läuft und bringt behände!
Wärst du doch der »alte Rettungsschirm«!
Immer neue »Euros«
Bringt er schnell herein,
Ach! Und hundert Milliarden »Euros«

Stürzen auf mich ein.
Nein, nicht länger
Kann ich's lassen;
Will ihn fassen.
Das ist Tücke!
Ach, nun wird mir immer bänger!
Welche Miene, welche Blicke!

O du Ausgeburt der Hölle!
Soll das ganze – gemeinsame Haus Europa – ersaufen?
Seh' ich über jede Schwelle
Doch schon »Euro«-Ströme laufen.
Ein verruchter »Rettungsschirm«,
Der nicht hören will!
»Rettungsschirm«, der du gewesen,
Steh doch wieder still!
Willst's am Ende
Gar nicht lassen?
Will dich fassen,
Will dich halten
Und das alte Holz behände
Mit dem scharfen Beile spalten.
Seht, da kommt er schleppend wieder!
Wie ich mich nur auf dich werfe,
gleich, o »Rettungsschirm«, liegst du nieder,
Krachend trifft die glatte Schärfe.
Wahrlich! brav getroffen!
Seht, er ist entzwei!
Und nun kann ich hoffen,
Und ich atme frei!
Wehe! wehe!
Beide Teile

Steh'n in Eile
Schon als Knechte
Völlig fertig in die Höhe!
Helft mir, ach! ihr hohen Mächte!
Und sie laufen! Nass und nässer
Wird's im Saal und auf den Stufen.
Welch entsetzliche »Euro«-Massen!
Herr und Meister! Hör mich rufen! –
Ach, da kommt der Meister!
Herr, die Not ist groß!
Die ich rief, die Geister,
Werd' ich nun nicht los.
»In die Ecke,
»Rettungsschirm«! »Rettungsschirm!«
Seid's gewesen!
Denn als Geister
Ruft euch nur zu seinem Zwecke
Erst hervor der alte Meister.

Das Fazit daraus: Am **Bau** des »gemeinsamen Hauses Europa« musste wohl ein Lehrling am Werk gewesen sein, denn das Haus drohte wieder auseinanderzufallen. »Pfusch am Bau« hieß es in aller Munde. Bei der »Abnahme des Bauwerks« hatte sich herausgestellt, dass **der Kitt vergessen** worden war. Der Kitt, der zum Kleben und Dichten für Verbindungen von Dampf-, Gas- und Wasserleitungsröhren und zum **Zusammenfügen** von Metall (dem Euro) verwendet wird. »Was die Welt (und Europa) im Innersten zusammenhält« ist nicht ein Material – wie Geld –, sondern es ist ein **Ideal**, es ist die »**Menschlichkeit**«, eine **gemeinsame Geistesgesinnung** also, eine geistige Verbindung, verwurzelt im demokratischen Mehrheitsgedanken und im neuen Zeitgeist für »mehr Demokratie«. Der Politik in Europa kommt dabei die Aufgabe zu, die verantwortungsvollste Aufgabe, nämlich die Lebensverhältnisse der Menschen (nicht der Banken!) zu verbessern und sie nicht in ein gemeinsames Armenhaus Europa zu treiben. Wie sich herausstellte, war bei der »Erfindung« des Euro einfach etwas Wichtiges »vergessen« worden: Seine Initiatoren hatten die Möglichkeit des **Insolvenz-Falles** eines Euro-Landes außer Betracht gelassen, vergleichbar mit dem Problem bei der »Erfindung« der Atom-Kraftwerke, wo einfach »**vergessen**« (!) worden war, den Unglücks-Fall und den Ab-Fall als Szenario miteinzuplanen.

Die Gier, die Macht-Gier und die Geld-Gier, war der Motor beim Niedergang der Welt und ihrer Kulturen. Es hatte sogar Zeiten gegeben, da Banken und Börsianer auf den »Untergang von Staaten« **wetten** durften! Auf Lebensmittel wurden Wetten abgeschlossen, die den Hunger auf der Welt noch vergrößerten. In einer ihrer Reden forderte die Kanzlerin eines großen Euro-Landes: »Wir brauchen mehr Europa!« (?!) Das Mädchen konnte nicht verstehen, was sie damit sagen wollte. Was sollte das heißen? Wovon wurde in Europa mehr gebraucht? Mehr Euros konnten wohl kaum gemeint sein, das würde die Inflation noch mehr anheizen. Mehr frisch gedruckte Euros eignen sich nicht zum Zusammenkitten des **gemeinsamen Hauses Europa**, weil es die **Haus-Bewohner** sind und ihr gemeinsames Ideal, nämlich die Gerechtigkeit, die sie zusammenschmiedet.

Nach langem Hin-und-her-Überlegen kam das Mädchen schließlich zu der Überzeugung: »Bestimmt, ganz bestimmt, hat sie den Satz nur nicht zu Ende gesprochen, und vor allem hat sie das entscheidende und wichtigste Wort weggelassen: G e r e c h t i g k e i t !«

Gewiss sollte der vollständige Satz lauten: »Wir brauchen **mehr Solidarität für die Gerechtigkeit in Europa**«, für weitestgehend gleiche Wettbewerbs- und Lebensbedingungen.

Denn: Nur Gerechtigkeit schafft Frieden. Ist doch im Jahre 2013 der Friedensnobelpreis an die Europäische Union verliehen worden! Gerechtigkeit nämlich durch Vollbeschäftigung, vor allem auch der Jugendlichen in allen europäischen Ländern, und durch Erhebung einer gerechten sogenannten »Reichen-Steuer« in allen europäischen Ländern zur Verkleinerung der viel zitierten Schere zwischen Armen und Reichen. Für »mehr Europa« braucht es »mehr Friedens-Architekten«, für den Ausbau des »Hauses Europa« mehr Festigkeit des Mauerwerks, um es vor dem Einsturz zu schützen.

So war es dem Mädchen auch ein Mysterium geblieben, welche Rolle die Korruption in einem demokratischen Rechtsstaat spielte, der durch deren Duldung oder gar die Verstrickung darin das Vertrauen des Volkes verspielte.

In jenen Jahren zu Ende des alten Zeitalters herrschten Lug und Trug überall auf der Welt, und die Elite hatte für diesen Verfall der Sitten als Vorbild gedient. Korruption und Massenverdummung hatten ihre Blütezeit. Doch eines war auch klar: Auf Dauer können Lügner und Betrüger nicht erfolgreich sein. »Niemand hat ein so gutes Gedächtnis, um auf die Dauer ein erfolgreicher Lügner zu sein«, meinte Abraham Lincoln (1809–1865 n. Chr.), einer der bedeutendsten Präsidenten der amerikanischen Geschichte. Und ein Sprichwort sagt: »Betrogene Betrüger schimpfen am lautesten.« Und dass gar »die Lüge der Anfang zu allem Bösen ist«, bemerkte der vom Humanismus beeinflusste Reformator Ulrich Zwingli (1484–1531 n. Chr.). Der Humanismus ist eine Geisteshaltung der Renaissance und gekennzeichnet durch eine erneute, intensive, auf Quellenstudium gestützte Wiederbelebung antiken Gedankenguts. Aus dieser eingehenden Beschäftigung mit der Literatur der römischen und griechischen Antike war das Bedürfnis des Einzelmenschen nach einer humaneren Welt erwachsen. Sich aus den festen Gemeinschaftsformen des christlichen Mittelalters endlich ganz herauszulösen und die Persönlichkeit im Sinne der antiken »humanitas«, d. h. der **Menschlichkeit** bzw. Humanität, war das erstrebte Ziel. In der abendländischen Geisteshaltung verbindet der Humanismus den christlichen Gedanken, dass alle Menschen gleichen Wert haben, mit dem griechischen Gedanken, dass der Wert des Menschen in der freien, maßvollen Entfaltung der Persönlichkeit liegt. Wesensbestimmend für den Humanismus ist sein Verhältnis zur Sprache: **Die Sprache** – mit ihren geistigen Inhalten – gilt als der **höchste Ausdruck des Menschseins**. In einer kultivierten Sprache beweisen sich also die Würde und der Rang eines Menschen. Und durch eine Pflege der Sprache mittels der schönen Literatur lässt sich der Mensch am ehesten zu **seiner Bestimmung** erziehen. »Die Sprache ist das Haus des Seins«, meint der Philosoph Martin Heidegger (1889 – 1976 n. Chr.) in seiner Schrift »Über den Humanismus« (1949), dessen Denken um die »Seinsfrage« kreist.

Wie aber ließen sich Begriffe wie »Würde« und »Humanismus« mit den himmelschreienden Zuständen auf dem Erdball zu Beginn des 21. Jahrhunderts vereinbaren? Damals war nicht »nur« der Schrei nach »mehr Menschlichkeit« lauter und lauter geworden, grell ertönte auch der Schrei nach »mehr Brot für die Welt«. Auf der Welt gab es allein 295 Millionen Hungernde. Besonders groß war der Anteil hungernder Menschen in Afrika, dessen Ackerland die Industrieländer teils aufgekauft oder besser gesagt weggekauft hatten. Als die Ökonomie den Rang vor der Ökologie eingenommen hatte, drohte der alten Welt der Kollaps. Auch Organisationen wie die Welthungerhilfe hatten daran nichts Wesentliches ändern können. Im Gegenteil: Manche Hilfsorganisationen hatten sich sogar noch am Hunger der Menschen bereichert. So waren Milliardengelder in den gierigen Hälsen von Organisatoren versickert und nicht in lebenswichtige Bewässerungsprojekte geflossen. Aus Ackerbauern waren Baumwoll-Exporteure und Fischer gemacht worden und auf einstigem Ackerland sprießten Rosen (!) für den Export nach Europa und verbrauchten die lokalen Wasserressourcen, die damit nicht mehr für den Anbau von lebenswichtigem Getreide für die Ernährung zur Verfügung standen. Aus Hilfesuchenden waren Abhängige gemacht worden, Abhängige vom Hühnerbeinchen-Import aus den Industrieländern und auch noch Schuldner aufgrund des Erwerbs von Diesel und Pestiziden bei den Chemie-Konzernen. Eine neue, moderne Art der Sklaverei hatte um sich gegriffen und drohte, die Welt in ein Zeitalter der Sklaverei zurückzuversetzen. Die Politiker waren zu Sklaven der Wirtschaft geworden, die Länder zum Spielball der Politiker und die Menschen zu »Mensch-ärgere-dich-nicht-Spielern«. Gewinn oder Niederlage, das war hier die Frage. Und wie lange wohl würde es noch dauern, bis das böse Spiel zu Ende war? Wie lange wohl würde es noch brauchen, bis die in Abhängigkeit und Unterdrückung Versetzten einen Sklaven-Aufstand, einen »Zwergerl-Aufstand«, unternahmen oder in einer Hungerrevolte einen Ausweg suchten?

So viel ist klar: Die Menschheit war auf allen Ebenen auf dem Nullpunkt angekommen und damit war auch bei Strafe des drohenden Untergangs ein grundlegender Neubeginn unvermeidbar geworden.

Doch: Das Neue Zeitalter stand schon in den Startlöchern! Es stand im Zeichen des Wassermanns, nach astrologischen Erkenntnissen dem Zeichen der Zerstörung und der Erneuerung. Und nach dem chinesischen Horoskop war das Jahr 2012 der Beginn eines 12-jährigen Zyklus im Tierkreiszeichen des Drachen, der in Ostasien vorwiegend wohltätige Mächte verkörpert. Drachen-Mädchen sollen bei den Tibetern angeblich für Glück und Wohlstand sorgen. Geburts-Tag und -Jahr des Mädchens im Märchen »Krieg der Frösche« fällt genau unter diese beiden Tierkreiszeichen. Zur Winter-Sonnenwende des Jahres 2012 n. Chr. befanden sich außerdem die drei Planeten Neptun, Pluto und Uranus in einer besonderen Konstellation und konnten in diesem kosmischen Moment eine gewaltige Veränderung auf energetischer Ebene bewirken. Das Mädchen dachte deshalb: **Das muss** der Anfang aller friedlichen Energien und das Ende aller kriegerischen Energien auf dieser Welt und das **Geburtsdatum einer Neuen Welt ohne Kriege** sein! **Mit dem kollektiven Bewusstsein** der fundamentalen Bedeutung von Gerechtigkeit, Ethik und Moral und von Wahrheitsliebe der Spezies Mensch wird sich ein Geistes-Wandel, auch betreffend die Stellung des weiblichen Geschlechts in der Gesellschaft, vollziehen. Voraussichtlich soll erst in etwa 13 Millionen Jahren die Anziehungskraft der Andromeda-Nebel unser Sonnensystem verschlingen und unsere Sonne erst in vielen Milliarden Jahren verglühen. Genug Zeit also noch für die Menschheit, auch wenn die grundlegenden Veränderungen noch 20 Jahre dauern sollten. Dem Menschen haben erst Verstand und Sprache zu der überragenden Stellung unter allen Lebewesen verholfen. Und so bedürfen nicht nur materielle **Kulturgüter,**

wie Denkmäler, sondern auch das größte Kulturgut, die Muttersprache, und auch die verschiedenen Mundarten der besonderen Pflege und des Purismus zum reinen Erhalt. Das sogenannte »Neu-Deutsch«, das sich der Wörter und Begriffe aus der englischen Sprache bediente, war dem Mädchen nicht nur ein Gräuel, es schmerzte und beleidigte sein Sprachverständnis. Die deutsche Sprache ist eine der ausdrucksstärksten und grammatikalisch differenziertesten Sprachen und bedarf keiner Verfremdung und Vermischung und Verfälschung mit anderen. Für Wörter, die sich wie selbstverständlich in den täglichen Sprachgebrauch eingeschlichen hatten und die Reinheit der deutschen Sprache gefährdeten, lassen sich mehr als genug Synonyme in unserer Muttersprache finden. Die Vielzahl an sinnverwandten Wörtern eröffnet ein großes Feld von Ausdrucksmöglichkeiten und bietet Alternativen der Wortwahl und stilistischen Variation, den Sprachschatz zu aktivieren und den Wortschatz zu erweitern und zu bereichern. So galt es, englische Wörter auszumerzen wie:

»okay«:	einverstanden, gut, alles klar
»in«:	zeitgemäß, modern, gefragt
»out«:	nicht zeitgemäß, nicht gefragt
»Job«:	Arbeit, Tätigkeit
»Sale«:	Aus-/Schlussverkauf
»Stress«:	Belastung
»Burn-out«	Erschöpfung
»Fastfood«:	schnelles Essen, Futter
»Kick«:	Tritt, Stoß: umgangssprachlich: Schwung, Spaß
»Kids«	Kinder
»Postpoint«:	Poststelle
»Hobby«:	Steckenpferd
»Know-how«:	Wissen, Können

Die englische Sprache mag wohl Bedeutung haben, um mit dem unmenschlichen Computer zu »sprechen« und zu kommunizieren, nicht aber um Kontakte zu einheimischen Mit-Menschen zu pflegen.

Unsere größten Klassiker der Dichtkunst, Goethe und Schiller, wären überrascht und begeistert, wüssten sie von dem gewaltigen Wortschatz, um den sich ihre Muttersprache innerhalb von zwei vergangenen Jahrhunderten bereichert hat.

VII
Die neue Wunder-Welt

Die versteckten Gesetze

In einer Zeit, als noch das Monster Computer mit seinen Helfershelfern auf den Finanzmärkten die Welt beherrschte, beherrschten manche Schulabgänger in Deutschland nicht einmal die Grundregeln im Schreiben und Rechnen. Das Lesen hatten sie zwar gelernt, doch den Sinn des Gelesenen zu verstehen, machte ihnen Schwierigkeiten. Auch waren Probleme entstanden durch die ständige Umstrukturierung im Schulsystem. Allein innerhalb der einzelnen Bundesländer gab es weder einheitliche Lehrpläne noch Abituraufgaben. Die von der damaligen Wirtschaftsindustrie geforderte Flexibilität der in Arbeit stehenden und Arbeit suchenden Menschen hatte oft unzumutbar lange Arbeitswege oder den Wechsel in ein anderes Bundesland und auch einen Schulwechsel der schulpflichtigen Kinder zur Folge, die mit anders strukturierten und immer neuen Lehrplänen konfrontiert wurden. Die Regel für die deutsche Rechtschreibung, die Grammatik, die Mathematik und die Physik und sogar für das Leben und das Überleben sind überall gleich. Und **eine Regel** steht über allen anderen, es ist die »**Goldene Regel**«! »Nicht für die Schule« (beziehungsweise die Erfüllung der unterschiedlichen und wechselnden Lehrpläne!), »fürs Leben lernen wir.« Dieser bekannte Satz geht zurück auf den römischen Philosophen Seneca den Jüngeren, der damit die populären Schulen seiner Zeit kritisierte, die nach seiner Meinung nur Schulweisheiten und kein für das Leben und dessen Meistern nützliches Wissen vermittelten. Die Abhängigkeit allen Wissens von der Erleuchtung des Menschen und die **Belegung der Theorie durch die Praxis**, das menschliche Handeln, fordert der sogenannte »Homo-Mensura-Satz« (»homo« = Mensch, »mensura« = Maß), der besagt: »Der Mensch ist **das Maß** aller Dinge« (Protagoras, 480–421 v. Chr.). »Wenn das Maß aller Dinge der Mensch sein soll«, dachte das Mädchen, »dann muss es also auch eine Maßeinheit für die Bemessung dieser Spezies der Lebewesen geben.« Das Menschsein lässt sich an der Messlatte seiner eigentlichen Bestimmung, der **Menschlichkeit,** ablesen. Für das richtige Maßhalten in allen Dingen aber ist einzig die Gesetzmäßigkeit der Natur der Maßstab; sie allein lehrt, wie und wodurch **Harmonie**, **Regeneration** und **Gleichgewicht** entstehen. Die Natur bedient sich des sogenannten »Goldenen Schnitts«. Er erscheint in Pflanzen, Muscheln, Wind und Sternen. Das regenerative Prinzip findet sich in Formen und Körpern als Basis für die DNA bis hin zu den Konturen des Universums. Die Balance spiegelt sich ebenso in der Spirale des Innenohrs wider wie auch in der Form eines eingerollten menschlichen Embryos. In der alltäglichen Welt des Beobachtens und Abmessens der Dinge wird die Proportion dazu verwendet, die Beziehung von Teilen untereinander oder zu einem großen Ganzen auszudrücken. Um »gutes Aussehen« hervorzurufen, bedarf es deshalb nur des uralten Prinzips von Proportion und von Harmonie in der Zusammenstellung von Farben und Formen und nicht einer »neuen Mode« des Zeitgeschmacks.

»In der Welt zu leben ohne Einblick in die versteckten Gesetze der Natur ist so, als kenne man die Sprache des Landes nicht, in dem man geboren wurde.«
(Hazrat Inayat Khan)

Um diese »versteckten Gesetze der Natur« wieder neu zu entdecken, war das alte Mädchen schließlich dem Ballungsraum einer Millionenstadt – ganz gegen den Trend der damaligen Zeit – entflohen, von dort, wo die geballten Menschenmassen gestresst und im Kampf um ein bisschen erschwinglichen Wohnraum und um ein bisschen Ruhe und ein bisschen gute Luft umherirrten, in einen neuen heilen Lebensraum, wo Mensch und Natur sich friedlich arrangieren. Und es hatte noch etwas gegeben, das es wieder neu entdeckte: Es waren »die versteckten Gesetze einer Regel«, der »Goldenen

Regel«, die dann auch noch eine weltweite »Zweite« Renaissance, eine Wiedergeburt, erlebten. Eine »neue Neuzeit« schlich sich langsam, ja fast unbemerkt ein in sämtliche Lebens- und Geistesbereiche, eine sich langsam vollziehende Kulturwende, begleitet von Humanismus und Reformen, wie damals bei der »ersten« Renaissance, die im 14. Jahrhundert von Italien ihren Ausgang nahm; sie lässt sich zurückführen ebenfalls auf eine Bewusstwerdung der Persönlichkeit und bedeutet Ausbildung eines neuen Lebensgefühls und das Streben nach objektiver Naturerkenntnis. »Die Flucht aus einer Millionenstadt in ein ländliches Dorf (und das noch im fortgeschrittenen Alter)«, überlegte das Mädchen, »war wohl gar nicht so un-vernünftig wie es ursprünglich den Anschein hatte.« Hier konnte es wieder reine Luft atmen und Körper und Seele therapieren. Die Aussichten auf eine Gesundung waren ganz erheblich gestiegen in dem kleinen Erholungs- und Luftkurort ohne Kurbetrieb. Das hatte das Mädchen schon bei der Entgegennahme des Schlüssels zu seinem kleinen Haus im Grünen gespürt: »Der Schlüssel zum Glück liegt in der Gesundheit: den Schlüssel zur Gesundheit aber findest du in deiner Seele«, besagt beispielsweise eine buddhistische Weisheit. Das Mädchen vertraute mehr auf die heilenden Kräfte der Natur als auf chemische Produkte. Hier lagen nicht nur die unzähligen kleinen und großen Wunder der Natur versteckt, hier in seinem Märchenland lag offensichtlich auch sein Jungbrunnen, der Wunderbrunnen, aus dem das Wasser des Lebens kommt und der dem Mädchen seine verloren gegangenen Kräfte zurückgeben konnte. Nicht etwa, dass das Mädchen hätte noch einmal jung sein wollen, es begehrte nur ein bisschen Lebensqualität beziehungsweise das, was es selbst darunter verstand. Die Zeiten mit dem amerikanischen Leitbild »time is money« (»Zeit ist Geld«) waren vorüber und an seine Stelle war das Sinnbild »time ist life« (»**Zeit ist Leben**) und »retour à la nature« (»Zurück zur Natur«) getreten. Viel **Lebenszeit** war dem Mädchen sowieso nicht mehr geblieben, doch seine Energie war ungebrochen. Und es war allerhöchste Zeit geworden, an seinem bisherigen Leben etwas zu ändern. Vor allem hatte es genau gespürt, dass die mit Krebs erregenden Substanzen angereicherte Luft einer Millionenstadt das Wachstum neuer

Tumore beschleunigt hätte. Derart allergisch auf den Gestank der Auspuffgase von Kraftfahrzeugen hatte es vor seiner Operation nicht reagiert, während die meisten Großstadt-Menschen sich offensichtlich dieser Gefahr nicht bewusst zu sein schienen. Einmal geschah es, dass das Mädchen Zeugin eines beispielhaften Vorfalls an einer Bushaltestelle geworden war: Erbost hatte eine Frau einer anderen Wartenden befohlen, die eben angezündete Zigarette auszumachen, da es »verboten sei«, hier zu rauchen (was gar nicht stimmte). Die ertappte Täterin gehorchte augenblicklich, worauf die Erboste sichtlich beglückt und zufrieden der vorbeirollenden Autoschlange nachblickte und die Krebs erregenden Auspuffgase fast genüsslich einzuatmen schien.

Umso mehr wusste das Mädchen die gute Luft und die Ruhe in seinem neuen Lebensraum zu schätzen. Hier gab es auch noch frische Kuhmilch direkt vom Bauern und reinen Imkerhonig direkt vom Imker gleich um die Ecke, hier gab es auch noch einen Metzger mit eigener Schlachterei, einen Bäcker mit natürlichen Backwaren, Eier von glücklichen freilaufenden Hühnern und unverfälschte Lebensmittel aus der Region. Hier war es noch möglich, sich gesund und bewusst zu ernähren, für das Mädchen ein Muss. Es genoss seine Spaziergänge in der frischen Luft, begleitet vom Gesang der Vögel und war begeistert von den Konzerten«, die ihm die Frösche am nahe gelegenen naturbelassenen kleinen Weiher darboten. Am Wegesrand blühten noch viele Arten von Wildblumen, die weiten Wiesen leuchteten im schönsten Gelb des Löwenzahns im Frühjahr und im Winter kam der Schnee aus den Wolken noch weiß auf der Erde an und verfärbte sich nicht grau vom Schmutz tausender Kraftfahrzeuge einer Millionenstadt. Und vor allem: Seine Kindheitserinnerungen wurden wieder wach. Die Zeit schien für einen Augenblick stehen geblieben und der Alterungsprozess innezuhalten. Die Harmonie der Natur in Flora und Fauna schien sich auf das Mädchen zu übertragen; es konnte wieder schlafen wie ein Murmeltier und auch die Schmerzen, die es schon so viele Jahre geplagt hatten, wurden nach und nach erträglicher. Auch wenn es die nahe gelegenen Berge nicht mehr besteigen konnte, war doch die Lebensfreude in sein sogenanntes zweites Leben zurückgekehrt. Ein Zurück, zurück in die körperliche Leistungsfähigkeit und die Vergnügungen der Jugend, gibt es nicht und braucht es auch gar nicht. Viel wichtiger und natürlicher ist es, sich im Alter altersgemäß seinen individuellen Möglichkeiten anzupassen und Einschränkungen zu akzeptieren. Schließlich ist das Altern ein langwieriger ganz normaler Prozess und findet nicht von heute auf morgen statt. Von dem in der damaligen Zeit herrschenden Jugend-, Schönheits- und Fitness-Wahn jedenfalls ließ sich das Mädchen nicht beherrschen und konnte dem Naturforscher Alexander von Humboldt (1769–1859 n. Chr.) beipflichten, der meinte: »Ich finde das Alter nicht arm an Freuden; Farben und Quellen dieser Freuden sind nur **anders**.«

Die unzähligen Operationen, denen sich der »moderne« Mensch in seinem Jugend-, Schönheits- und Fitness-Wahn unterzog, nur um mit der Jugend mithalten zu können, hatten mit dem Erhalt körperlicher und geistiger Beweglichkeit rein gar nichts zu tun. Ausschließlich moderate und immer nur ganz individuell angepasste sportliche Aktivitäten als Ausgleich bei geistiger und sitzender Tätigkeit in Verbindung mit mäßigem Fleischverzehr und einer Ernährung reich an saisonalem Obst und Gemüse verzögern das Altern. Eine auf die persönliche Anatomie abgestimmte und vor allem regelmäßige Gymnastik wie beispielsweise das progressive Muskeltraining »nach Jakobson« anstelle eines Kräftemessens an »Foltergeräten« in Fitnessstudios und Spaziergänge in der frischen Luft sind weitaus gesundheitsfördernder und außerdem auch erquickender für die Seele. Auch kann häufig die Anwendung eines Melkfettes und der altbewährten Penaten-Pflegemittel größere »Wunder« vollbringen als die teuersten Rezepturen von Schönheitscremes und oftmals fragwürdigen Bio-Artikeln.

Es war ein ganz neues, zugleich aber altvertrautes Lebensgefühl, ja ein Hochgefühl, hier in einer Landschaft ohne Betonbauten und Hochhäusern zu leben. Die Häuser waren meist nur einstöckig, oft auch mit Lüftlmalerei verziert und noch aus altbewährten Ziegelsteinen errichtet wie einst auch das Vaterhaus des Mädchens. Das umliegende Gärtchen war zwar klein, doch für die paar Schritte, die das alte Mädchen mit seiner Arthrose noch gehen konnte, vollkommen ausreichend. Es gab jedenfalls in allernächster Nähe noch genug zu bestaunen, was das Mädchen an seine Kindertage erinnerte: das Schnattern der Gänse, das Gackern der Hühner, das Zirpen der Grillen, der Ruf des Kuckucks, das Summen der Bienen, der Gesang der Vögel, das Quaken der Frösche. Sogar Kühe, Schafe und Ziegen fanden hier noch Weideplätze auf grünen Wiesen und erfreuten sein jung gebliebenes Kinderherz. Und die Renovierung seines alten Häuschens machte dem Mädchen viel Freude, indem es sich einfach vorstellte, sein verlorenes Vaterhaus gerettet zu haben.

Der Zauberschlüssel

Eines schönen Tages, es war damals im Frühling des Jahres 2017, als das Mädchen wieder einmal den Fernseher einschaltete in der Hoffnung, wieder einmal gute Nachrichten und keine Schreckensnachrichten mehr über Gewalttaten, Korruption und blutige kriegerische Auseinandersetzungen hören und sehen zu müssen, konnte es kaum glauben, was sich da vor seinen Augen darbot. Es versetzte das Mädchen in größtes Erstaunen und übertraf all seine kühnsten Erwartungen: War denn **ein Wunder** geschehen? Der Wunderglaube der Menschen des Mittelalters war doch längst durch die Erkenntnisse in den Gesetzmäßigkeiten der Natur widerlegt wie auch so manche märchenhafte Geschichte der zweitausend Jahre zählenden Bibel! Sollte dennoch ein Märchen wahr geworden sein? Sollte denn etwa das Märchen vom »Krieg der Frösche«, von einer Welt ohne Kriege, wahr geworden sein?

Sollte denn das lang herbeigesehnte Neue Goldene Zeitalter schon angebrochen sein? Wenn ja: Schiffbrüche jedenfalls waren bisher genug auf der Tagesordnung während seiner Entstehungszeit!

Sollten denn die Zeiten der Herrschaft der »**Un**-Menschen« über die »Menschen« endlich vorbei sein, vorbei sein für alle Zeiten und damit alle Missstände ausgeräumt sein für alle Zeiten?

Die friedlich demonstrierenden Menschenmassen auf den Straßen der Großstädte in aller Welt waren nicht mehr zu sehen, und der Schrei nach »mehr Demokratie und mehr Menschlichkeit« war verstummt.

Sollte denn der neue Zeit-Geist der vergangenen Jahre eine endgültige Wende der Zeiten tatsächlich bewirkt haben? Oder war es etwa gar dem »**Zauberschlüssel zum Frieden**« und der **Zauber-Formel**, der »**Goldenen Regel**« mit ihrer Zauberkraft, zu verdanken? Was das Mädchen jedenfalls da auf dem Bildschirm zu sehen und von Kommentatoren zu hören bekam, ließ keine Zweifel zu: Seine Wünsche und ein Menschheitstraum schienen in Erfüllung gegangen! Als Erstes fiel auf, dass alle Menschen einen kleinen Schlüssel bei sich trugen, sei es am Hals, am Handgelenk oder an ihrem Schlüsselbund, sehr friedlich aussahen mit einem entspannten Lächeln auf den Lippen und ungewohnt herzlich miteinander sprachen und umgingen. Ein ganz neues Bild bot sich auch beim Anblick von Zusammentreffen der Spitzengruppen in Gesellschaft, Politik und Kirche: Das sogenannte »Gruppenbild mit Dame«, das bislang das Erscheinungsbild bei Gipfeltreffen der Mächtigen der Welt geprägt hatte, sah man nun nicht mehr und an seiner Stelle erblickte man gemischte Gruppen von Frauen und Männern in einem **ausgewogenen Verhältnis** bei den Auftritten von Führungskräften. Ein **Schlüssel** war es, der sogenannte Zauberschlüssel, der das **Kreuz**, ein symbolisches Zeichen für das Leiden und den Kreuzes-Tod Jesu beziehungsweise auch das Symbol für das im damaligen römischen Reich zur Marter und zur Vollstreckung der Todesstrafe dienende Werkzeug abgelöst hatte! Die Begeisterung der Menschen für diesen Schlüssel war grenzenlos und übergriff alle Grenzen, überzog die ganze Welt, denn er war genau das gegenteilige Symbol zum Kreuz, zum »Kreuz auf der Welt«, nämlich ein Werkzeug zum Glück (anstatt zum Leid!) und zum Leben (anstatt zum Tod!). Ja, dieser Schlüssel hatte sogar die Kraft, Todes-Sehnsüchte oder gar Sehnsüchte »nach 72 Jungfrauen im Paradies« des Jenseits zu vertreiben. Und vor allem, und das vor allem: Aus der einstigen Verhaltensregel für die **Lebens**führung war die »Liebe« zur »**Verantwortung**« mutiert, der »Glaube« zur »**Zuversicht**« und die »Hoffnung« zur »**Tatkraft**«!

Das neue Vitamin

Das Verwunderlichste an der Weltveränderung war dieses Mal der Urheber. Es war eine Instanz, die in den vergangenen Jahrhunderten bei den erkenntnisreichen Welt-Erneuerungen immer einige Schritte hinterhergehinkt war: die Kirche. Das war ganz leicht zu erklären: Bei dieser Reform, der größten aller Reformen, ging es nicht um die **Mensch-heits**-Geschichte, sondern um die **Mensch-lichkeits**-Geschichte. Traditionen waren gebrochen worden; den Anfang gemacht hatte Papst Benedikt XVI. Er war es, der seinen Heiligen Stuhl noch zu Lebzeiten frei machte für einen reformfreudigen Papst, vollgepumpt mit dem Vitamin »L«. **Der neue Papst**, Papst Franziskus I., hatte solche großen Mengen dieses neuen Vitamins »L« (»L« ist die Abkürzung für »Liebe«), dass er ohne weiteres die vitaminhungrigen Menschen der damaligen Zeit hatte satt füttern können. Dieses Vitamin »Liebe« hatten die Menschen früherer Zeiten nicht gekannt, vor allem nicht dessen Wirkstoff und Wunder-Kraft, die **Un-Menschlichkeit** zu heilen. Die kranken Menschen hatten bisher auf andere Vitamine gesetzt, die Vitamine A, B, C, D, E, F, H und K, und die Pharmazie-Konzerne reich und gesund gemacht, nicht aber die kranken Mit-Menschen, die an dem Mangel des **lebenswichtigen** Vitamins »L« litten. Die Entdeckung des wichtigsten aller Vitamine mit dem größten Gesundheitsfaktor war nicht etwa einem neuen Mediziner zu verdanken; zu verdanken war sie einem neuen Kirchenmann, einem neuen Vorbild an der Spitze der Gesellschaft und der Macht und des Reichtums. Angesichts des weit verbreiteten übersteigerten Vitamin-Konsums hatte sich auch das Mädchen mit Vitaminen beschäftigt und herausgefunden, dass der tägliche Bedarf des Menschen an Vitamin D bei nur ca. 0,03 mg liegt und des kurzwelligen Sonnenlichtes zu seiner Entfaltung bedarf, während der tägliche Bedarf eines Menschen an dem Vitamin L, an Liebe, bei mindestens 50 % liegt. Und das Mädchen überlegte: »**Liebe** ist eine Form von Herzens-**Wärme**. Und wenn ›Wärme‹ (rein physikalisch) nur eine umgewandelte Form der sogenannten Ruhe-Energie ist, so könnte doch das Vitamin ›L‹ ganz einfach im menschlichen Herzen – ganz ohne chemische Zusätze – produziert werden. Voraussetzung bei diesem Prozess wäre allerdings, dass in das Herz (die Seele) genügend Lichtstrahlung dringt. So wie bei der von Albert Einstein (1879 – 1955 n. Chr.) errechneten Energie-Formel $E = mc^2$ der Licht-Geschwindigkeit eine besondere Bedeutung zukommt. Vielleicht haben ja die Volks-Weisheiten der Sprüche ›in der Ruhe liegt die Kraft‹ (bzw. die Energie) und ›ein großes Herz haben‹ (nämlich: ein Herz, das viel Wärme-Energie erzeugen kann) darin ihren Ursprung? Rein physikalisch wird die Energie definiert als eine **messbare Größe**, die auf verschiedene Weise in Erscheinung treten kann. Damit würde folgerichtig die **Größe eines Menschen** nicht an seiner Körpergröße, sondern vielmehr an der **Größe der ausstrahlenden Herzenswärme** gemessen. Wie gut für mich, denn meine Körpergröße beträgt nur 1,55 m.«

Die Entdeckung der Relativitätstheorie fand das Mädchen zwar sehr interessant und genial. »Doch«, dachte es: »Was nützt schon die Erkenntnis dieser einfachen Formel für viele naturwissenschaftliche Phänomene, wenn man wissen will, wie das menschliche Zusammenleben funktioniert und vor allem, wie die Menschen ›ticken‹? Einsteins Theorie ist zwar genial, doch mindestens genauso genial, wenn nicht noch viel genialer ist die Erkenntnis einer universellen Formel für das Miteinander der Menschen, wie sie auf dieser ihrer Welt in Frieden leben können, wie das Naturgesetz der ›Goldenen Regel‹ funktioniert und wie ›gute Energien‹ durch das ›Vitamin L‹ entstehen!« Seit Entdeckung des Vitamins Liebe waren die Menschen dann sogar auch der sogenannten Hölle auf Erden entgangen. Und das entsprach auch den Einsichten des russischen Schriftstellers Fjodor Dostojewski (1821 – 1881 n. Chr.) über das Wesen der Hölle: »Ich denke, sie ist der Schmerz darüber, dass man nicht mehr lieben kann.« Und siehe da, dank dieser Entdeckungen philosophischer Gesetzmäßigkeiten hatten die Menschen einen ganz gewaltigen Bewusstseinssprung gemacht und sogar den Himmel auf Erden geholt.

Der neue Papst

Das Neue, Goldene »Zeitalter der Menschlichkeit« machte noch einmal einen gewaltigen Schritt nach vorne, als der »Stuhl Petri« im Jahre 2013 nach Christus von einem »neuen« Papst besetzt wurde, einem ersten Jesuiten auf dem »Heiligen Stuhl«, einem »mehr Menschlichkeit« versprechenden sogenannten Stellvertreter Christi, aus einem armen Land stammend, der allein schon durch sein Charisma (auf Deutsch: »Gnadengabe«) die Botschaft von »Liebe« und »Gerechtigkeit« auszustrahlen vermochte. Und er vermochte es überdies seinen Kardinälen und Bischöfen die Leviten zu lesen und sich darüber hinaus – als erster Papst – für die begangenen Verbrechen der Katholischen Kirche in der Vergangenheit zu entschuldigen. Seine charismatische Herrschaft begründete sich auf eine glaubwürdige Vermittlung durch eine **vorgelebte** Bescheidenheit (er trug beispielsweise ein silbernes statt des traditionellen goldenen Kreuzes) und durch seine vorgelebte Herzlichkeit (er suchte die menschliche Nähe und hatte immer ein Lächeln auf den Lippen). Papst Franziskus I. wurde gerne auch als »ein Papst zum Anfassen« bezeichnet. Er verstand es, ein »als Mensch Vorbild zu sein« unter Mit-Menschen. Und als das Mädchen dann noch entdeckte, dass er zusätzlich zu seinem silbernen Kreuz auch den »Zauberschlüssel zum Frieden« trug, war es endgültig davon überzeugt, dass er ein Vorbild an Menschlichkeit und damit zur Rettung und Erneuerung der Welt geeignet war, auch wenn er bei seiner Reise auf die Philippinen einem kleinen Mädchen eine Antwort auf dessen quälende Frage schuldig bleiben musste: »Warum lässt Gott zu, dass Kinder auf der Straße leben müssen?« Einen Weg aus dieser menschenunwürdigen Situation haben die Kinder dann schließlich selbst aufgezeigt: Es waren Schulkinder, die erstmals ein Unterrichtsfach »Verantwortung« forderten, eine Revolution im Bildungswesen und zugleich die Lösung zur Bekämpfung der Armut.

Doch: Bei der Erschaffung einer Neuen Welt, dem Neuen Zeitalter, bedurfte es noch vieler weiterer guter Vorbilder. Bei genauem Hinsehen hinkten die Menschen männlichen Geschlechts natürlich ein wenig hinterher bei den errechneten Quoten im Erneuerungsprozess: Sie hatten im Wettlauf bei den **Mut-Proben** um »mehr Menschlichkeit« infolge dauernder Anspannung ihrer Muskelkraft zu viel an Energie verbraucht, wie sich herausstellte. Der Selektionsdruck bei der Mutation, das heißt der Abwandlung von spezifisch männlichen Eigenschaften eines Lebewesens, war zu groß geworden. Die Auslese bei den Vorbildern hatte nach ganz neuen und anderen Kriterien stattgefunden, als sie bisher üblich waren: Der Begriff »Mut« war neu definiert worden genauso wie die Bedeutung der Bezeichnungen »Held« oder »Märtyrer«. In früheren Zeiten der Menschheitsgeschichte galt **der** Mensch am mutigsten oder gar heldenhaftesten, der die größte Bereitschaft zum **kriegerischen** Handeln, zum Töten oder Verteidigen, zeigte oder der den »wahnsinnigen Mut« besaß, sein kurzes Erdenleben für ein angeblich besseres, ihm von seiner jeweiligen Religion versprochenes Leben im sogenannten Jenseits hinzugeben (und schlimmstenfalls auch noch seine Mit-Menschen mit in den Tod zu reißen). Ein sogenannter Märtyrer galt gar als Träger des Heiligen Geistes und hatte seit dem 2. Jahrhundert n. Chr. kultische Verehrung genossen. Und als größte »Helden« galten die Soldaten, die ihre Gliedmaßen oder gar ihr Leben oder ihren Menschen-Verstand opferten und gleichzeitig möglichst viele Leben ihrer sogenannten »Feinde« zerstörten und allein der Befriedigung der Macht-Gier von Un-Menschen dienten.

Im Neuen Zeitalter des Friedens hingegen hatte das **Leben**, das **friedliche Handeln** in Menschenwürde, den höchsten Stellenwert. Auch gab es bald eine neue und ganz andere »Wehrpflicht« als jemals vorher, die jeder Mensch, ob männlich oder weiblich, liebend gern erfüllte: die Pflicht und sogar »**das**

gute Recht« jedes »Menschen«, sich gegen die Un-Menschen zu wehren, selbstverständlich ohne jede Gewalt. Die Menschen weiblichen Geschlechts waren dabei im Vorteil; allein aufgrund ihrer genetischen Veranlagung neigten sie nicht zu gewalttätigen und kriegerischen Auseinandersetzungen und prägten auf diese ganz natürliche Weise nach und nach das neue freundliche und verbindliche Erscheinungsbild der Vertreter von Interessen in der Öffentlichkeit, in der Politik, der Wirtschaft und der Gesellschaft.

Der Zauber einer Welt ohne Kriege hatte die Menschen zu Zauberlehrlingen und -meistern gemacht. Der neue Zeit-Geist, der ein **guter Geist** war, hatte den alten Zeit-Geist und die von allen guten Geistern verlassenen Un-Menschen vertrieben. Das Gute hatte über das Böse gesiegt – wie in allen Märchen.

Das Mädchen fragte sich – und nicht nur das Mädchen –, alle Menschen fragten sich, was sie wohl **vor** der »Schöpfung« **ihrer Neuen Welt**, die längst überfällig gewesen war, gemacht hatten. Eine kleine Anekdote erzählt von einem zum Grübeln neigenden Schüler, der den Reformator Martin Luther (geb. 10.11.1483 in Eisleben und gest. am 18.2.1546) einst gefragt haben soll, was denn Gott wohl in der langen Ewigkeit vor der Weltschöpfung gemacht habe. Luther antwortete darauf ungehalten: »Er saß in einem Birkenwald und schnitt Ruten, um jene Leute zu bestrafen, die unnütze Fragen auf die Bahn bringen.«

Während das Mädchen so schrieb und schrieb an seiner kleinen neuen Bibel und in seiner kleinen selbst geschaffenen Welt lebte, hatte es zuerst gar nicht bemerkt, dass sich auch die große weite Welt **grundlegend** erneuert hatte. Beispielsweise waren Kuriositäten an Wortschöpfungen ganz verschwunden. So war zum Beispiel das Wort »Wirtschaftswachstumsbeschleunigungs**gesetz**« durch die neue Wortschöpfung »Menschlichkeitswachstumsbeschleunigungs**gebot**« ersetzt worden. Auch machte das Wort »Weltschuldenerlassbeschleunigungsgesetz« die Runde um die Welt oder auch das neue Wort »Rüstungsexportabbaubeschleunigungsgesetz« für ein Gesetz, das als erstes Land Deutschland erlassen hatte. (Deutschland war vor Beginn des Neuen Zeitalters drittgrößter Rüstungsexporteur der damaligen Welt!) Die neue Gesellschaft nannte sich fortan »Rettungs-Gesellschaft« und nicht mehr »Ellbogen-Gesellschaft« (zum »Wort des Jahres 1982« gewählt) und auch nicht mehr »Wegwerf-Gesellschaft«, und aus den einstigen »Wut-Bürgern« (zum »Wort des Jahres 2010 gewählt) waren »Mut-Bürger« geworden. »**Gewaltlosigkeit ist die Waffe der Mutigen**!« war zum Wahlspruch geworden. Mahatma Gandhi – genannt »die große Seele« – folgend. Dieser am 2.10.1869 geborene indische Reformator und Staatsmann trat für Gleichstellung der Inder ein, kämpfte für die Befreiung von der englischen Herrschaft und auch für eine Milderung der Kasten-Unterschiede und die Überwindung der Gegensätze zwischen Hindus und Moslems. Gandhis hervorragende Stellung in seinem Volke beruhte auf der völligen Makellosigkeit seiner Persönlichkeit, seine weltgeschichtliche Bedeutung auf der erfolgreichen Durchführung des **Prinzips der Gewaltlosigkeit** durch passiven Widerstand, einem bürgerlichen Ungehorsam gegen unsittliche Maßnahmen und Gesetze. Im Zweiten Weltkrieg forderte er strikte Neutralität, auch gegenüber England. Nach dem Kriege siegte seine Politik, als die Engländer Indien im Jahre 1947 verließen. Gandhi wurde von einem politischen Fanatiker am 30.1.1948 erschossen.

Der einst schwer kranke Blaue Planet schien nach seiner mehrjährigen Erholungsphase so gut wie geheilt. Einige tiefe Wunden, die ihm zugefügt worden waren, klafften noch und werden auch in den nächsten Jahrtausenden nicht vollständig verheilen, doch das Wichtigste: die Menschen, Tiere und Pflanzen hatten ihre Würde wiedererlangt! Und was das Mädchen anbelangte, fühlte es sich wohler und wohler und immer gesünder und gesünder.

Doch weil das Mädchen zeitlebens alles gründlich zu hinterfragen pflegte, so stellte es sich, fassungslos ob der vielen Veränderungen, doch noch so manche Frage:

Sollten **wirklich** die kriminellen Energien aus der Welt verschwunden sein?

Sollten **wirklich** alle Un-Menschen gewichen sein aus der Welt?

Sollte es den Menschen **wirklich** gelungen sein, den »Himmel« auf die Erde zu holen?

Sollten es die Menschen **wirklich** vermocht haben, die Welt von Angst und Schrecken zu befreien?

Sollte **wirklich** Gerechtigkeit und damit Menschlichkeit und Frieden die Herrschaft in der Welt der einst unterdrückten und gedemütigten Menschen übernommen haben?

Die Furcht einflößenden Giganten waren nicht mehr wie zu Urzeiten die Dinosaurier gewesen, es waren überhaupt nicht mehr Lebewesen aus dem Tierreich, es waren blutsaugende Giganten der Spezies Mensch, der sogenannten »Krone der Schöpfung«. Sie hatten bis zur Zeitenwende entweder einzeln oder auch in Gruppen meist unter einem Deckmantel ihr Unwesen getrieben und die anständigen Menschen in Not und Armut gebracht. Die einst ungebremste Profit-, Geld- und Macht-Gier von Un-Menschen hatte den einst wunderschönen **Blauen** Planeten Erde verstrahlt und mit Ruß überzogen und aus seiner steten Bahn geworfen und zum Torkeln gebracht. Doch glücklicherweise bewirkte eine günstige Planetenkonstellation des Jupiter, des größten Planeten im Sonnensystem, der denselben Namen trägt wie der römische Schutzgott von Recht und Wahrheit, das Einschwenken der Erde wieder in ihre vorbestimmte Umlaufbahn und der Erden-Menschen wieder in die rechte Lebensbahn. Das Gleichgewicht war wiederhergestellt, weil sich die Politiker nicht mehr **allein mit der Feststellung begnügten**, dass »die Schere zwischen Arm und Reich« immer weiter auseinanderklaffte, sondern weil sie Gegenmaßnahmen ergriffen und tatkräftige Schritte in Richtung der **Gerechtigkeit** auf Erden unternommen hatten.

Dann endlich hatte das einem »gewöhnlich Sterblichen« unverständliche Treiben ein jähes Ende genommen: Alle »neuen« Menschen hatten sich zusammengeschlossen in ihrem **gemeinsamen** Streben nach mehr Gerechtigkeit und mehr Menschlichkeit: in Gewerkschaften für Arbeitnehmer, in Sozialverbänden, in Verbraucherschutzverbänden und Gesundheitsschutzverbänden und in Friedensbündnissen auf der ganzen weiten Welt. Der neue Zeit-Geist hatte unter den »gewöhnlich Sterblichen« in der Besinnung auf die Gemeinsamkeit ihrer Interessen zu einer **Günstlings-Humanität** geführt. Im neuen Geist, den ein altes Sprichwort beflügelte – »Hilf dir selbst, dann hilft dir Gott« –, hatten sich die friedliebenden Menschen zu sogenannten Selbsthilfegruppen zusammengetan, als sie die Hoffnung auf »Hilfe von oben«, von Seiten der obersten Hüter der Religion und der obersten Instanzen der Politik, den unheiligen Kirchenvertretern und den egoistischen Volksvertretern, aufgegeben hatten. Die friedliebenden Menschen hatten sich zusammengeschlossen in ihrem neuen Bewusstsein, das treffend eine Zeile aus der Ballade »Der Zauberlehrling« von Johann Wolfgang von Goethe beschreibt: »Und mit **Geistes-Stärke** tu' ich Wunder auch«:

»Der Zauberlehrling

Hat der alte Hexenmeister
Sich doch einmal wegbegeben!
Und nun sollen seine Geister
Auch nach meinem Willen leben.
Seine Wort' und Werke
Merkt' ich und den Brauch,
Und mit Geistesstärke
Tu' ich Wunder auch. ...«

Die friedliebenden Menschen auf der Welt hatten **ihre** Welt nicht länger Fanatikern und dem Verderben preisgeben wollen und hatten wie schon der große Dichter Friedrich von Schiller in seinem »Lied von der Glocke« erkannt: »*... Verderblich ist des Tigers Zahn, jedoch der schrecklichste der Schrecken, das ist der Mensch in seinem* **Wahn** *...*«

Auch die Geduld des erschöpften Planeten Erde selbst war am Ende erschöpft gewesen mit den Un-Menschen und er hatte sich tatsächlich endgültig verabschiedet von seinen unliebsamen Gästen, die rücksichtslos und egoistisch seinen Natur-Kreislauf im »Mark« erschütterten und im Sinne ihres Wahlspruchs »Nach mir die Sintflut« gelebt hatten. Diese Lebewesen wurden nicht etwa mit den Worten »Auf Wiedersehen« und »Danke für den Besuch« verabschiedet, sondern stattdessen mit »Auf Nimmerwiedersehen« und der Abschiedsfloskel »Bitte, besuch mich nie wieder«. Wegen ihres schlechten Benehmens ließ sich der Blaue Planet sogar dazu hinreißen, ihnen Schimpfwörter hinterherzurufen, wie »Vandalen!«, »Naturschänder!«, »Wahnsinnige!«, »Giftmischer!«, »Luftverschmutzer!«, »Müllerzeuger!«, »Umweltsünder!«, »Tropenwaldvernichter!«, »Artenvernichter!«. Auch bayerische Schimpfwörter waren darunter, wie »Drecksgsindl!« und »Sauvoik!«. Die sonst so anständige Erde war erstmals so richtig in Wut geraten und schrie den Un-Menschen auch noch nach: »Schert euch zum Teufel!«, und: »Macht euch aus dem Staub in die entferntesten Galaxien!«. Dann wurde der Erdball ganz feuerrot vor Zorn und spuckte den Verwunschenen aus zahllosen Vulkanen noch glühendes Magma und heiße Glut- und Aschewolken hinterher, warf die ungebetenen Gäste mit Sturmgeheul und Donnergrollen vor die »Tür« und entriss ihnen den »Schlüssel zum Frieden«, den er ihnen versehentlich ausgehändigt hatte.

Und siehe da: Alsbald erholte sich der einstmals geschundene und kranke Planet dank der unermüdlichen Pflege seiner **geschätzten verbliebenen anständigen Gäste**, die »gemeinsame Sache« machten in Angelegenheiten von Mensch und Natur: Ein ganz neues Netzwerk von Initiatoren zum Schutze der Pflanzen-, Tier- und Menschenwelt war entstanden.

Mit dem Verschwinden der Un-Menschen war sogar der Hunger auf der Welt ausgemerzt, der vordem bereits die Mittelschicht der USA erreicht hatte, einstmals eines der reichsten Länder der Erde und die größte Militärmacht der Welt. Die größte Macht hatte schließlich das Land erlangt, das die fähigsten Diplomaten zur Lösung von Konflikten aufweisen konnte (und nicht die fähigsten Soldaten und die zerstörerischsten Waffen!).

Und nicht nur der Hunger auf der Welt war besiegt, auch die »Unterdrücker« der für ihr Recht (und ihre Gleichbehandlung) kämpfenden Frauen, die doch immer nur die Anerkennung ihrer Gleichwertigkeit in Beruf und Familie mit dem männlichen Geschlecht und nicht etwa ein Matriarchat wollten (im Gegensatz zu den Männern, die das Patriarchat zu zementieren wünschten), waren verschwunden. So hatte doch tatsächlich ein Mann in der höchsten Position eines demokratischen Landes noch fast 50 Jahre nach dem Inkrafttreten des »Gesetzes über die Gleichberechtigung von Mann und Frau« am 11.7.1957 während eines Wahlkampfes geäußert, es gäbe Wichtigeres als die zur Diskussion stehende Frauenquote in seinem Wahlkampf! Und tatsächlich war ihm – wie sich herausstellte – die Maut wichtiger als die Frauen seines Landes. So waren es dann auch die Frauen selbst gewesen, die sich für eine nötige Balance engagierten und der alten, maskulin geprägten Welt ihr neues Image, den Status einer gerechten Welt nämlich, aufdrücken mussten. »Vielleicht«, überlegte das Mädchen, »hatte es ja nur der verstärkten Einbeziehung einer philosophischen Betrachtungsweise des Begriffes ›Recht‹ bei der Durchsetzung eines anderen Rechtsverständnisses bedurft.« Inhalt der Rechtsidee ist nämlich die **Gerechtigkeit** als Grundlage der Gemeinschaftsordnung. Der Hunger der Menschen nach Gerechtigkeit war genau so groß geworden wie der nach leiblicher Nahrung. Ein kriminelles globales Netzwerk hatte sich um die Erde gesponnen und den Nährboden für eine gerechte Produktion und Verteilung von Lebensmitteln zerstört. Die Netze waren – metaphorisch ausgedrückt – gesponnen worden von Spinnentieren, einer Klasse der Gliederfüßer. Es waren ausnahmslos mit einem giftigen Sekret ausgestattete Raubtiere, die in verschiedenen Gestalten und in allen Erdteilen verbreitet vorkamen. Ihr Spinnvermögen nutzten sie zur Anfertigung von Fangleinen und ihre Eier trugen sie entweder mit sich herum oder legten sie in Schlupfwinkeln ab. Die im Spinnennetz Gefangenen hatten jedoch seit Beginn des Neuen Zeitalters dank ihrer Erkenntnisse über die menschliche Befähigung zur Eigen-Verantwortung die Eigen-Initiative ergriffen.

»Wer betrügt, der fliegt«, dieser Leitspruch hallte noch immer in den höchsten politischen Instanzen nach. Das genannte Motto allerdings hatte das Herz des Mädchens höherschlagen lassen, vorausgesetzt natürlich, dass damit ausschließlich alle Betrüger gemeint waren. »Das war ja mal ein schlagkräftiges Machtwort eines Mächtigen und bestimmt sogar ein Zauber-Wort«, so überlegte das Mädchen. Die Idee des »Rauswurfs« nach dem Slogan »Wer betrügt, der fliegt« hatte sich als wirksamstes Mittel herausgestellt, die schlimmsten Schädlinge aus den Reihen der Vertreter der »Krone der Schöpfung« zu verdammen. Die gesundheitsschädlichen mit Chemie behandelten Nahrungsmittel der globalen Handelsketten waren sogleich vom Markt verschwunden. Einst hatte ein Lebensmittelskandal nach dem anderen die Verbraucher erschüttert: BSE, Vogelgrippe, EHEC, Dioxin-Eier, pestizidbelastetes Obst und Gemüse. Da hatte selbst ein zeitaufwändiges Studium der fragwürdigen Inhaltsstoffe auf den Etiketten der ebenfalls verseuchten und nicht kompostierbaren Verpackungsmaterialien nicht weitergeholfen. Einige giftige Bestandteile des Plastikmaterials bedurften sage und schreibe sogar eines 200-jährigen Zerfallprozesses bis zu ihrer Auflösung! So hatte der einst **Blaue Planet** damals schon den »Spitznamen« **Plastikplanet** bekommen. Nur zu gerne hätten die Menschen mehr Qualität und weniger Gifte in ihren Lebensmitteln vorgefunden zu selbstverständlich erschwinglichen Preisen. Und nur zu bereitwillig hätten die Menschen regionale Lebensmittel verzehren wollen, doch die Möglichkeiten waren sehr eingeschränkt. Nicht einmal die sogenannten »Fairtrade«-Lebensmittel waren fair gehandelt worden, wie sich herausgestellt hatte: Die Industrieländer hatten aus lauter Profit-Gier und zum Zwecke ihres Wirtschaftswachstums die produzierenden »armen Länder« immer weiter in die Armut und deren Bewohner in die Flucht getrieben. Die sogenannten »Armuts-Flüchtlinge«, die nicht nur ihrer billigen Arbeitskraft, sondern auch noch ihres billigen Heimatbodens beraubt worden waren, zogen umher von einem Land zum anderen auf der Suche nach Arbeit und Brot, das ihnen die »Raubtiere« nicht geben wollten. Anstatt ihnen das nötige »Know-how« zur Bewirtschaftung ihrer eigenen Böden zur Verfügung zu stellen, wurden ihnen diese weggekauft. Die übrig gebliebene Krume reichte für die Bevölkerung nicht mehr aus, sich selbst zu ernähren, sie gestattete es oftmals nicht einmal mehr, sich eigene Hühner zu halten, mit der Folge, sich aushalten lassen zu müssen, u. a. durch den Import von Hühnerbeinchen und anderen Schlachtabfällen aus den Industrieländern. So waren allerdings auch einmal umgekehrt durch den Import tiefgekühlter Erdbeeren aus China in Deutschland 4000 Menschen an der Infektion mit EHEC-Bakterien erkrankt und 53 Erkrankte gestorben, nachdem bereits in Japan 11 000 Menschen, darunter viele Schulkinder, sich diese gefährliche Magen-Darm-Erkrankung zugezogen hatten und es zu vielen Todesfällen gekommen war. Auch ließ sich die Herkunft der verunreinigten Rohstoffe »aus aller Herren Länder« meist selbst in den überteuerten Bioprodukten nicht mehr nachvollziehen, nachdem sie mehrmals kreuz und quer durch Europa transportiert worden waren. Die Subventionen für die heimischen bäuerlichen Kleinbetriebe waren gekürzt und die entzogenen Mittel an Großbetriebe verteilt worden. Die Steuergelder waren zum Stopfen von Haushaltslöchern und zur Rettung von Banken verwendet worden, anstatt für eine **ausreichende Kontrolle** der Lebensmittel und der Futtermittel, und zwar **bevor** sie auf den Tisch der Verbraucher bzw. in den Trog der Tiere kamen, zu sorgen. Zu alledem kam, dass meist nur das »Verbraucher-Verhalten« angeprangert wurde, während das »Erzeuger-Verhalten« und das »Verhalten der Kontrollorgane« bei der Ausübung ihrer **Schutz-Funktion** »unter den Tisch gekehrt« wurden. Auf den Tisch waren trickreich verfälschte und industriell verarbeitete und geschmacksveränderte Lebensmittel gekommen! Das Bemühen der Verbraucher, wirklich nur gesunde und regionale Lebensmittel auf den Esstisch zu bringen, schlug oft fehl, denn allzu oft war die »Köstlichkeit« von Nahrungsmitteln chemisch manipuliert.

Sollte **wirklich** auch die Gefahr der »chemischen Keulen«, die wie ein Damoklesschwert über den Menschen des Plastik-Planeten geschwebt hatte, gebannt worden sein? (Damokles war ein Höfling des Tyrannen Dionysios von Syrakus, der ihn köstliche Speisen unter einem an einem Pferdehaar aufgehängten Schwert verzehren ließ, um ihm die Vergänglichkeit und das gefährdete Glück der Position eines Herrschers zu demonstrieren.)

Die giftigen Abfallprodukte der chemischen Großindustrie hatten schon die Flüsse, Meere und auch noch das Grundwasser verseucht und den Menschen selbst noch über das aufwändig »gereinigte« Trinkwasser Reste der Chemikalien zugeführt. Buchstäblich mit allen Lebensmitteln, und auch mit Körperpflege- und Putzmitteln und mit jedem Atemzug, waren die Menschen Giften ausgesetzt wie auch dem hochgiftigen Quecksilber der »langlebigen, energiesparenden« Glühbirnen und dem Krebs erregenden Benzol und den gentechnisch veränderten Lebensmitteln. Hilflos waren sie auch gegenüber der Nano-Technologie, die den Alltag revolutioniert hatte: Nanoteilchen waren mikroskopisch kleine Partikel in Kleidung, Kosmetik, Putzlappen und Verpackungen usw., die eingeatmet in Blut und Zellen dringen und Krebs und Allergien auslösen konnten, genauso wie die Auspuffgase von Kraftfahrzeugen. Der gewissenlose Umgang mit chemischen Schädlingsbekämpfungsmitteln, wie dem in Deutschland hergestellten und auch nach Indien exportierten giftigen Endosulfan, ließ die Kinder, die damit in Berührung kamen, körperlich und geistig erkranken, während sie von den verantwortlichen Chemie-Konzernen im Stich gelassen wurden. Der hochgiftige Atom- und Chemie-Müll war auch noch mit Hochdruck tief in Erd-, Stein- und Salzschichten gepresst und als »Beigabe« zu den Generationenschulden den Nachkommen der »Nach-uns-die-Sintflut-Denkenden« hinterlassen worden. Die Kinder und Kindeskinder hätten wohl im verseuchten Sand buddeln und ihre Sandburgen bauen sollen!

Lug und Trug hatten sich in jener Zeit vor der Zeitenwende auch breitgemacht in Pharmazie und Medizin. Abrechnungsbetrügereien in der Versorgung der kranken Menschen hatten die Beiträge der Krankenkassen in die Höhe getrieben. Lüge und Betrug machten nicht einmal vor dem größten Gut eines Menschen, seiner Gesundheit und Unversehrtheit, Halt. Es war grundsätzlich nach ökonomischem Nutzen agiert worden. So wurden Infektionskrankheiten, wie die Chagas-Krankheit, unter der zehn Millionen Menschen auf der Welt litten und die zur Zerstörung innerer Organe führte, vernachlässigt, weil sich mit ihrer Therapie zu wenig Geld verdienen ließ. Auch gegen das Dengue-Fieber, eine Virus-Infektion, an der jedes Jahr etwa 100 Millionen Menschen erkrankten, wurde kein Medikament entwickelt. Zu den echten Gewinnern der Globalisierung zählte beispielsweise in Zeiten der Zivilisation die Tigermücke, die Überträgerin einer Infektion, die zum Tode führen kann. In den Müllbergen der Megastädte, wie Lagos in Nigeria oder Sao Paulo in Brasilien, hatte sie ideale Brutplätze und durch ihre Reiselust auch den Weg bis an die französische Riviera und nach Kroatien gefunden.

Die Reformen

Wie hatten sich denn die Menschen aus dem Würgegriff der Pharma-Riesen befreien können? Und wie hatte überhaupt der ungleiche Kampf »David gegen Goliath«, den Pharma-Riesen, gewonnen werden können? Es hatte den Anschein gehabt, als wolle er mit viel versprechenden, jedoch unwirksamen Medikamenten all die kleinen Davids, die kranken Menschen in einer kranken Welt, verhöhnen. Doch: All die kleinen Davids hatten auf einmal ganz genau gewusst, dass nur **eine heile Welt**, also eine Welt ohne Geld- und Macht-Gier und ohne Gewalt und Korruption, ohne Unterdrückung der Frauen und ohne Kriege und Vertreibung, ihre belasteten Seelen, die häufigste Ursache für ihre Krankheitsbilder, ihnen wirklich Heilung bringen und sie aus ihrem Jammertal (so bezeichnet Martin Luther die Mutter Erde) erlösen konnte. Eine ganz neue Weltanschauung hatte auch die Einstellung zur Pharmakologie, der Arzneimittellehre, also der Lehre von der Wechselwirkung zwischen Stoffen und Lebewesen, revolutioniert: Die qualvollen Tierversuche, derer sich die Pharmakologie als eine exakte Experimental-Wissenschaft bis dato bedient hatte, konnten endlich eingestellt werden. Denn schließlich hatte die Wissenschaft die viel größere Bedeutung der **Bakteriologie** erkannt und nicht mehr nur der rein technischen Bakteriologie, wie beispielsweise die Nutzung der Bakterien zur Gewinnung von Chemikalien wie den Antibiotika. Zum einen hatte der leichtfertige Umgang mit Antibiotika in der Tiermast die Menschen über die Nahrungskette immunisiert und zum anderen die vielen für den Menschen nutzbringenden »guten« Bakterien zum Beispiel in seiner Darmflora vernichtet oder lahmgelegt. Diese mikroskopisch kleinen Organismen verfügen nicht nur über die wundersame Eigenschaft, sich immer wieder neu zu erfinden und sich den Veränderungen in ihrer »Umwelt« total anzupassen, sie haben sogar die Fähigkeit, tote organische Substanzen in ihre Urstoffe zu zerlegen und neue organische Verbindungen aufzubauen. Den aussichtslosen Kampf **gegen** die »bösen« Bakterien hatten die Menschen dann aufgegeben und ihr Leben auf ein Miteinander eingestellt. Schließlich ist die Existenz menschlichen und allen anderen Lebens auf dem Planeten auf der Existenz bakteriellen Lebens begründet. Als dann auch noch herausgefunden worden war, dass Bakterien, nämlich die Darm-Bakterien, sogar für das **Körpergewicht** verantwortlich waren und bei den drei verschiedenen menschlichen Darm-Typen eine ganz individuelle Zusammensetzung vorhanden war, hatten endlich auch die nicht gerade von Erfolg gekrönten Diät- und Schlankheits-Kuren jeglicher Art ein Ende genommen. Den Darm-Bakterien wurde sogar ein Einfluss auf die Steuerung des Gehirns zugesprochen, ein Grund mehr, um sich mit der Darm-Flora und den »guten« und den »bösen« Bakterien mindestens genauso intensiv zu beschäftigen wie etwa mit den roten und den weißen Blutkörperchen, den Eiweißen oder dem Stoffwechsel. Das Vorkommen bestimmter Darm-Bakterien könnte auch die genetische Veranlagung zu Fettleibigkeit oder Magersucht erklären, so hieß es. »Möglicherweise«, überlegte das Mädchen, »ist ja die richtige Relation und Ausgewogenheit von sogenannten guten und schlechten Bakterien ausschlaggebend für den Gesundheitszustand und das Wohlbefinden des ›ganzen Menschen‹?« So genau wusste es das Mädchen natürlich auch nicht: Ein Medizinstudium war ihm verwehrt geblieben, zu große Anstrengung hatte das Leben und Überleben als alleinerziehende Mutter nach seiner frühen Schwangerschaft gekostet. Nur allzu gerne hätte es sich nach seinem Sprachstudium auch noch den Geisteswissenschaften zugewandt, den Wissenschaften von der geschichtlich-gesellschaftlichen Wirklichkeit. In den Geisteswissenschaften steht das erkennende Subjekt nicht einem Gegenstand gegenüber, sondern gehört dem zu untersuchenden Zusammenhang selbst an. Das Mädchen hatte sich damit zufriedengeben müssen, Kausalzusammenhänge im eigenen Leben durch die Auseinandersetzung mit »Gott und der Welt« durch Erfahrungswerte zu erkennen.

Der neue Zeitgeist zu Beginn des 21. Jahrhunderts hatte die Menschen auf ganz neue, ganz andere Entdeckungsreisen geführt und auf diese Weise die ganze Welt zum **Gegenstand des Erkennens** gemacht. Zu guter Letzt hatten die Menschen also schließlich doch noch gelernt, die Welt als **absolute, untrennbare Einheit** zu begreifen.

Damals im Jahre 2012 n. Chr. hatte der Massentourismus, der zu einer der größten Umweltbelastungen des Industriezeitalters geworden war, zerstörerische Auswirkungen. Das Aufeinandertreffen von Bevölkerungsgruppen aus unterschiedlichen Weltregionen und unterschiedlichen sozialen Lebenswelten hatte negative Auswirkungen auf den Frieden, als Überfluss und Armut aufeinandertrafen. Zu einem Industriezweig war auch noch der sogenannte »Sex-Tourismus« angewachsen, bei dem die Armut und Hoffnungslosigkeit von Menschen ausgenutzt und Frauen und sogar Kinder sexuell ausgebeutet wurden. Das Reisen war – ähnlich wie die PS-Stärke von Luxuswagen – zum Prestigesymbol geworden. Die geltungssüchtigen Luxusreisenden steuerten immer fernere und exotischere Reiseziele an. Mit Urlaub und Erholung hatte das nichts mehr zu tun; im Gegenteil: Die stundenlangen Flugreisen hatten nicht selten zu Thrombosen infolge Bewegungsmangel geführt und ungewollt schleppten die Fernreisenden häufig schwere

Infektionserkrankungen in ihre Heimatländer mit ein. Und die Menschen wollten nicht nur immer weiter und höher hinaus, auch immer tiefer wollten sie auf Reisen »abtauchen«: Der Meerestourismus hatte Hochkonjunktur und damit auch die Zerstörung der Korallenriffe und des Lebensraumes für Meeresbewohner. Und hoch oben auf den Bergen sollte der Skitourismus schon durch Verkehrsschilder geregelt werden, um die ständig steigende Zahl der »Verkehrs«-Unfälle zu reduzieren, sogar sogenannte Schneekanonen zur Produktion von »Kunstschnee« waren eingesetzt worden.

Bereits Anfang des 20. Jahrhunderts war der französische Romanschriftsteller Marcel Proust (1871 – 1922 n. Chr.) zu folgender Überzeugung gekommen: »Die eigentlichen **Entdeckungsreisen** bestehen nicht im Kennenlernen neuer Landstriche, sondern darin, **etwas mit anderen Augen zu sehen**.«

Und erneut stellte sich das Mädchen – immer noch nicht ganz überzeugt vom Gelingen »seines« Neuen Zeitalters der Menschlichkeit – eine Frage:

Sollte **wirklich** auch die politische Landschaft schon eine »Flurbereinigung« und ethisch-moralische »Säuberung« erfahren haben?

So waren es letztlich die schlechten Erfahrungen in ihrer eigenen Geschichte, die die Menschen zu einem totalen **Umdenken** in ihren **Wertevorstellungen** veranlasst hatten. Demzufolge galt das Reinheitsgebot nicht mehr nur für das bayerische Bier, es nahm den ersten Stellenwert bei der »Flurbereinigung« in der politischen Landschaft ein. Die Flurschäden, die in der Vergangenheit durch das Vorkommen von Schädlingen angerichtet worden waren, waren so ungeheuerlich, dass es ganz neuer »Landschaftspfleger« bei der Wiederherstellung des Vertrauens der geschädigten »Flur-Bewohner« bedurfte. Nach Offenlegung der Sümpfe und ihrer Durchdringung durch Sonnenlicht taten sich erschreckende Einblicke in die finsteren unterirdischen Höhlen der an der Oberfläche blühenden politischen Landschaften auf. Ein durch Volkszorn verursachtes Erdbeben ob dieser Landschaftsverwerfungen hatte Abgründe menschlichen und geistlichen Handelns freigelegt und »leibhaftige Teufel« (der Teufel ist die Verkörperung des Bösen in der katholischen Religionslehre) aus dem Innersten der Erde zu Tage gefördert.

Damals in der Zeit **vor** dem Neuen Zeitalter hatten sich die Menschen schon einmal Fragen gestellt, wie: »Brauchen wir einen Papst?« Oder: »Brauchen wir die Politiker?« Und sie hatten auch eine Antwort gefunden: »… einen Papst? Vielleicht … vielleicht auch nicht; nicht aber den ganzen aufgeblähten pompösen Vatikan-Staat als Herberge für Mafiosi und Verräter! … und die Politiker? Vielleicht … vielleicht auch nicht; nicht aber Politiker ohne **vorausschauende** Fähigkeiten. »Sie müssen ja nicht gleich hellseherische Begabungen besitzen, sondern sich lediglich ihrer Verantwortung und der Folgen ihres Handeln bewusst sein und ihre Funktion als Vorbild wahrnehmen«, verlangten die wählenden und wählerischen Menschen. Diese Erkenntnis war nicht neu, sie musste nur wieder in Erinnerung gerufen werden. Schon im apokryphen Buch des Alten Testaments Jesus Sirach 7,40 steht: »Was immer du tust, so bedenke das Ende; so wirst du nimmermehr Übles tun.« Mit dem »Ende« ist zwar hier der »Tod« gemeint, die Aufforderung dient aber durchaus als Mahnung, sich immer der Folgen eigenen Handelns bewusst zu sein. Dieser Spruch lässt sich sogar als Weisheit verkaufen! Ein Philosoph aus Athen soll ebendiese Weisheit dem Kaiser Domitianus in Rom für tausend Goldstücke verkauft haben.

Als dann endlich das **Um-denken** auch in der politischen Landschaft an Boden gewonnen hatte, bekamen die Politiker ein neues Gesicht und sogar ein Profil. Und nicht nur Politiker fielen durch ein blühendes Aussehen auf: Blühende Landschaften und gesunde Böden überzogen plötzlich die einstmals geschundene Erde und die vormals geschundenen Erdbewohner zogen aus dem frischen Nährboden Kraft für ihre menschliche Entfaltung. Das war die eigentliche Bestimmung und Erlösung der nach Reformen und einer heilen Welt hungernden Weltbevölkerung. Ein ganz neues Werte-Verständnis von Material und Ideal hatte Fuß gefasst.

Der Schrei nach **Reformen** war fast verstummt. Doch dem Mädchen war noch ein großer griechischer Philosoph eingefallen, dem es (neben der Pflege der Wissenschaft) **auch** um eine Reform des politischen Denkens gegangen war. Denn noch spukten unheimliche Gespenster in Gestalt von

Gespenstheuschrecken umher, die zur Heuschrecken-Plage geworden waren. Sie plagten die Menschen mit dem Angst-Gespenst Euro-Krise und dem Phantom Terrorismus. Der Philosoph war Platon und entworfen hat er einen Idealstaat: Die Stände des **Idealstaates** entsprechen den drei Seelenteilen: Erwerbsstand und Wächter (vergleichbar den sogenannten Kontrolleuren) und Regenten. Platon unterscheidet einen begehrlichen, einen muthaften und einen vernünftigen Seelenteil, dessen **richtige Verfassung** die Tugenden der Mäßigkeit, Tapferkeit und Weisheit ergeben; während **die Harmonie aller drei Teile** die **Gerechtigkeit** ergibt. Neben dem Bild des Idealstaates entwirft Platon noch ein Konzept für den **bestmöglichen Staat** und fordert statt vieler Reformen **die Reform**, die er in der Einsetzung des Besten (will heißen: des besten Menschen, weiblichen oder männlichen Geschlechts!) und **mit Einsicht** (will heißen: mit Erkenntnis, Besonnenheit und Weitblick!) Regierenden (Philosophenkönigs) sieht. Mit großer psychologischer Kunst werden dabei die verschiedenen Staatsformen auf psychische Grundverhaltensweisen zurückgeführt.

Hunger und Betrüger waren ja schon ausgerottet, es galt also »nur« noch, das Angst-Gespenst namens »Krieg«, das größte, gefräßigste, blutrünstigste und zerstörerischste unter allen Ungeheuern, auszurotten. **Nicht jedoch** nach der von Habakuk, einem der Propheten des Alten Testaments, geprägten Verhaltensweise »Gewalt geht vor Recht«, sondern vielmehr einem Gebot, dem Gebot der Menschlichkeit, das sich in der »Goldenen Regel« verbirgt. Kriege sind die »Un-Menschlichkeit in Person«, die Personen sind die, die sie führen, und diese waren demnach natürlich auch Un-Menschen. Was das »Neue Zeitalter der Menschlichkeit« brauchte, waren nicht »Kriegs-Helden«, es brauchte ja »Friedenshelden«. So viel hatten die Menschen in ihrem neuen Zeitgeist schon eingesehen. Einsicht allerdings ist nur der erste Schritt zur Besserung. Den zweiten und vor allem erfolgreichen Schritt zur Forcierung des Friedensprozesses hatte die neue Verteidigungsministerin eines Landes unternommen, das zuvor zu den größten Rüstungsexporteuren der Welt gezählt hatte.

VIII
Die verzauberte Welt

Der globalisierte Frieden

Bis die bezaubernde und verzaubernde Idee der neuen Verteidigungsministerin jenes Landes, die Armee ihres Landes, nämlich die Bundeswehr, familienfreundlich zu gestalten, auf fruchtbaren Boden fallen und das zerstörerische **Ungeheuer Krieg** gänzlich vom Erdboden fegen sollte, hatte es noch viel Zeit, zu viel Zeit und noch viele, zu viele Menschenleben gekostet. Höchste Zeit war es gewesen, das gefräßigste aller Ungeheuer vom Erdboden zu tilgen, denn es war ganz und gar nicht familienfreundlich gewesen: Es hatte nämlich Familien auseinandergerissen, zerrissen und sogar mit Haut und Haar verschlungen. Auch unschuldige Kinder und Frauen und Kriegsgegner hatte sein Bluthunger nicht verschont. Mit seiner zerstörerischen Gewalt hatte es ganze Landstriche verwüstet und mit Blindbomben und Granaten bestückt, die noch nach Jahrzehnten die Menschen, die es nicht gefressen hatte, zu zerstückeln und zu töten drohten. »Familienfreundlichkeit« macht allerdings nur global betrachtet einen Sinn! Die einzige Globalisierung, die wirklich Sinn ergibt, ist es, familienfreundlich zu sein gegenüber allen Familien in der ganzen Welt – und nicht nur gegenüber den eigenen Familien im eigenen Land. Familienfreundlichkeit war aber nur der Anfang von Freundlichkeit und musste in einer Menschenfreundlichkeit enden. »Eine Familie«, dachte das Mädchen, »umfasst in ihrer kleinsten Einheit nur drei Mitglieder, in einer größeren Einheit auch Mitglieder der europäischen Gemeinschaft im Haus Europa und – noch größer – die Mitglieder der Weltgemeinschaft. Und in ihrer größten Einheit schließlich alle Familien-Mitglieder aller verschiedenen Gattungen der Spezies Pflanzen, der Spezies Tiere und der Spezies Mensch.« Freundlichkeit und

Freundschaftlichkeit haben – sprachwissenschaftlich betrachtet – denselben Wortstamm, nämlich »Freund«. Freunde sind einander verbunden, verbunden in einer Gemeinsamkeit; und nach Freunden suchen, bedeutet nach Gemeinsamkeiten, also nach Einigkeit, suchen. Feindschaftlichkeit (fälschlicherweise auch Feindseligkeit genannt, weil Feinde nicht »selig« machen!) bedeutet immer Gegnerschaft; nach Gegnern suchen, bedeutet nach Kontroversen suchen, also nach Streit suchen, nach Zwietracht (im Gegensatz zu Eintracht) suchen, um Konflikte zu schaffen.

Die Idee, eine »**familienfreundliche**« Bundeswehr zu schaffen, hatte unvermutete Auswirkungen auf die Streitmächte in aller Welt gehabt und eine Friedensbewegung ungekannten Ausmaßes ausgelöst. Diese Idee war die Mutter zur Lösung aller Konflikte und sogar zur Abschaffung aller nicht beherrschbaren Kriege. »Familienfreundlich« war das Zauber-Wort, das »Neue Zeitalter der Menschlichkeit« herbeizuzaubern. Doch: Da Worten bekanntlich Taten folgen müssen, musste noch der »Zauberschlüssel zum Frieden« verteilt werden, verteilt unter den Soldaten und allen anderen Friedliebenden auf der Welt. Die Debatten um eine Hilfestellung in Syrien und Zentralafrika endeten dann in der Ausbildung der Soldaten im richtigen Gebrauch des »Friedensschlüssels« als Waffe und Wunder-Waffe anstatt im Gebrauch von Gewehren und Panzern zum Töten von sogenannten Feinden. Mit herkömmlichen Waffen haben sich – wie die Menschheitsgeschichte gezeigt hat – noch nie Probleme lösen lassen, ganz im Gegenteil nur noch mehr Probleme schaffen lassen. Feinde hatte es sowieso keine mehr gegeben auf der Welt, weil jeder Mensch als **Freund** betrachtet wurde. Und: Damit waren auch die Kriegs-Orden »out« und die Friedensschlüssel »in«. Jetzt erst war das Mädchen überzeugt, dass der Ehrgeiz einer Mächtigen an der Spitze der Gesellschaft ganze Gesellschaften und schließlich die Welt verändern konnte. Mit ihrem Ehrgeiz, der beste Arbeitgeber zu werden, hatte die neue Verteidigungsministerin sogar alle anderen Arbeitgeber angespornt, menschenwürdige Arbeitsplätze in einer menschlichen Arbeitswelt auf sicherem Terrain mit regulären statt mit Werkverträgen zu schaffen.

Der Baum der Erkenntnis

Es war einst **das Fehlen an guten Vorbildern** gewesen und **nicht** der »beschränkte Untertanenverstand des belogenen und betrogenen Volkes«, das den Verfall von Kultur und Sitten verursacht hatte! Die Beurteilung des Verstandes der sogenannten Untertanen in der Zeit Anfang des 19. Jahrhunderts n. Chr. traf auf die Menschen Anfang des 21. Jahrhunderts angesichts ihrer erlangten Erkenntnisfähigkeit von »Gut« und »Böse« (beziehungsweise von »Richtig« und »Falsch« und außerdem von »Recht« und »Gerechtigkeit«) mit Sicherheit nicht mehr zu. So hatte noch im 19. Jahrhundert »sein unwilliges Befremden« über die protestierenden Menschen der damalige preußische Minister des Innern und der Polizei, Gustav Adolf Rochus von Rochow (1792–1847 n. Chr.), in einem Brief vom 15.1.1838 wie folgt ausgedrückt:

»Es ziemt dem Unterthanen, seinem Könige und Landesherrn schuldigen Gehorsam zu leisten und sich bei Befolgung der an ihn ergehenden Befehle mit der Verantwortlichkeit zu beruhigen, welche die von Gott eingesetzte Obrigkeit dafür übernimmt: aber es ziemt ihm nicht, die Handlungen des Staatsoberhauptes an den Maßstab seiner beschränkten Einsicht anzulegen und sich in dünkelhaftem Übermuthe ein öffentliches Urteil über die Rechtmäßigkeit derselben anzumaßen ...«

Was das Mädchen betraf, so war es vom Gelingen der Reformen für eine »Neue« Welt erst überzeugt, als es den »Zauberschlüssel zum Frieden« auch – wie bei dem »neuen« Papst – am Halse der »neuen« Politiker entdeckt hatte.

Die Entwicklung des »**Bösen**« hatte nämlich im ersten Jahrzehnt des 21. Jahrhunderts n. Chr. seinen Höhepunkt erreicht gehabt. Die von Klerus und Politik verursachten Missstände waren nicht so leicht auszuräumen gewesen. Den Nährboden für eine Dominanz des Maskulinen hatten die Glaubenshüter mit ihren Propheten männlichen Geschlechts geschaffen und damit wohl erst den Geschlechterkampf verursacht. Die Märchenschreiber der Schöpfungsgeschichte des Alten Testaments erheben den egoistischen Anspruch, dass der erste erschaffene »Mensch« auf Erden ein Mann gewesen wäre. Übersehen haben sie dabei zwei Aspekte:

Das »erste menschliche Wesen«, also Adam, soll Gott, der Herr, geschaffen haben, nachdem er es auf die Erde regnen ließ und Feuchtigkeit aus der Erde aufstieg und die ganze Fläche des Ackerbodens tränkte. »Da formte Gott den Menschen aus Erde vom Ackerboden und blies in seine Nase den Lebensatem.« Dann setzte er ihn in den Garten von Eden und gebot ihm, dem Menschen: »Von allen Bäumen des Gartens darfst du essen, doch vom **Baum der Erkenntnis von Gut und Böse** darfst du nicht essen, denn sobald du davon isst, wirst du sterben.«

Der »erste Mensch«, also der Mann, wäre demnach aus Erde geschaffen. Und weiter heißt es:

Gott ließ ihn in einen tiefen Schlaf fallen und entnahm ihm eine seiner Rippen, woraus er »eine Frau baute«, die er dem Menschen zuführte.

Zum einen wäre demnach die »erste Frau«, also Eva, nicht aus Ackerboden wie Adam, sondern aus einem menschlichen Gewebe geschaffen.

Zum anderen wäre es die erste Frau, also Eva, die trotz Todesdrohung den Mut und Willen zur Erkenntnis von Gut und Böse aufgebracht und sich über die Angst vor dem Sterben hinweggesetzt hat. Die Erkenntnisfähigkeit von Gut und Böse wäre also der weiblichen Initiative zu verdanken. Aus der Schilderung der biblischen Geschichten geht auch hervor, dass schon der erste Mann **für die erste Sünde keine Verantwortung übernehmen** und das weibliche Geschlecht mit Schuld beladen will, während Gott ihn dann **nur** dafür bestraft, dass er auf seine Frau gehört hat, was den Eindruck eines frauenfeindlichen Gottes vermitteln könnte. Dass ein Mann nicht auf seine Frau hören darf und im umgekehrten Sinn sich ein Mann die Freiheit nehmen darf, von seiner Frau Gehorsam zu verlangen, wäre somit »gottgewollt«. Demnach fände die Unterdrückung der Frauen in den von Männern abgefassten Bibeltexten also seine Rechtfertigung, wie auch die Herrschaft über sie (vgl. Das Buch Genesis, »Die Erschaffung der Welt« 3, 16).

Nach Auffassung der Bibelschreiber hätte also die Spezies Mensch ihrer **spezifischen und wichtigsten Eigenschaft**, die Erkenntnis von Gut und Böse, den Gebrauch des Verstandes nämlich, nicht befähigt werden sollen. Tiere und Pflanzen hingegen bedürfen dieser Eigenschaft nicht: Sie führen ein Leben mit Maß und Ziel; das heißt mit maßvoller Ernährung und dem Ziel des Überlebens und der Fortpflanzung ihres Lebens, schlechte Charaktereigenschaften wie zu viel Egoismus zur Befriedigung von **Gier** kennen sie nicht. Und außerdem stellt allein schon die »Erfindung« eines Teufels die Allmacht Gottes in Frage! Die sogenannten Teufelsaustreibungen sind wohl mehr als fragwürdig.

Das »Böse« ist nicht der »Teufel« oder »Satan«, eine bei fast allen Völkern bekannte **Verkörperung** des Bösen, das in Religionen und im Volksglauben in verschiedenen Gestalten, im Alten Testament sowohl als Verführer der Menschen als auch ihr Verkläger vor Gott und im Neuen Testament als »Fürst der Welt« und Feind Gottes vorgestellt wird, dessen Werke (Taten) zu zerstören Christus gekommen ist. Darstellungen in der bildenden Kunst zeigen den Teufel meist in hässlicher Tiergestalt als Drache, Schlange oder Basilisk, ein antikes Fabeltier, dessen Blick tötet und das ein gekröntes Mischwesen zwischen Schlange oder Drache und Hahn ist; der Basilisk wird nach der Sage bezwungen, indem man ihn veranlasst, in einen Spiegel zu schauen, da ihn der eigene Anblick entsetzt. Das Böse als behaartes Mischwesen aus Mensch und Tier mit Hörnern, Schwanz und Bocksbeinen oder in anderen Gestalten zu verkörpern, ist ein **Bewerten des Bösen** nach **Körper-Eigenschaften**, während das Böse in einer **Charakter-Eigenschaft** zu finden ist, nämlich in der Verantwortungslosigkeit, also im seelisch-geistigen Bereich, dem Gewissen, was sich nicht bildlich darstellen lässt. Auf der Suche nach »Gut« und »Böse« oder danach, was gut und was böse ist, kam das alte Mädchen zu der Erkenntnis, dass das **»Böse« gleichzusetzen** ist mit **»Verantwortungslosigkeit«** (gegenüber Mensch und Natur). Verantwortlichkeit übernehmen ist das Einstehenmüssen für eine Handlung und oberste Maxime sittlichen Handelns. Die Schuldzuweisung an andere ist gleichzusetzen damit, keine Verantwortung übernehmen zu wollen: »**Du** bist es, Eva, die dem Teufel Eingang verschafft hat, **du** hast das Siegel jenes Baumes gebrochen, **du** hast zuerst das göttliche Gesetz im Stich gelassen ... So leicht hast du den **Mann**, das **Ebenbild Gottes**, zu Boden geworfen«, ist eine Schuldzuweisung von Tertullian, Kirchenschriftsteller und Christ aus dem 2. Jahrhundert n. Chr. und Gegner der Gnosis (griech. »Erkenntnis«). Bei eigenem Versagen die Schuld auf andere abzuladen, was etwa durch den an Gott gerichteten Befehl »Führe mich nicht in Versuchung und erlöse mich von dem Übel« geschieht, ist ein umgekehrtes Beispiel dafür, nicht eigene Verantwortung für böses Tun übernehmen zu wollen.

Sollte **wirklich** die Menschheit zweitausend Jahre nach Christus einen derart großen Bewusstseins-Sprung gemacht haben?

Ein Ruck war jedenfalls durch die Gesellschaft gegangen. Der zu Ende des 2. Jahrtausends n. Chr. von einem hohen Repräsentanten der Politik geäußerte Wunsch, bei Aufbruch ins neue Jahrtausend müsse »ein **Ruck durch die Gesellschaft gehen**«, war in Erfüllung gegangen. Die »Gesellschaft« hatte so **heftig die Stühle** der Führungsspitzen gerückt, dass die ganze demokratische Struktur ins Wanken geraten war. Ein großes Erdbeben hatte nicht nur die Atom-Kraftwerke, sondern auch die fest verankerten, von skrupellosen und verantwortungslosen »Bauernfängern« besetzten Thronsessel erschüttert. Die »Thronfolge« war anders und neu geregelt worden. Bei der **Auswahl** wurde eine strenge Auslese getroffen und es wurden Prioritäten **nach vorbildlichen menschlichen Charaktereigenschaften** gesetzt, wie Ehrlichkeit, Gerechtigkeitssinn und ethisch-moralisches Verantwortungsbewusstsein. Auch wurde bei der Vergabe von Führungsposten endlich darauf geachtet, dass mindestens die Hälfte der Spitzenvertreter weiblichen Geschlechts war. Die ehemals endlos langen Wahllisten waren ganz erheblich geschrumpft auf wenige, des hohen und anspruchsvollen Amtes eines Volksvertreters würdige Kandidaten und Kandidatinnen. Aufgestellt wurden nur Bewerber und Bewerberinnen mit einwandfreiem Leumundszeugnis nach eingehender Prüfung bezüglich ihres würdevollen Umgangs mit Mensch und Natur, ihres sorgsamen und verantwortungsvollen Umgangs mit fremden Geldern, den Steuergeldern, und ihrer diplomatischen Fähigkeiten. Bei dem geringsten Verstoß gegen die **Würde** von Mensch oder Tier und gegen die Menschenrechte oder die Tierrechte wurden sie kurzerhand von ihrem Thron gestoßen. Als die neuen »anderen« Politiker für verschwendete und ungerecht verteilte Steuergelder aus eigener Tasche aufkommen mussten, hatten auch sie endlich die Bedeutung einer demokratischen Führung für den Frieden begriffen.

Die Friedenskonferenzen

Die Friedensbewegung hatte dann schließlich auch die zweite Spezies unter den Lebewesen, die Tiere, erreicht: Ein »Ruck durch die Gesellschaft der Tiere« war gegangen. Eine Welle der Entrüstung war auf die Welt der Tiere übergeschwappt. Das war genau zum Zeitpunkt der 169. Klima-Konferenz, als sich die unwürdig behandelten Tiere demonstrierend für ihre Rechte in einer unerlaubten Versammlung zusammenschlossen. In einer »Konferenz der Tiere« forderten sie ihre beschnittenen Rechte auf Wasser und Land zurück, deren sie beraubt worden waren. So war im afrikanischen Okavango-Delta das Wasser verschwunden. Und der Klimawandel hatte auch noch einen Eisbären und einen tasmanischen Teufel in das Tal des Todes auf den amerikanischen Kontinent gespült. »Nieder mit der Bestie Mensch!«, riefen die Tiere verzweifelt. Doch erst als die inzwischen vereinte Kirche sich seelsorgerisch für die Welt der Tiere eingesetzt und auch sie als »Krone der Schöpfung« gewürdigt hatte, war ein Weltenbrand verhindert worden. Das Paradies im Diesseits war nun auch den Tieren gesichert. Die Tiere waren überglücklich (sie brauchten ja nicht viel zum Glücklichsein) und froh, dass sich der neue Papst trotz seiner unzähligen Reformaufgaben (Schaffen von Toleranz zwischen Christen und Muslimen und allen anderen Glaubensgemeinschaften, Schaffen von Gerechtigkeit unter seinen Arbeitnehmern, Schaffen von Transparenz, Abschaffen des Zölibats, Abschaffen des Kindesmissbrauchs, Abschaffen der Geldverschwendung, Abschaffen der Selbstgerechtigkeit) auch noch ihrer reformbedürftigen Tier-Welt angenommen hatte. Mahnende Worte, wie: »Was der Mensch dem Tier Böses antut, das tut er sich selbst an«, gingen um die Welt.

Die neuen Würdenträger des neuen Zeitalters erfüllten ihre Aufgaben nach bestem Wissen und Ge-Wissen, weil sie auch über ein Gewissen verfügten! Die vorgelebten ethischen und moralischen Grundsätze der Obersten Hüter hatten eine neue, unerwartete Blüte hervorgezaubert. Eine Wunder-Welt war geschöpft worden. Ein neues weltweites Wirtschaftswunder war geschehen und Wachstum und Fortschritt wurden nicht mehr nur an der Stufe der hochtechnologischen Entwicklung gemessen; als Maßstab diente vielmehr auch die geistig-moralische Entwicklungsstufe eines Volkes: Je größer die Gewinne an Menschlichkeit und Gerechtigkeit, desto höher stand die Kultur eines Volkes. So hatte auch der Fortschritts-Glaube der Gesellschaft einen Wandel erfahren.

Jeder Mensch, ob Mann oder Frau, hatte den richtigen, den **optimalen Platz** und damit die größtmögliche Motivation nach seiner ganz speziellen Fähigkeit und Begabung in einer neuen wettbewerbsfähigen Arbeitswelt. Jeder, vor allem auch jeder Jugendliche im Euroraum, hatte wieder eine Zukunftsperspektive durch Gewährleistung eines **sicheren** Arbeitsplatzes mit Rentenanspruch ohne befristete Arbeitsverträge, ohne Zeitarbeit, ohne Mini-Jobs und ohne Niedriglöhne, ohne Inanspruchnahme von Sozialhilfen zur Bestreitung des Lebensunterhalts. Ein **sicherer** und menschenwürdiger Arbeitsplatz war wieder zur Selbstverständlichkeit geworden und nicht mehr – wie einst **vor** dem »Zeitalter der Menschlichkeit« – ein von der »Gnade und Barmherzigkeit« der Wirtschafts-Mächtigen abhängiges Gnadengeschenk. Angst vor Arbeitslosigkeit und das sogenannte Burn-out durch zu hohe Arbeitsbelastung gehörten der Vergangenheit an. Auch die aufopfernde Arbeit in dienstleistenden Berufen, wie der wichtigen Kranken- und Altenpflege, wurde nun angemessen honoriert. Und die Rentenempfänger wurden wieder für ihre Lebensarbeit gewürdigt und nicht mehr in die Altersarmut getrieben. Auch das Aufhetzen von Jungen und Alten gegeneinander hatte in der neuen gerechten Welt endlich ein Ende genommen. Eine Schere zwischen »Arm und Reich« klaffte nach Einführung einer sogenannten Reichen-Steuer ebenfalls nicht mehr.

Auch brauchten die Menschen nicht mehr um ihr mühsam Erspartes zu fürchten: Endlich hatten die neuen Politiker eine längst überfällige weltweite Finanzmarkt-Regulierung durchgesetzt im Tollhaus der Banken- und Börsenwelt. »Wenn Stellen abgebaut werden, jubelt die Börse«, hieß es einst. Der Jubel war wieder auf Seiten der Sparer und nicht mehr auf der Seite der Zocker und Börsenmakler.

In Wahrheit hatten eigentlich gar keine Schulden existieren können auf der Welt! Realität war nämlich, dass kaum 10 Prozent der vielen Millionen, Billionen und Billiarden und Trilliarden an Geldern, von denen die Rede war, in Form von Geldscheinen und -münzen auf der Welt vorhanden waren. Der gesamte Welthandel war zu 90 Prozent mit **fiktivem Geld**, aus der Luft gegriffenen Gespinsten von Krediten, betrieben worden. Der Spruch »Geld regiert die Welt« war schon lange nicht mehr zutreffend. Folglich **bedurfte es auch gar keiner Rückzahlung von Schulden** an andere Länder und Staaten, weder innerhalb Europas noch sonst wo auf der Welt. Die Menschen hatten alle kausalen Zusammenhänge dank ihres geschärften Bewusstseins erkannt und wussten, dass ihnen die Schuldenlasten und Sparmaßnahmen bis hin zum Existenzverlust und bis in nachfolgende Generationen eigentlich nur »aus Spaß« aufgebürdet worden sein konnten. Und mit der von dem ehemaligen Vize-Kanzler eines Landes als »Spaß-Gesellschaft« bezeichneten Gesellschaft war endlich nicht mehr zu spaßen: Sie hatte den Spieß einfach umgedreht: Sie war es dann auch, die sich einen Spaß daraus machte, die Politiker auf ihrer »Theaterbühne« als Hampelmänner wahrzunehmen und am Gängelband zu führen. Die »Zuschauer« waren es, die das Orchester fortan dirigierten und die Misstöne der politischen Instrumente in wohlklingende Harmonie verwandelten. Die unbegabten Künstler auf der Weltbühne, die dem Publikum keinen Spaß mehr machten mit dem Erzeugen disharmonischer Klänge, konnten die Gunst der Kunstverständigen des 21. Jahrhunderts nicht mehr gewinnen.

Es waren vor allem die jungen Menschen, die sich als besonders »kunstinteressiert« und »kunstverständig« entpuppten. Die Zeiten, als die Jungen noch ihren Geist mit Alkohol und Drogen betäuben wollten angesichts ihrer Perspektivlosigkeit, gehörten der Vergangenheit an. Sie hatten die außerordentliche Wichtigkeit ihres wachen Geistes beim Gelingen einer Zeitenwende erkannt. Sie waren es auch überdrüssig, im Marionettentheater den lustigen Kasperle zu spielen. Nach ihrer »Verpuppung« hatten sie – vergleichbar mit der Metamorphose in der Botanik und der Zoologie – eine totale Umwandlung vom »Spross kriegerischer Ahnen« in eine friedfertige und vollkommen neue Spezies unter den Lebewesen durchlaufen. Die neuen Sprösslinge setzten nur ihre Geisteskraft bei der Verteidigung ihres Vaterlandes und nicht (wie die anders gearteten Sprosse vergangener Zeiten) ihre Gliedmaßen oder gar ihr kostbares Leben ein. Auch todbringende Waffen zur Vernichtung von suggerierten sogenannten »Feinden« benötigten sie nicht mehr. Zur Erhaltung des Friedens brauchten sie nur Gleichgesinnte, und Gleichgesinnte, denen der Sinn nach Frieden auf der ganzen Welt stand, gab es genug. Eine große Hilfe bot ihnen ihr kleiner Zauberschlüssel zum Frieden, den sie als äußeres Zeichen ihrer Friedfertigkeit sichtbar trugen und der ihnen das Schloss zur Himmelspforte auf Erden geöffnet hatte. Sie hatten weder ein Kainszeichen noch ein anderes Zwangskennzeichen zur Kenntlichmachung als Träger des Schlüssels zu befürchten und waren sicher vor der Strafe Gottes oder auch beispielsweise der Bedrohung durch einen Aufseher eines Konzentrationslagers im Zweiten Weltkrieg. Die »Kriegstreiber« im »Krieg der Frösche« waren auch sicher vor einer Kriegsgefangenschaft in amerikanischen oder russischen Lagern wie die Zivilisten auch sicher waren vor der Vertreibung aus ihrem eigenen Heimatland, wie beispielsweise damals die Menschen aus Schlesien nach dem Zweiten Weltkrieg. Und die Frauen und Mädchen waren sicher vor einer erniedrigenden Vergewaltigung mit der möglichen Folge einer ungewollten Schwangerschaft durch die sogenannten »Feinde«. Nachdem die Kriege und die Un-Menschen ausgestorben waren, war auch das Wort »Feinde« ausgestorben und das Wort »Freunde« an seine Stelle gerückt. Nach der Schöpfungsgeschichte, zurückverfolgt bis Adam und Eva, oder auch nach der Stammesgeschichte der Evolution sind eigentlich sowieso alle Menschenkinder »ein Fleisch und ein Blut«, dachten die Menschen in ihrem neuen Bewusstsein.

Die Opferzahlen und Kriegskosten der früheren Kriege und das ganze einstige Waffenarsenal sprachen eine unmissverständliche Sprache: Allein der Irak-Krieg hatte bis zum ersten Abzug von amerikanischen Kampftruppen die USA nach 9 Jahren nicht »nur« fast eine Billiarde Dollar und mehreren Tausend US-Soldaten das Leben gekostet, es mussten auch noch mehr als 100 000 Iraker ihr Leben lassen und sogar Zivilisten die Gräuel eines Krieges erleiden, ohne dass die angeblich in dem Land vermuteten Massenvernichtungswaffen gefunden worden wären.

Damals hatte der Pleitegeier seine Flügel nicht nur über die europäischen Länder ausgebreitet, deren Spannweite reichte bis über den Großen Teich hinüber.

Daraufhin hatten die Menschen ein Exempel statuiert: In ihrem geschärften neuen Verstand hatten sie erkannt, dass ein **weltweiter Schuldenerlass keine** negativen weltweiten finanziellen und wirtschaftlichen **Folgen** haben würde, sondern im Gegenteil: Er würde die Menschen von der Last der Schulden auf ihren Schultern und ihren persönlichen Sparmaßnahmen befreien. Und so viel war auch klar geworden: Eine Rettung durch staatlich verordnete »Medikamente«, wie einem Schulden-Schnitt, einem Rettungs-Schirm, einem erweiterten Rettungs-Schirm oder einem Rettungs-Schirm mit Hebel, hätte sie und die nachfolgenden Generationen mit Sicherheit nicht vor einem psychischen und physischen sowie finanziellen Zusammenbruch retten können!

So waren es dann auch die Superreichen aus allen Teilen der Welt bis hin in die entlegensten (Steuer-)Oasen gewesen, die den richtigen Gebrauch eines **einfachen Werkzeuges** wie der **Schere** erlernt hatten, als die »Schere zwischen Arm und Reich« immer weiter und weiter auseinandergeklafft war. Am richtigen Gebrauch eines Werkzeuges ließ sich die Intelligenz eines Lebewesens messen. Doch es sollten noch einige der dreizehn aufeinander folgenden Zyklen der Zeitrechnung der Mayas vergehen, bis auch die Politiker die Schneide-Technik dieses Schnitt-Werkzeuges begriffen hatten. In ihrer hoch technologisierten Welt waren die Mächtigen nur der Bedienung von hoch entwickelten Tötungs-Werkzeugen mächtig. Offensichtlich musste der Umgang mit diesem Werkzeug eine Kunst sein, und nicht jeder Politiker war ein Handwerks-Künstler (die Schauspiel-Kunst lag ihnen mehr im Blut).

Menschenunwürdige und moralisch nicht vertretbare Lösungen, wie Zeitarbeit, Leiharbeit, Niedriglohnarbeit oder die Entlassung von hunderten und tausenden Arbeitnehmern und Arbeitnehmerinnen mit der Begründung, im Ausland würde billiger produziert, wie beispielsweise die billigere Herstellung von Solarzellen in China bewies, ließen die Arbeitnehmer und Verbraucher nicht mehr gelten. Die Arbeitgeber, die einst nur auf die Befriedigung ihrer Profit**gier** und nicht auf die Zufriedenstellung der für ihre Unternehmen arbeitenden Menschen bedacht waren, wussten mittlerweile, dass nicht die Arbeitnehmer, sondern umgekehrt die Arbeitgeber abhängig waren von ihren Arbeitskräften. Die Fiterhaltung am Arbeitsplatz durch kleine gemeinsame Gymnastikübungen und die Bereitstellung eines Stehpultes für jeden Schreibtisch-Arbeiter sowie kurze Erholungspausen bei körperlicher Schwerstarbeit schützten die Menschen nicht nur vor frühzeitiger Verrentung, sondern auch vor einer Steigerung ihrer Krankenkassenbeiträge durch wochenlange Kur- oder Krankenhausaufenthalte. Das Abrutschen in die Sozialhilfe, das für sozialen Sprengstoff gesorgt hatte, war gebannt. Als dann noch alle Handlungen und Maßnahmen, die nicht der Förderung der Menschlichkeit, der Menschenwürde und der Gerechtigkeit und der Beschleunigung des Neuen Zeitalters der Menschlichkeit und damit dem Frieden dienten, unter Strafe gestellt worden waren, hatten sich ganz neue Welten aufgetan: Allein durch eine vorausschauende und anhaltende, die Konsequenzen des Handelns absehende Innen- und Außenpolitik und rechtzeitige Vorsorge wurden die Fehler und Versäumnisse der Politik vergangener Zeiten vermieden, wie: bei dem längst bekannten demografischen Wandel, dem Flüchtlingsproblem, dem Fachkräftemangel, dem Kranken- und Pflegepersonalmangel, dem Fehlen von Landärzten, dem Fehlen von bäuerlichen Kleinbetrieben, dem Fehlen von Tante-Emma-Läden, dem Fehlen an Flussauen, dem Fehlen von klimafreundlichen Energien, dem Fehlen von gerechter Verteilung von Subventionen bei Schadstoffausstoß infolge von Gratiszertifikaten für die Großindustrie, dem Fehlen von fairem Handel mit Lebensmitteln und Bekleidung, dem Fehlen von Banken- und Börsenaufsicht, dem Fehlen von Kontrollen, dem Fehlen von Transparenz, dem Fehlen von objektiven Gutachten und Statistiken, dem Fehlen von Internet-Aufsicht, dem Mangel an vorausschauenden Bildungs-, Gesundheits- und Rentenreformen, dem Fehlen von Steuergeldern, dem Fehlen von Diplomatie und Kompromissbereitschaft, dem Fehlen von ethisch-moralischen Grundsätzen und dem Mangel an Sicherheitsvorkehrungen und so weiter und so weiter.

Es bestand auch kein Grund, die durch den geplanten Ausstieg aus der Atomenergie angeblich steigenden Energiekosten auf die Kleinverbraucher abzuwälzen, während die industriellen Großabnehmer mit den Mehrkosten **ungleich** belastet worden waren. Die Energie-Großkonzerne hatten immer noch – trotz Abschaltung einiger Atomkraftwerke – Milliardengewinne durch den Export überschüssiger Stromproduktion erzielt und über horrende Gewinne aus der Vergangenheit verfügt, um vorübergehende Mehrausgaben zu überbrücken. Anstatt das geothermische Wärmepotential der Städte zu nutzen, mussten die Menschen in Gifte enthaltende Fassaden-Dämmplatten investieren, die letztlich mit dem abperlenden Regenwasser auch noch das Grundwasser verunreinigten. Die Begehrlichkeiten der Unternehmer hatten in keinem Verhältnis mehr gestanden zu dem bescheidenen Anspruch des einfachen Volkes, seine ständig steigenden Lebenshaltungskosten ohne

Inanspruchnahme von sozialen Leistungen aus dem Gemeinschaftstopf der Steuereinnahmen zu bestreiten. Das Prinzip der Wirtschaftsunternehmen hatte auf der Praxis basiert, dass je mehr Entlassungen und Börsengänge ins Werk gesetzt wurden, desto mehr Unternehmens- und Aktiengewinne zum Verzocken an der inzwischen computergesteuerten Börse anfielen, die innerhalb von Zehntelsekunden Milliardengelder vernichten konnte.

IX
Der Einlass ins Paradies

Das neue Leben

Auf allen Gebieten des Lebens der Menschheit war somit der Weg für ein neues Leben bereitet. Und das Tor in das Neue Zeitalter der Menschlichkeit stand allen friedliebenden Menschen weit offen. Das Mädchen war sich sicher, dass der Weg in ein **neues zweites** Leben durch die Himmelspforte führen sollte und musste, zu der es den passenden Schlüssel, den Zauberschlüssel zum Frieden, besaß. Den Eingang zur »Hölle« hatte es ja schon kennengelernt, als es nach seiner Krebsoperation dem Tod zwar knapp entronnen, aber höllische Schmerzen gespürt hatte. Den Weg aus dem Mutterleib in die lebensfeindliche Umwelt seines **ersten** Lebens hatte das Mädchen gar nicht erst antreten wollen, denn es hatte Krieg geherrscht zu jener Zeit. Es musste, um nicht schon vorzeitig Reißaus zu nehmen, mit extra eingesetzten Klammern im Uterus seiner Mutter zurückgehalten werden bis zu seiner Geburt Anfang des Jahres 1940. Es schien, als hätte das kleine Menschlein eine Vorahnung von den Schrecken des Zweiten Weltkriegs gehabt. Inzwischen besaßen ja auch seine Mit-Menschen den Zauberschlüssel und brauchten fortan im Neuen Zeitalter keine Angst mehr zu haben vor Hölle und Fegefeuer, auch nicht vor Hexenverbrennungen und Ablasszahlungen, nicht einmal mehr vor dem »Höchsten Gericht«, sie waren ja schon gerichtet worden im »Krieg der Frösche«. Das Mittelalter war endgültig vorbei und mit der **Menschlichkeit als Herrscherin** auch die Zeit, da die Welt mithilfe der **Angst manövriert** wurde, Angst vor feindlichen Mitmenschen und Angst vor teuflischen Mächten. Im Regiment der neuen Herrscherin war die **Wahrheit** die oberste Befehlshaberin und die »**Wahrheitsfindung**«

ihre gewaltlosen Soldaten. Die Wahrheitsfindung erfolgt mit Hilfe des Verstandes und der Urteilsfähigkeit und **nicht** unter Zuhilfenahme von **Glauben** und **Hoffnung**. Doch was die **Liebe** anbelangt, so spielte sie allerdings weiterhin eine große Rolle in der Manövrierfähigkeit des Regiments der neuen »Herrscherin der Menschlichkeit«: die **Wahrheits-Liebe** nämlich, die einzige Liebe unter den facettenreichen Gestalten der Liebe, die die Eigen-Liebe ausschließt und **über alle Täuschungs-Manöver erhaben** ist. Ihre Erhabenheit ist fest verankert in der **Ehrlichkeit**. »Ehrlich währt am längsten«, waren auch die häufigsten Worte, die der Vater des kleinen Mädchens einst an seine Tochter gerichtet hatte, der die Ehrlichkeit zum obersten Prinzip seiner Erziehung machte. Und so hatte sich eine krankmachende Allergie gegen »Lügen« und »Betrügen« und eine unerschütterliche Liebe zur Wahrheit bei dem Mädchen entwickelt. Aber auch gegen »Dummheit« hatte es den Kampf aufgenommen, denn sein Vater pflegte zu sagen: »Dumm geboren und nichts hinzugelernt«, wenn seine Tochter einen törichten Fehler auf ihrem Entwicklungsweg zum vollwertigen Menschen gemacht hatte. Denn: Dummheit ist Unwissenheit und »Unwissenheit schützt vor Strafe nicht«, diese Regel gilt auch in der **weltlichen** Strafprozessordnung. Nach der **göttlichen** Vorsehung hingegen soll angeblich im Widerspruch dazu die **Dummheit eine Gottesgabe** sein und die **Rückentwicklung zum Kind** ein Garant für den Einlass durch die »Himmels«-Pforte.

Mit dem Siegeszug der Menschen gegen die Un-Menschen im »Krieg der Frösche« im Jahre 2016 n. Chr. hatte dann nicht nur die Angstmache vor einem dritten blutigen Weltkrieg in Wiederholung von Weltgeschichte ihr Ende gefunden, sondern ein für alle Mal gebannt war auch der Dominoeffekt von Krieg und Gewalt und Flucht und Vertreibung. Damals streiften die Menschen schließlich auch ihre Messias-Erwartung ab. Der Erlöser brauchte nicht noch einmal den beschwerlichen und gefahrvollen Weg auf die Erde zu nehmen, um die Welt zu retten. Die Un-Menschen auf dem Blauen Planeten waren wie von Geisterhand verschwunden. Der »neue Mensch« hatte einen Quantensprung in der Evolution gemacht im

Streben nach »mehr Menschlichkeit« und besaß das unglaubliche Charisma, das wohl auch Jesus besessen hatte: Er konnte den Menschen in die Augen schauen und sagen: »Komm mit, verlass dein altes Leben und folge mir nach.« Gestützt auf die Wunderkraft der »Goldenen Regel«, die zweitausend Jahre nach Christus eine Renaissance erlebt hatte, war ein neues, friedliches Leben im **»Diesseits«** angebrochen. Doch: Eine gewisse Vorsicht war noch immer geboten! Einige Un-Menschen hielten sich in Erdlöchern versteckt (wie einst Saddam Hussein) und wollten die neue Schöpfung Mensch ihrer wohlverdienten »Krone«, ihre Kopfzierde als Zeichen der Herrscher-Würde, wieder berauben. Das war damals im Jahre 2014 (genau 100 Jahre nach Ausbruch des Ersten Weltkriegs, der ersten militärischen Auseinandersetzung, die, durch Verflechtung des internationalen Handels und die moderne Kriegstechnik, die gesamte Menschheit erfasste), als die Menschen ihre wiederentdeckte »Goldene Regel«, ihr gemeinsames globales Regelwerk, zum allgemeinen Gesetz erhoben:

»Was du nicht willst, das man dir tu', das füg auch keinem andern zu.«

Und es war in einer Zeit, als die »neuen« Menschen wussten, dass auch die in Nicht-Krisengebiete exportierten Waffen naturgemäß auch in Krisengebiete gelangen und eines Tages gegen die einstigen Exporteure gerichtet werden könnten. Und es war in einer Zeit, als alle Kriegs-Handlungen, Kriegs-Lügen, Kriegs-Waffen, Waffen-Lieferungen und Waffen-Schiebereien endlich ein Ende genommen hatten. Und es war in einer Zeit, als auch die Frage nach den »Kriegsursachen« (nach denen in einem Karl-Valentin-Text ein Sohn seinen Vater fragt) bedeutungslos geworden war:

- »... Gell, Vata – aber der wunde Punkt is halt der: Wer macht zum Schluss die Atombomben?
- Natürlich auch wieder die Arbeiter.
- Wenn sich aber die ganzen Arbeiter auf der Welt einig wären, gäb's dann auch noch an Krieg?

– Nein – dann nicht mehr – das wäre der ewige Friede.
– Aber gell, Vata – die werden nie einig.
– Nie!«

Und auch die hintersinnig humorige geäußerte Ansicht Carl Valentins über die Zukunft gehörte der Vergangenheit an: »*Die Zukunft war früher auch besser!*« Und »Politikerreden«, wie der Satiriker sie mit beißendem Spott gern parodierte, vollgestopft mit unverständlichen und leeren Phrasen, waren auch nicht mehr zu hören. Und vor allen Dingen: Konflikte wurden nicht mehr mit Waffen gelöst, sondern mit Diplomatie und ohne Gewalt! (Mit Gewalt geht gar nichts!)

Und es war in einer Zeit, als mahnende Reden von Kanzlern und Präsidenten mit der Aufforderung der Menschen zu Solidarität und zum Zusammenhalt im Haus Europa oder der globalen Welt ebenso überholt waren. Die Menschen wussten um das Prinzip der »Solidarität«, der wechselbezogenen Verbundenheit und Mitverantwortung einer Gemeinschaft. Es gab nur eine wechselseitige Verbundenheit unter allen Mit-Menschen, die in ihrem gemeinsamen Interesse lag: die Menschenwürde und die Gerechtigkeit. Die Mit-**Verantwortung** galt fortan den »Menschen« **und nicht den** »**Un-Menschen**«, die sie zum Opfer-Lamm oder zum Spar-Schwein ihrer Geld- und Macht-Gier missbraucht hatten. Allerdings sollte es noch geraume zwei Jahrzehnte dauern, bis auch der letzte Un-Mensch – infolge Hungers – aus seinem Erdloch gekrochen war und die letzten vom Rausch der **Droge Macht** (Drogensucht ist schwer therapierbar und ihre Heilung führt nur mit Willenskraft zum Erfolg) befallenen Politiker geheilt waren. Aus ihren einst unmündigen Kindern waren inzwischen **aufgeklärte Erwachsene** geworden, mit Verstand und mit den aus der Menschheitsgeschichte gewonnenen Erfahrungen und Erkenntnissen über »Gut oder Böse« und »Wahrheit oder Lüge«. Die »neuen« Menschen wussten inzwischen, dass nur ein friedfertiger Charakter, beflügelt vom Trachten nach Wahrheit und Verantwortung, sie **unangreifbar** und in ihrer in den Grundgesetzen verankerten

Würde unantastbar machen konnte. Und sie hatten inzwischen auch erkannt, dass das viel gerühmte **internationale Gleichgewicht nicht durch** ständige **militärische** Rüstung, Aufrüstung und Nachrüstung, sondern **nur** durch diplomatisches Verhandlungsgeschick Bestand haben kann. Die aufgeklärten neuen Menschen-Kinder wussten inzwischen auch, dass nicht der Storch die Kinder auf die Welt bringt und nicht das Christkind die Geschenke unter den Weihnachtsbaum legt und nicht die gebratenen Hühnchen (wie im Schlaraffenland) vom Himmel fallen. Und sie wussten vor allem, dass nicht »Gott« verantwortlich zu machen ist für all die Missstände und für das Handeln der Un-Menschen auf der Welt und dass **Vertrauen**, zu großes Vertrauen, auch **missbraucht** werden kann. Vertrauen in Gott und in die Menschen zu setzen, bedeutet letztlich auch die Schuld auf Gott (»Wo war Gott?«) und die Mit-Menschen abzuschieben bei eigenen Misserfolgen und Enttäuschungen. Die aufgeklärten Menschen zu Beginn des 21. Jahrhunderts n. Chr. verstanden auch, sich vor den negativen Einflüssen und vor Irreführungen der öffentlichen Medien durch kritisches Hinterfragen nach dem Wahrheitsgehalt zu schützen. Und sie überschauten schließlich auch, was sie vom Glauben und vom Glauben an den Charakter eines Menschen zu halten hatten: »Wenn du vernimmst, ein Berg sei versetzt worden, dann glaub es. Hörst du aber, ein Mensch habe seinen Charakter verändert, so glaube es nicht« (arabische Spruchweisheit). Und: »Alles, was uns imponiert, muss auch Charakter haben« (Johann Wolfgang von Goethe). Das Wissen der Menschen hatte sich im Laufe der Jahrhunderte und Jahrtausende ganz erheblich erweitert: Die Menschheit war reif für das Neue Zeitalter der Menschlichkeit. Das Altertum umfasst die Geschichte der Hochkulturen von etwa 4000 v. Chr. bis zum Untergang der antiken Mittelmeerkulturen zwischen dem 4. und 7. Jahrhundert n. Chr. (375 n. Chr. Beginn der Völkerwanderung, 476 der Untergang Westroms und 622 Aufkommen des Islams). Das Mittelalter ist ein in der Geschichtswissenschaft von den Humanisten geprägter Begriff für den Zeitraum zwischen Altertum und Neuzeit, deren Beginn von der Geschichtswissenschaft an der Wende vom 15. zum 16. Jahrhundert angesetzt wird.

Sollte **wirklich** der Bewusstseins-Sprung der Menschen 600 Jahre nach Beginn der Neuzeit so gewaltig ausgefallen sein, dass er sie auf den Boden der Realität gebracht hatte, nämlich den **Frieden als normal** und sinnvoll und den **Krieg als anomal** und unsinnig und wahnsinnig zu erkennen?

Noch am Ende des Jahres 2011 n. Chr. war der Bevölkerung eines europäischen Landes von ihrem »Hohen Haus« einzureden versucht worden, dass in der Geschichte dieses Landes 66 Jahre **Frieden nicht normal** seien. Was hingegen die Bevölkerung damals nicht mehr als »normal« betrachten wollte, waren die immer noch wütenden Kriege in anderen Ländern der Erde auf ihrem wunderschönen Erdball! Auch das nicht enden wollende Parteien- und Glaubensgezänk konnten und wollten die Menschen nicht mehr ertragen. Das »Denken« war wieder in Mode gekommen. »Ich denke, also bin ich.« Diesen fundamentalen Satz der abendländischen Philosophie prägte der französische Philosoph und Mathematiker René Descartes (1596–1650 n. Chr.). Niemand klagte nun mehr über sein mangelhaftes Gedächtnis, sondern in erster Linie über seinen mangelhaften Verstand oder das Fehlen seines gesunden Menschen-Verstandes. Und übrigens: »Alles Gescheite ist schon einmal gedacht worden, man muss nur versuchen, es noch einmal zu denken« (Johann Wolfgang von Goethe).

Zur Erinnerung an den ganzen Wahnsinn des vergangenen Atomzeitalters ließen die neuen Menschen nur einen einzigen, abgeschalteten Atommeiler als Mausoleum stehen. Auf seinem Dach thronte eine Quadriga mit vier Rössern, die unter ihren Hufen die begrabenen Symbole der vier Pfeiler des damaligen Wahnsinns

Gier – Macht – Lug – Betrug

zerstampften.

Licht ins Dunkel der Seelen sollte die erhöhte kosmische Strahlung im Jahre 2012 n. Chr. auf den Blauen Planeten gebracht haben, so hieß es, und mit ihr angeblich »rosige Zeiten für die Weiblichkeit«. Es war zu Beginn des Jahres 2009 n. Chr. gewesen, während der Strahlentherapie des Mädchens nach seiner Krebsoperation, als es bemerkte, dass etwas ganz Neues, bisher in dieser Stärke nie Gekanntes in ihm vorging: Eine gewaltige Erneuerung seiner Energie hatte ihm die vermeintlich verloren gegangene Kraft wiedergegeben. Nach den von bleierner Müdigkeit begleiteten Bestrahlungen mit einem Schlafbedürfnis vergleichbar dem 100-jährigen Dornröschenschlaf waren in dem alten Mädchen ganz neue Lebensgeister erwacht. Diese neuen Lebensgeister hatten es fortan nicht mehr verlassen und verhießen ihm ein neues, zweites Leben in einer paradiesischen Neuen Welt.

So hatte sich das Mädchen aufgemacht und war dem Ruf der Natur gefolgt: »retour à la nature!«, und hatte dabei schließlich (auch mithilfe seiner weiblichen Intuition) den richtigen Weg gefunden. Dabei ereigneten sich gar wundersame Dinge: Die Menschen Anfang des 21. Jahrhunderts n. Chr. waren Zeugen geworden, wie ihr eigener gesunder Menschenverstand Wunder vollbringen und ihre eigene Weltanschauung verändern konnte. Sie hatten verstanden, dass es im Leben letztlich gar nicht darauf ankommt, »Gott und die Welt« zu verstehen, sondern vielmehr zu verstehen, seine **eigenen** verborgenen Wunderkräfte und die verborgene Zauberkraft der Goldenen Regel zu gebrauchen.

Jetzt hatte auch das alte Mädchen verstanden, worauf es ankommt im Leben und seine quälenden Fragen zu »Gott und der Welt« waren endlich beantwortet.

Mit **anderen Augen** die Welt zu sehen, das ist es, was den Sinn des Lebens ausmachen und auch verändern kann. Die finsteren Zeiten waren vorbei, in denen es damals im Jahre 2012 noch passieren konnte, dass ein Mädchen, nur weil es eine Schule besuchen wollte, in Pakistan niedergeschossen wurde! Der Sieg des »Friedens« über die »Kriege« in einer ehemals von Männern beherrschten Welt war dem Triumphzug der neu geschriebenen kleinen Bibel rund um den Erdball zu verdanken. Ihr Inhalt berührte die Herzen der Menschen, beflügelte ihr Handeln. Im Gegensatz zu der im 1. Jahrhundert n. Chr. von Männern geschriebenen Bibel mit ihren zahlreichen Widersprüchen bargen die einfachen und unzweideutigen 14 Worte der wiederentdeckten »Goldenen Regel« in der Neuen Kleinen Bibel des 21. Jahrhunderts in sich alle Regeln der Kunst, der Lebenskunst für ein gleichberechtigtes, friedliches, gesellschaftliches und religiöses Mit-einander aller Menschen. Nach Verinnerlichung der Goldenen Regel benötigten die »neuen« Menschen auch nicht mehr unbedingt noch einen Bibelunterricht oder das Auswendiglernen des Korans oder das Vorlesen der Thora.

Auch brauchten die Männer ihre Stärke und Heldenhaftigkeit nicht mehr durch Gewalt und Unterdrückung der Frauen unter Beweis zu stellen: Die Frauen des Neuen Zeitalters wussten auch so um die Wichtigkeit der Männer für ihr Leben und das ihrer Kinder.

Auch brauchten die Erdenbürger nicht noch weitere Tipps für ihr Erdendasein durch Ratgeberbücher oder Sprücheklopfer, und das Mädchen konnte endlich den auf eine kleine Fliese geprägten Spruch aus seinem Wohnzimmer entfernen, der da lautet: »Das Leben muss ein Test sein, wenn es das richtige wäre, hätte man bessere Tipps erhalten müssen.«

Aber da gab es noch etwas, etwas, das das Mädchen zeitlebens quälte, ein Unrecht, das es in seinem kindlichen Unverstand im Alter von 7 Jahren seinem Vater angetan hatte: Es war nach Kriegsende, als sein Vater aus der Gefangenschaft heimgekehrt war zu Frau und Tochter. Zerlumpt und voll der Wiedersehensfreude hatte er sein Töchterchen in die Arme genommen, war aber von dem Mädchen mit den Worten zurückgewiesen worden: »Wir brauchen dich nicht.« Es waren der grausame Krieg und die schweren Lebensumstände der Nachkriegszeit gewesen, die diesen falschen Eindruck bei den Kriegskindern erweckt hatten, weil die Mütter häufig allein für das Überleben ihrer Kinder sorgen mussten. Und es war nicht nur ein falscher

Eindruck, es war auch ein Beweis dafür, welche Schäden, auch seelische Schäden, Kriege nicht nur bei Soldaten, sondern auch bei Kindern zu verursachen vermögen: Kriege machen aus »Menschen« **Un-Menschen**! Jetzt war es allerhöchste Zeit, bevor das Mädchen – wie sein Vater – an seinem Krebsleiden sterben würde, die längst fällige Entschuldigung nachzuholen: »Lieber Vater im Himmel, verzeih mir die dummen Kinderworte von damals, als du halb verhungert und mit erfrorenen Zehen aus russischer Gefangenschaft heimgekehrt bist; ich habe längst erkannt, was Gut und was Böse ist, und dein Geist der Ehrlichkeit, in dem du mich erzogen hast, lebt immer noch in mir fort.« Ganz bewusst richtete das Mädchen die Worte an seinen **leiblichen Vater** – und nicht an den himmlischen Vater –, denn nur bei ihm konnte es sicher sein, dass er es **wegen seiner Erkenntnis von »Gut und Böse«** nicht aus seinem neuen kleinen Paradies, wo Milch und Honig flossen, vertreiben würde.

Und es gab da noch etwas, das das alte Mädchen quälte: **Sein Zauberschlüssel zum Frieden**! Er hatte die Kraft besessen, alle von der Krankheit Geld-Gier oder Macht-Gier befallenen Un-Menschen in Frösche zu verwandeln. Das Mädchen hätte sich nicht träumen lassen, dass gar so viele menschliche Lebewesen von dieser unheilbaren Sucht betroffen waren; besonders viele Süchtige hatte es in hoch industrialisierten wirtschaftsstarken Ländern gegeben, wie sich angesichts der plötzlich in diesen Regionen aufgetauchten Vielzahl von Lebewesen in Frosch-Gestalt herausstellte. **Der Schrei nach mehr Menschlichkeit war ganz offensichtlich erhört worden!** Doch der Gedanke, die Natur könne dieser Menge an Fröschen nicht genug Lebensraum geben, ließ das Mädchen nicht mehr los. Der natürliche Lebensraum war ja durch »Wahnsinns-Großprojekte« weitgehend zerstört und für die vielen Millionen benötigten Froschweiher bei weitem nicht ausreichend. In seiner großen Not kam dem Mädchen der Gedanke, **die Natur selbst um Hilfe anzurufen**. Und es rief in den Wald hinein und in die Welt hinaus ganz laut und immer wieder um Hilfe, denn es kannte ja die Volksweisheit »Wie du in den Wald hineinrufst, so hallt es zurück«.

Und siehe da! Ein neues Wunder geschah: Seine Hilferufe blieben nicht ungehört. »Auf die Natur ist Verlass!«, dachte das Mädchen. Die Natur selbst war es nämlich, die eingriff in ihrer ständigen Sorge um ihr **eigenes Gleichgewicht:** Und sie ließ nur genauso viele Frösche (auf die Zahl genau) am Leben, wie für den Kreislauf der Natur und den Erhalt ihres Gleichgewichts nötig waren. Die Verwandlung der schlechten Menschen in Frösche war allerdings von größter Wichtigkeit gewesen, um die Welt von schlechten Energien zu befreien, weil die Tiere gar nicht über »schlechte Energien« verfügen, die bei ihrem Sterben frei werden könnten wie bei den **Un-Menschen.** Das Vertrauen des Mädchens in die Allmacht der Natur und in ihre evolutionäre Kraft und in das Schicksal war so groß, dass es sich auch darin sicher war: Künftig würden einzig und allein die Menschen mit ausgeprägtem Verantwortungsbewusstsein für Mensch und Natur und dem Prädikat »Krone der Schöpfung«, die als Gäste auf dem Planeten Erde willkommen waren, das **Erbgut »Menschlichkeit«** in sich tragen und an ihre Nachkommen vererben. Die Gesetze der Natur hatten eine gerechte und natürliche Auslese getroffen! »Das ist ja gerade nochmal gut gegangen«, jubelte das Mädchen erleichtert.

Das Schicksal der Frösche

Ein kleiner Frosch, es war nicht etwa ein in einen Frosch verzauberter Un-Mensch, natürlich war es auch kein gewöhnlicher, sondern ein ganz ungewöhnlicher Frosch, also – zur Verdeutlichung – ein nicht mit dem Erbgut eines Un-Menschen ausgestattetes Lebewesen auf dem Planeten Erde, war es, der zum Wächter, zum sogenannten **Paradies-Wächter,** der paradiesischen irdischen Neuen Welt auserkoren worden war. Er, der Friedenswächter, trug in seiner Hand beziehungsweise zwischen seinen Frosch-Schenkeln ein Zepter, also ein Teil der Krönungsinsignien, und als deren Ergänzung den **General-Zauberschlüssel** zum Frieden. Er war in Wirklichkeit ein verzauberter edler Prinz, der nur darauf wartete, dass sich das Handeln der Menschen grundlegend ändern würde. Und er wartete nicht umsonst: Überall auf der Welt hatte nämlich endlich eine rege Bautätigkeit eingesetzt, nicht etwa Schlösser und Burgen wurden erbaut, sondern Statuen von **Friedensengeln** (meist in unmittelbarer Nähe einer Kirche oder Moschee oder eines Tempels) wurden errichtet, selbst im kleinsten Dorf und in größten Millionenstädten, sogar in Dubai, der Wüstenstadt mit dem 828 m hohen Wohnturm, dem höchsten Gebäude der früheren wahnsinnigen Welt, in der Frauen noch gesteinigt und Menschen geköpft wurden wie im Mittelalter. Die Friedensengel – auch Schutzengel genannt – gewährleisteten fortan den Schutz der »gewöhnlich Sterblichen« und ihrer kostbaren Umwelt. »**Schutz**« vor Un-Gerechtigkeit, Un-Wahrheiten und Un-Heil boten die ausgebreiteten schützenden (und nicht mehr segnenden) Hände der Friedensengel. »Segen« allein war der Welt nicht wirklich hilfreich. Das Wort »**Segen**« ist das Heil schaffende Wort im Gegensatz zu »Fluch«. Der Vollzug des Segens ist begründet im **Glauben** an die (direkte oder durch Gott vermittelte) **Macht** des zugesprochenen oder auch geschriebenen **Wortes**. Im Gegensatz zum Glauben an Worte **sind Taten nicht an Glauben gebunden**, sondern nur an das Tun, an das Handeln, an das Vollbringen von Werken (»gute Werke tun«) oder an das Handeln nach der »Goldenen Regel« (»Was du nicht willst, das man dir tu', das füg auch keinem andern zu«). Worte – gesprochene oder geschriebene – können wahr oder unwahr oder auch verdreht sein. Deshalb gilt es, Worte immer auf die Goldwaage zu legen, denn »Die Schwätzer reden, wovon sie nichts verstehen, die Weisen aber wägen ihre Worte mit der Goldwaage« (Jes. Sir. 21, 27). Taten jedoch sind immer sichtbar und Beweis für »Gut und Böse« oder unethisches oder unmoralisches Handeln.

Der Friedensengel in der bayerischen Hauptstadt, ein nach antiken Vorbildern in den Jahren 1896–1899 geschaffenes Denkmal, erinnert an den ein Vierteljahrhundert zuvor erfolgten Friedensschluss nach Ende des Deutsch-Französischen Krieges 1871. Und alle ab dem Jahre 2016 n. Chr.

geschaffenen Friedensengel auf der ganzen Welt werden an den an der Wende zum 3. Jahrtausend n. Chr. geschaffenen ewig währenden Frieden ohne Gewalt-Herrscher erinnern. Jesus sagte einst zu seinen Jüngern: »Ihr wisst, dass die Herrscher ihre Völker unterdrücken und die Mächtigen ihre Macht über die Menschen missbrauchen. Bei euch soll es nicht so sein, sondern wer bei euch groß sein will, der soll euer Diener sein ...« (Matthäus, 20,25).

Und endlich war auch der Begriff von »Moral« nicht mehr mit Polemik behaftet wie in Zeiten vor der Renaissance der »Goldenen Regel«. Und Moral und Ethik waren nicht mehr verpönt, sondern wieder gesellschaftsfähig geworden. Auch wurden die Männer, die sich um die Vereinbarkeit von Familie und Beruf und die Gleichberechtigung beider Geschlechter bemühten, von der Gesellschaft nicht mehr mit sogenannter Häme bedacht, sondern im Gegenteil mit Lob und Anerkennung belohnt.

Der Weisheit letzter Schluss

Doch erst als die Wiedergeburt der »Goldenen Regel« als der Weisheit letzter Schluss weltumspannend in jeder einzelnen religiösen Einrichtung Einzug gehalten hatte, waren auch der Streit um die Wiedergeburt Christi und der Menschen und alle anderen religiösen Streitigkeiten und »Heiligen« Kriege aus der Welt geschafft und endgültig der »Himmel auf Erden« geschaffen. Nicht was die Spezies Mensch unterscheidet, sondern nur das, was sie vereint, schafft das irdische Paradies. **Vereint waren dann alle Menschen in dem gemeinsamen globalisierten Glauben an eine** die Grenzen rationaler Erkenntnis überschreitende **übersinnliche Macht** (gleich, ob mit dem Namen »Gott« oder »Allah« oder »Christus« oder »Mahdi« oder »Jahwe« oder »Messias«) und an die Macht des Gedankens der Goldenen Regel, **die in allen Religionen vorkommt.** So steht es wörtlich geschrieben in den Heiligen Büchern:

>*Die Goldene Regel:*

Alles, was ihr also von anderen erwartet,
das tut auch ihnen! Darin besteht das Gesetz und die Propheten.«
(Matthäus 7, 12)

Lange noch kreisten die Gedanken des alten Mädchens um »Gott und die Welt« und seine Grübeleien fanden erst ein Ende, als es schließlich allerorten auf den Straßen und Plätzen die Menschen den wiedergefundenen Lehr- und Leitsatz verbreiten hörte und ihn in schriftlicher Form an jedwedem Ort als Inschrift und Merksatz entdeckte: in privaten Haushalten, an öffentlichen Gebäuden (wie zu Zeiten des Kaisers Alexander Severus um 230 n. Chr.) und an kirchlichen Einrichtungen (einschließlich des Pfarramts seiner inzwischen ökumenischen Heimatgemeinde).

Vergeben und vergessen war das Gefühl der Ausgrenzung nach seiner Vertreibung, das dem Mädchen im Alter von 8 Jahren zugestoßen war, als es im Religionsunterricht in seiner neuen Heimat von den katholischen Mitschülerinnen getrennt worden war. Damals hatte es **zum ersten Mal** »Gott und die Welt« nicht mehr verstanden.

Vergeben und vergessen war auch das Gefühl der Ungerechtigkeit seiner Vertreibung, die dem Mädchen infolge des un-menschlichen Zweiten Weltkrieges widerfahren war mit all ihren schrecklichen Erlebnissen und Verlusten: der Einbuße der Heimat und dem Hungertod seines Großvaters, der sich in seiner unerschütterlichen Heimatverbundenheit nicht von seiner geliebten Heimaterde lösen konnte und wollte.

Vergeben und vergessen war dann auch der Betrug um sein beträchtliches Erbe, um vorenthaltene Besitztümer und Adelstitel. Das alte Mädchen wusste ja inzwischen, was einen Menschen adelt: einzig und allein seine guten und edlen Charaktereigenschaften.

Schließlich und endlich war dann doch noch aus dem einstigen Kriegs-Kind und »Flüchtlings«-Kind ein Glücks-Kind und ein Friedens-Kind geworden. Es hatte gelernt, die Stunde seiner Geburt als **Gunst des Schicksals** und **nicht mehr als Tragik** zu begreifen und sogar die Bedeutung der Worte von Friedrich von Schiller aus der Sammlung »Gedichte I« (1800) zu verstehen: »… das große gigantische Schicksal, welches den Menschen erhebt, wenn es den Menschen zermalmt«.

Schließlich hatte das Mädchen, das auch noch im Alter das Kind in sich bewahrt hatte, zum Glück nicht das Lachen und seinen Humor verloren trotz allen Leids und mancher zu tragender Bürde und vor allem nicht das positive Denken. Es hatte häufig an die Worte des österreichischen Schriftstellers Franz Grillparzer gedacht: »Das sind die Starken, die unter Tränen lachen, eigene Sorgen verbergen und andere glücklich machen.« Auch begriff es immer den Schluss des Gedichtes »Einlass« (1819) im »Westöstlichen Diwan« von Johann Wolfgang von Goethe als Ermunterung: »… denn ich bin ein Mensch gewesen, und das heißt ein Kämpfer sein.« Schließlich und endlich hatte es ja auch **mitgewirkt** bei der »Flurbereinigung« seines Blauen Planeten und konnte zufrieden in eine Zeit blicken, in der Gerechtigkeit und Menschlichkeit und damit Frieden eine Selbstverständlichkeit sein würden. Die Zeiten, als himmelschreiende Ungerechtigkeiten und Verletzungen der Menschenrechte noch an der Tagesordnung waren, waren **bis in alle Ewigkeit** vorbei und die »**Menschen**« hatten »alle gefleckten und bunten Schafe und alle schwarzen Schafe aus den Herden ausgesondert« (1. Mos. 30, 32). Die Gier nach Macht und Geld hatten sie aus der Welt geschafft mithilfe ihrer gewaltlosen Waffe, ihrem kleinen Zauberschlüssel.

Schließlich und endlich hat es sich wieder einmal bewahrheitet, dass **in jedem Märchen die Bösen bestraft** und die Guten belohnt werden! Und bewahrheitet hat sich auch der Psalm 37:10, 11, 29: »Der Böse wird nicht mehr sein. Die Gerechten selbst werden die Erde besitzen, und sie werden immerdar darauf wohnen.«

Das Stoßgebet

Zum guten Schluss musste das Mädchen, das inzwischen nicht mehr klein war, sondern reif an Jahren, sich aber sein Kinderherz bewahrt hatte, unbedingt noch seinem Vater im »Himmel« von den großen, weltbewegenden Ereignissen erzählen, die die Welt verändert hatten, und es sprudelte nur so aus seinem Munde heraus:

Lieber Vati,
stell dir einmal vor, **dein Lehrsatz** *»Ehrlich währt am längsten«*
hat Früchte getragen und zusammen mit dem **Lehrsatz der**
»Goldenen Regel« *Wunder bewirkt und eine Neue Welt*
ohne Kriege erschaffen!

Und, stell dir einmal vor, auch eine **zweite Heimat** *habe ich*
noch an meinem Lebensende gefunden!

Und, stell dir einmal vor, auch mein Sprach- und Schreibfehler
(du weißt schon, dass mir beim Sprechen und Schreiben andauernd
das Wort **»Frieden«** *dazwischenrutscht) ist wie von Geisterhand*
verschwunden!

Und, stell dir einmal vor, »Geld regiert die Welt« **nicht mehr***, sondern*
endlich **»regiert Menschlichkeit die Welt«***!*

Und, stell dir einmal vor, sogar der erste Vers der dritten Strophe
der deutschen Nationalhymne hat eine kleine, aber ganz
gewichtige Änderung erfahren und lautet fortan nicht mehr
»Einigkeit und Recht und Freiheit«,
sondern »Einigkeit und G e r e c h t i g k e i t und Freiheit!«

Und, stell dir einmal vor, der einstige **Baracken-Schlüssel**, *den ich nach der Vertreibung aus unserem Vaterland um den Hals getragen habe, ist in einen* **Friedensschlüssel** *verzaubert worden.*

Das Mädchen beendete seinen »gen Himmel« gerichteten Monolog mit einem Dankeschön an seinen Vater für alle guten Ratschläge und dem Versprechen eines wahrscheinlich baldigen Wiedersehens (es war ja auch an Krebs erkrankt wie sein Vater).

Daraufhin ging es zu dem »Denkmal für die Kriegshelden und Heimat-Vertriebenen« in seinem neuen Heimatort, legte einen großen Blumenstrauß nieder und besuchte seine neue »**Einigkeits-Kirche**« (wie sich fortan alle Kirchen nannten).

Wenn auch das Mädchen nie eine goldene Kugel von seinem Großonkel oder seinem Ur-Großvater geschenkt und nie einen als Frosch verzauberten Prinzgemahl angetraut bekam, so bekam es doch einen Ehegemahl, mit dem es am Ende seines Lebens sein kleines Haus und »**seine Natur**«, sein größtes Geschenk, teilen durfte.

Doch das **größte aller Geschenke**, das das alte Mädchen noch in Empfang nehmen durfte, machte ihm die damalige »heutige Jugend«: Ein letztes Lächeln glitt über sein Gesicht, als der Beweis erbracht wurde, dass seine Vorschuss-Lorbeeren (die Lorbeere spielt sowohl im griechischen als auch im römischen Mythus eine Rolle und die Römer erhoben den Lorbeer zum **Symbol des Sieges**), die es an die Jugendlichen des Planeten verteilt hatte, Früchte trugen: Es war genau an Lichtmess, dem 2. Februar des Jahres 2013 n. Chr., als unter den Jungen auch noch die **Verantwortung** den Sieg über die Verantwortungslosigkeit errungen hatte. Und es waren die **Schulkinder(!)**, die über das Erkenntnis-Vermögen verfügten, welche Bedeutung der Verantwortung im Leben ihrer Spezies »Mensch« zukam. Sie begehrten gar ein eigenes »**Unterrichtsfach Verantwortung**« – eine kleine Revolution im Bildungswesen. Um ihrem Anliegen den nötigen Nachdruck zu verleihen, fuhren sie an jenem denkwürdigen Tag demonstrativ mit einem Bus durch die Lande. Sie wollten endlich »fürs Leben lernen«, für ein anständiges Leben mit-einander und für-einander, mit und für Mensch und Natur. Um auf ihr Anliegen, das Übernehmen von **Verantwortung**, aufmerksam zu machen und auch auf das Konsum-Verhalten in ihrer hochindustrialisierten Zeit einer Wegwerf-Gesellschaft setzten sie ein Zeichen und ließen sich noch eine kleine Revolution einfallen: Eines schönen Tages – es war zum Schulbeginn des Jahres 2016 und es war gleichzeitig einer der schönsten Tage im Leben des Mädchens – legten alle Schulkinder ihre moderne oder hochmoderne und dem neuesten oder allerneuesten Trend der Vermarktung folgende kostspielige Designerkleidung ab. Die Schulkinder **einigten** sich auf eine einheitliche Schulkleidung für alle (und fanden obendrein auch noch Spaß an ihrem revolutionären Gedanken!) und machten damit nicht nur äußerlich den ersten Schritt auf der Suche nach Gemeinsamkeiten, nach etwas, das **vereint** und nicht trennt, um auf ihre Weise die Geld-**Gier** der **Un**-Menschen in der Wirtschafts-Welt zu besiegen. Seither fand vor Beginn eines neuen Schuljahres ein reger Tauschmarkt für ihre entwachsene Kleidung statt. Und so waren letztlich sie es, sie, die jungen Menschen der neuen Generation, denen der gewaltige Evolutions-Sprung in der Menschlichkeits-Geschichte gelungen war!

Was das alte Mädchen betraf – sein Vorname war »**Marianne**« –, war es wohl auch eine kleine Revoluzzerin wie die gleichnamige Symbolfigur der Französischen Revolution und der Freiheit. Eifrig suchte es dann noch nach einer passenden und umfassenden Bezeichnung für das neue Unterrichtsfach und befand schließlich den Namen »**Bio-Wissenschaft**« am treffendsten (»Bio« ist ein griechischer Wortbestandteil mit der Bedeutung »Leben«). Das Leben ist schließlich eine Wissenschaft für sich und erfüllt damit den Anspruch auf ein eigenes Lernfach, befand Marianne. »Fürs Leben lernen« heißt nichts anderes als **Verantwortung lernen** oder besser: Verantwortlichkeit lernen, das Einstehenmüssen für eine Handlung, eine wahrlich religiöse, ja noch mehr: eine wahrlich göttliche Erkenntnis, ja sogar eine **neue Volks-Religion**.

Und das neue **Glaubensbekenntnis**, befand Marianne, sollte von nun an heißen: Ich glaube an meine eigene Verantwortlichkeit meines Handelns. Und für das »Handeln«, das richtige und rechte Handeln, gibt es sogar schon lange, schon seit Immanuel Kant, eine Richtschnur, eine Formel – den kategorischen Imperativ:

»Handle so, dass die Maxime deines Willens jederzeit zugleich
als Prinzip einer allgemeinen Gesetzgebung gelten könne!«

Das war die neue frohe Botschaft für das neue, das 21. Jahrhundert n. Chr., eine alte Formel aus dem 18. Jahrhundert. Ohne Formeln geht es offensichtlich nicht, nicht in der Mathematik und nicht im Leben. Und auch ohne Gebote »geht« nichts, auch der Frieden nicht. Die Rufe der Menschen waren lauter und lauter geworden: Sie protestierten nicht nur für »mehr Menschlichkeit«, sie begehrten gar ein neues Evangelium! Die Menschen wollten angesichts der nie endenden Kriege auf der Welt endlich wissen, wie Frieden »geht«. »Gehet hin in Frieden« und »Friede sei mit euch« war schon jahrhundertelang gepredigt worden, doch Frieden war immer noch keiner eingekehrt. Und tatsächlich: Es hatte nur – wie bei der »Goldenen Regel« – wieder einmal der Renaissance einer Regel und deren Gebote bedurft, Gebote fürs Leben und vom Leben im Reich der Menschen auf Erden. Im Reich Gottes, im Himmel, herrschten Gottes Gebote und Gottes Wille und göttliche Tugenden, die biblischen Grundwerte »Glaube, Hoffnung und Liebe«. Die Gebote, die auf Erden herrschen, sind menschliche Tugenden: die sittlichen Grundwerte und das oberste Gebot, das Gebot der Vernunft.

Schließlich war das Mädchen Marianne zu seinem Fazit gekommen: Die Herrschaft des Un-Friedens anstatt des Friedens hatte am Fehlen des P r i n z i p s gelegen, also am Fehlen grundlegender Voraussetzungen, und zwar im mythisch-archaischen Sinn des **Denkens** (nach der »Goldenen

Regel«) und des **Handelns** (nach dem kategorischen Imperativ). Die Rufe nach Frieden waren verstummt. Das Prinzip, wie Frieden »geht«, war klar. Fortan bedurfte es weder Konferenzen noch Demos noch der Zauberei.

Auch brauchten in der Heimat des Mädchens Katholische und Evangelische in dieser gemeinsamen Erkenntnis nicht mehr getrennt zu werden (wie früher im Religionsunterricht des Mädchens). Auch wurden in seiner zweiten Heimat die neuen Erkenntnisse im neuen Unterrichtsfach »Bio-Wissenschaft« berücksichtigt und damit sogar den von den Landfrauen geforderten Lerninhalten für eine zweckmäßige Alltags- und Lebenskompetenz entsprochen. Ja mehr noch: Die neue Volks-Religion war ein Wunder-Heilmittel, das sogar die neue Volks-Krankheit »Burn-out« zu besiegen vermochte!

Und damit hatten auch viele Fragen eine zeitgemäße Antwort gefunden, Fragen wie: Was ist überhaupt »Religion«? Religion ist das Verhältnis des Menschen zu der ihm übergeordneten übersinnlichen Macht und ist zugleich ein Gefühl des Einzelnen mit der Forderung nach Gegen-Liebe und Einlass in das überirdische Paradies.

Was ist überhaupt »Verantwortung«? Verantwortung ist das bewusste Verhältnis und tätige Verhalten des Menschen zu den ihnen **gleich**geordneten irdischen Lebewesen und beansprucht einen der »Liebe« **über**geordneten Rang. Denn Liebe, wahre Liebe, kann nur durch das handelnde Verantwortungsbewusstsein bewiesen werden. Wenn also Liebe sichtbar werden soll, kann der Beweis nur durch verantwortungsvolles **Handeln** und nicht durch die Forderung nach Gegen-Liebe geschehen. Und Handeln, ohne seinen Verstand zu gebrauchen, also ohne zu prüfen und abzuwägen, ob ein Mensch das, was er tut, auch vor sich selbst verantworten kann, ist verantwortungslos. Und Verantwortungslosigkeit ist messbar: Die Maßeinheit ist das Quantum an Egoismus und Machtgier.

Das Verlangen der Jugendlichen, das Unterrichtsfach **»Verantwortung«** in die Lehrpläne aufzunehmen, hatte noch einmal einen **»Ruck durch die**

Gesellschaft« ausgelöst und war bis in die »Hohe Politik« vorgedrungen! So war es dann auch die »damalige Jugend« in Deutschland, die den seinerzeit in einer Neujahrsansprache geäußerten Wunsch des Bundespräsidenten nach einem R u c k erfüllt hat. Und dieser Ruck hatte, von Deutschland ausgehend, ein Land nach dem anderen auf dem Globus erfasst. Und sogar der Wunsch nach der viel gepriesenen und immer wieder gepredigten Solidarität hatte Gehör gefunden. Denn: »Solidarität« bedeutet »**wechselbezogene** Verbundenheit und **Mit-Verantwortung**« der Mitglieder einer Gruppe oder einer Gemeinschaft. Als dann auch noch der letzte Teilnehmer der 50. Münchner Friedens-Konferenz begriffen hatte, wie »Frieden geht« und was Verantwortung bedeutet, wurden die Millionen und Abermillionen an Geldern verschlingenden Friedens-Konferenzen eingestellt und die Forderung an Deutschland nach »mehr Verantwortung und mehr Engagement« abgestellt. Damit waren auch alle aufwändigen Sicherheitsmaßnahmen gegen Terror-Anschläge überflüssig geworden. Dieser letzte Ruck war es dann auch, der die »ver«-rückte Welt wieder »gerade-rückte« und in das richtige Lot zu bringen vermochte.
Und was das hieß, war klar:

Die Welt war gerettet!
Nie wieder Krieg!

Denn: Nur **gemeinsam** geht die Welt zugrunde (oder eben: auch **nicht**!).

Die Friedenshelden

So getröstet und zutiefst zufrieden, schlief das alte Mädchen ruhig ein und träumte weiter seinen zauberhaften Traum, den schönsten Menschheits-Traum, den Traum vom **WELT-FRIEDEN**. Marianne nahm noch einen tiefen Atemzug der gesunden reinen Luft in ihrem neuen Heimat-Dorf und war mit »Gott und der Welt« im Reinen, vergaß aber nicht, sich vor dem Einschlafen noch bei seinen lieben Mit-Menschen zu bedanken mit einem Gedicht des volkstümlich-humoristischen Dichters Wilhelm Busch (1832–1908 n. Chr.):

»*Bewaffneter Friede*

Ganz unverhofft, an einem Hügel,
Sind sich begegnet Fuchs und Igel.
Halt, rief der Fuchs, du Bösewicht!
Kennst du des Königs Ordre nicht?
Ist nicht der Friede längst verkündigt,
Und weißt du nicht, dass jeder sündigt,
Der immer noch gerüstet geht?
Im Namen seiner Majestät
Geh her und übergib dein Fell.
Der Igel sprach: Nur nicht so schnell.
Lass dir erst deine Zähne brechen,
Dann wollen wir uns weiter sprechen!
Und allsogleich macht er sich rund,
Schließt seinen dichten Stachelbund
Und trotzt getrost der ganzen Welt,
Bewaffnet, doch als F r i e d e n s h e l d . «

Quellennachweis

1. »Das moderne Lexikon« (in zwanzig Bänden), Lizenzausgabe der Verlagsgruppe Bertelsmann, 1970/1971/1972

2. Priya Hemenway, »Der geheime Code. Die rätselhafte Formel, die Kunst, Natur und Wissenschaft bestimmt«, Evergreen GmbH, Köln, 2008

3. Die Bibel, Altes und Neues Testament, Einheitsübersetzung, Kath. Bibelanstalt GmbH, Stuttgart